정치학개론

정치학개론

政治學槪論

초판 1쇄 발행: 2013년 8월 16일
초판 4쇄 발행: 2022년 8월 30일

지은이: 이상우
발행인: 부성옥

발행처: 도서출판 오름
등록번호: 제2-1548호(1993. 5. 11)
주 소: 서울시 중구 퇴계로 180-8(필동 1가 21-13) 4층
전 화: (02) 585-9122, 9123 / 팩 스: (02) 584-7952

E-mail: oruem9123@naver.com
URL: http://www.oruem.co.kr

ISBN   978-89-7778-405-5   93340

* 잘못된 책은 교환해 드립니다.
* 값은 뒤표지에 있습니다.

이 도서의 국립중앙도서관 출판시도서목록(CIP)은 서지정보유통지원시스템
홈페이지(http://seoji.nl.go.kr)와 국가자료공동목록시스템 (http://www.nl.go.
kr/kolisnet)에서 이용하실 수 있습니다. (CIP제어번호: CIP2013013339)

정치학개론

政治學槪論

이상우 지음

Political Science:
An Introduction

Rhee Sang-Woo

ORUEM Publishing House
Seoul, Korea
2022

책머리에

대한민국은 주권재민의 자유민주공화국이다. 우리 민족이 역사상 처음으로 만든 민주공화국이다.

민주정치는 시민의 정치다. 시민은 주권자임을 자각하고 자기의 정치 참여 행위에 대하여 책임을 지는 국민이다. 이런 민주시민이 국민의 주류를 이룰 때 민주정치는 제대로 작동한다. 주권자라는 자각을 하지 못하고 자기의 정치 참여 행위에 책임을 지려 하지 않는 국민이 대다수를 차지하게 되면 민주정치는 파행적으로 운영될 수밖에 없고, 주권자를 우롱하는 정치 지도자들에 의해 민주정치는 대중 영합주의의 기형적 정치체제로 전락한다. 정치체제는 공동체 구성원 모두를 위한 공기(公器)인데 몇 사람의 사익(私益) 추구의 도구로 변질된다.

대한민국의 민주정치를 성숙된 시민자율의 바른 민주정치로 발전시키기 위해서는 민주시민의 민주정신을 높여야 하며 국민 모두가 주권자로서의 책임 의식을 갖도록 만들어야 한다. 그러기 위해서는 국민들이 민주정치체제의 작동 원리를 바로 이해하여야 한다. 정치란 공동체질서를 창출하고 유지관리하며 시대 흐름에 맞추어 개선해 나가는 체계적 인간 노력이다. 국민들이 이러한 정치체제에 대한 기초 지식을 얻는 길잡이가 될 수 있도록 이 책을 썼다.

이 책은 한국의 대학 초급학년 학생들을 대상으로 쓴 정치학 입문서이다. 그래서 한국정치를 포함시켰다. 그리고 되도록 쉽게 썼다. 각주도 최소화했다. 정치체제의 기본 구조와 한국정치의 개관, 그리고 국제정치의 작동 원리 등 세 가지를 다루었다. 학생들이 앞으로 정치학의 영역별 전문 과목을 이수하는 데 필요한 예비지식을 얻도록 하는 것을 목표로 책을 꾸렸다.

30년 동안 대학에서 정치학 교수로 일했다. 국제관계이론, 국제정치개론, 군사전략론, 중국정치, 북한정치, 그리고 정치학개론 등의 과목을 가르쳤다. 내 강의를 들었던 학생들이 이미 우리 학계의 원로 교수, 중견 교수들이 되어 있다. 내가 가르친 주요 과목에 관한 교과서를 쓰는 것을 나의 교수 생활을 끝내는 마무리 작업으로 하겠다고 학생들과 약속했었다. 약속대로『국제관계이론』,『국제정치학강의』,『북한정치』등 세 권의 교과서는 이미 출간했다. 한동안 한림대 총장직을 수행하는 등 행정업무를 맡아 시간을 낼 수 없어 교과서를 쓰는 일에 전념할 수 없었으나 이제 틈이 나서 마지막 교과서인『정치학개론』을 출간하게 되었다. 마음이 한결 가볍다. 학생들과의 약속을 지킬 수 있어 기쁘다.

이 책을 쓰면서 많은 사람의 도움을 받았다. 특히 신아시아연구소의 박정아(朴正娥) 차장에게 고마움을 전한다. 박 차장은 틈틈이 써놓은 토막 원고들을 깔끔하게 다듬어 최종 원고로 만드느라 애썼다. 그리고 이 책 출판을 기꺼이 맡아준 도서출판 오름의 부성옥(夫性玉) 대표에게도 심심한 사의를 표한다.

2013년 6월 현충일에

저자 李相禹

차례

■ 책머리에 _5

제1부 **공동체와 정치**

✛ 제1부 개요   14

제1장 **공동체의 정치질서**   21
　1. 공동체   22
　2. 정치질서와 정치   25
　3. 정치의 구성 요소와 정치학 연구 영역   33
　4. 공공질서와 국가   39

제2장 **정치 이념**   43
　1. 정치 이념   43
　2. 전체주의와 자유주의   46
　3. 전제주의와 민주주의   58
　4. 21세기 시대 환경과 정치 이념   62

제3장 **공동체 규범**   73

   1. 법의식과 근본 규범   75

   2. 헌법, 법률, 규정   76

   3. 규범의 제정과 실행   79

   4. 규범의 정당성과 합법성   80

제4장 **정치체제와 정치 환경**   81

   1. 정치체제   82

   2. 국가   84

   3. 정부   89

   4. 정치 환경을 이루는 사회 구조   92

제5장 **정치권력**   97

   1. 정치권력의 개념 정의   98

   2. 정치권력의 유형   102

   3. 정치권력의 정당성   105

   4. 정치권력의 전이(轉移)   106

제6장 **정치 참여와 정치 충원**   109

     1. 요구와 지지의 표출   112

     2. 이익집약과 정책 수립   113

     3. 정치 충원과 선거   114

     4. 정당과 이익단체   116

제7장 **정치문화와 정치사회화**   119

     1. 정치문화   120

     2. 정치문화 유형   123

     3. 정치사회화   125

     4. 정치문화와 민주주의   126

제8장 **정치체제의 변화와 개혁**   129

     1. 정치체제의 변화 요인   131

     2. 진화와 개혁   133

     3. 혁명과 체제 교체   134

     4. 정치발전   136

  ✛ 제1부 참고문헌   142

제2부	**한국정치**	

✛ **제2부 개요** 146

제9장 **한국정치 발전사** 151
1. 조선왕국과 대한제국의 근대화 노력 151
2. 대한민국 건국에서 제6공화국까지 153
3. 민주주의 이념의 정착과정 163
4. 민주정치의 제도화과정 172

제10장 **한국정치체제** 175
1. 자유민주주의 기본 이념 176
2. 대통령책임제의 정부 형태 182
3. 민주적 정치과정 186
4. 정치 참여, 정치사회화와 정치문화 194

제11장 **북한정치** 207
1. 북한정치체제의 변천 210
2. 체제 특성 219
3. 통치 구조 224
4. 개조된 새로운 정치문화 227

✛ **제2부 참고문헌** 231

제3부   국제정치

✛ 제3부 개요   234

제12장 국제정치체제의 특성   241

    1. 국제정치 현상에 대한 다양한 인식   241

    2. 베스트팔리아체제의 특성   245

    3. 국제정치의 구성체와 조직   250

    4. 국제질서의 규범체계   255

제13장 전쟁, 갈등과 폭력 관리   259

    1. 쟁취 문화와 전쟁   260

    2. 분쟁의 평화적 해결   271

    3. 전쟁관리질서   274

    4. 전쟁억지   284

제14장 국제사회의 협력질서   293

    1. 외교질서   294

    2. 교통·통신질서   296

    3. 경제질서   298

    4. 자원, 환경보호질서   301

    5. 인권질서   304

✛ 제3부 참고문헌   310

■ 【부록】 총정리 _313

■ 사항(事項) 색인 _329

■ 인명(人名) 색인 _340

■ 지은이 소개 _343

✛ 참고자료 차례 ─────────────────────────

〈참고자료 1〉 예·악·형·정(禮·樂·刑·政)의 정치 개념 • 31

〈참고자료 2〉 정치체제의 구조와 기능 일람 • 110

〈참고자료 3〉 정치문화의 다양한 정의 • 122

〈참고자료 4〉 대한민국 건국과 국제연합 • 156

〈참고자료 5〉 한국사회에서의 보수 • 179

〈참고자료 6〉 한국 정치문화의 전통적 요소 • 203

〈참고자료 7〉 국제정치를 보는 세 가지 전통 • 243

〈참고자료 8〉 카플란의 6가지 국제체제 전형 • 269

〈참고자료 9〉 세력 균형 정책에 의한 전쟁 억지 • 287

제1부

공동체와 정치

제1장 공동체의 정치질서

제2장 정치 이념

제3장 공동체 규범

제4장 정치체제와 정치 환경

제5장 정치권력

제6장 정치 참여와 정치 충원

제7장 정치문화와 정치사회화

제8장 정치체제의 변화와 개혁

개 요

제1장에서는 정치체제를 구성하는 공동체 이념과 규범, 기구, 힘의 네 가지 요소별로 정치체제 구성과 작동 원리를 해설한다.

옛부터 동양에서는 정치를 '군주가 나라를 다스리는 일'을 지칭했다. 서양에서도 '국가의 질서를 관리, 통제하는 일'을 지칭하는 일을 정치로 인식했다. 그래서 미국 대학에서는 20세기 중엽까지도 정치학과를 department of government라 불렀고 정부의 통치 기구, 관리규범, 선거 등 공무원 충원 행위 등 행정학에 가까운 내용들을 가르쳐 왔다.

20세기에 들어서면서 사회현상 연구도 과학화하려는 운동이 시작되었다. 정치 현상을 지배하는 법칙성을 찾아내어 정치 영역에서도 설명과 예측이 가능하도록 하자는 과학화 운동이 일어나면서 정치는 모든 조직체를 다스리는 보편적 행위로 일반화하고 정치현상을 '일반체제이론(general system theory)' 틀에 대입하여 설명, 예측하려는 정치과학(political science)으로 자리 잡게 되었다.

이 책에서는 '정치과학'의 분석 틀을 원용하여 정치를 "공동체의 질서를 창출, 관리, 개선, 교체하는 의식적 인간 행위"로 정의하고 다루어 나간다.

제2장에서는 정치체제의 존재의의를 결정하는 체제이념을 다룬다. 즉 공동체가 목표로 하는 상태가 어떠해야 하는가를 제시하는 정치 이념들을 간략하게 해설한다. 정치 이념은 그 자체 연구가 하나의 독립 학문이 되는 방대한 주제이나 이 책에서는 아주 간단하게 공동체가 추구하려는 가치와 성취 수단에서 가장 두드러지는 생각들을 소개한다.

정치 이념이 다양해지는 것은 사람의 속성을 다양하게 인식하기 때문이다. 우선 사람은 집단의 일원으로만 생존할 수 있다고 보는가, 아니면 사람은 다른 사람과의 관계가 없어도 살아갈 수 있다고 보는가에 따라 정치 이념 설정이 달라진다. 사람을 분업 체계를 잘 갖춘 조직체의 한 구성원으로서만 살아가는 존재, 즉 사회적 존재(social being)로 인식하게 되면 조직의 발전이 개인의 발전이고, 조직이 잘 되어야 구성원인 개인도 잘 된다는 전체주의 이념이 설득력을 갖게된다. 그러나 사람을 집단의 일원으로만 삶을 유지할 수 있는 개미나 벌과 같은 사회적 존재가 아니라 누구의 도움 없이도 독자적으로 살아갈 수 있는 존재, 즉 자기 완성적 존재라고 인식하게 되면 집단보다 구성원 개인의 이익과 자유를 앞세우는 자유주의 이념이 설득력을 갖게 된다. 즉 집단 가치(collective value)를 앞세우는 생각이 바탕이 되면 전체주의(totalitarianism) 계열의 정치 이념이 등장하게 되고 개인 가치(individual value)를 앞세우는 생각이 바탕이 되면 자유주의(liberalism) 계열의 사상, 이념이 자리 잡게 된다.

공동체의 의사결정을 누가 어떤 방법으로 행하는 것이 바람직한가 하는 생각도 중요한 정치 이념 요소가 된다. 구성원 중 가장 우수한 자가 누구의 간섭도 받지 않고 공동체 전체의 의사를 결정하게 하는 것이 가장 바람직하다고 생각하게 되면 전제주의 통치체제(autocracy)를 선호하게 되고, 모든 구성원이 동등한 자격으로 의사결정에 참여하는 것이 바람직하다고 생각하게 되면 민주주의 통치체제(democracy)가 선택된다. 일반적으로 전체주의 이념을 앞세우는 사람들이 전제주의체제를 선호하게 되고, 자유주의 이념을 선호하는 사람들이 민주주의체제를 주장하게 된다. 전체주의와 전제주의는 모두 '최선의 결과'를 추구하는 심리가 전제되어 있어 서로 연계되고, 자유주의와 민주주의는 두 가지 모두 구성원 간의 평등한 지위를 앞세우는 생각에 바탕을 두고 있기 때문에 자연스럽게 함께 선택된다. 나치즘, 파시즘, 볼셰비즘, 마오이즘, 김일성 주체사상 등은 모두 전체주의-전제주의 이념으로 굳혀졌으며 자유주의는 예외 없이 민주주의와 결합하여 자유민주주의(liberal democracy)로 자리 잡아 왔다.

제3장에서는 공동체 정치질서의 가장 중요한 요소인 법질서를 다룬다. 공동체는 구성원 각자가 지켜야 할 것, 해야 할 것, 하지 말아야 할 것을 정한 약속이 있어야 성립된다. 이 약속이 있어야 다른 사람들이 어떤 행위를 할지에 대한 기대가 가능해지고 이 기대를 전제로 내가 행위를 선택하게 된다. '예측 가능성'이 공동체를 하나의 유기체 같은 조직체로 만든다. 그리고 이 약속이 있기 때문에 역할 분담이 가능해지고 협동이 가능해진다. 이런 약속을 규범이라고 한다.

국가의 최상위의 법은 헌법이고 이 헌법에 기초하여 하위의 법, 령, 규정 등이 만들어진다. 제3장에서는 법이 누구에 의하여 만들어지고 누가 이 법을 지키도록 만드는가를 살펴본다. 다양한 입법 제도에 따라 정치체제도 다양한 유형으로 나뉜다.

공동체가 목적하는 일을 성취하려면 많은 작은 일들이 유기적으로 연계되어 이루어져야 한다. 해야 할 일(역할: role)을 규범에 따라 연결하여 상호 관계를 정해놓은 틀을 조직(organization)이라 한다. 이 조직 내의 각 역할을 맡아 일할 사람을 골라 그 자리에 앉히면(manning) 그 조직은 가동한다. 국가 공동체의 가동을 담당하는 조직이 정부 조직이다. 제4장에서는 정치조직과 정치체제의 작동 환경이 되는 사회정치 구조를 다룬다. 한 국가의 조직을 어떤 기준에 따라 만들고 작동시키는가에 따라 정부는 여러 유형으로 나뉜다. 입법 조직, 행정 조직, 사법 조직 간의 관계를 결정하는 원칙에 따라 대통령책임제, 의원내각제, 소비에트(Soviet: 구소련 체제하 노동자·농민·병사의 대표자가 구성하는 평의회) 체제 등 여러 형태의 정부 조직이 생겨난다. 정치가 작동하는 데는 공동체를 구성하는 구성원의 정치 성향별 구성이 크게 영향을 미친다. 문화가 다른 집단이 복수로 존재할 때 그 집단 간의 관계, 지역별 이해관계가 다를 때 지역 간의 요구 충돌, 뚜렷한 계층으로 나뉘어 있을 때 계층 간의 관계 등은 실제로 정치 작동에 큰 영향을 미친다. 이것을 사회정치적 구조(socio-political structure)라 한다.

제5장은 정치권력(political power)을 다루는 장이다. 공동체 규범의 제정, 실천에는 이를 가능하게 하는 힘이 필요하다. 공동체 구성원이 이를 따르도록 만드는 영향력을 정치권력이라 한다. 규범을 어길 때 불이익을 줄 수 있는 강제력(coercive power), 규범을 잘 따를 때 혜택을 주는 보상력, 즉 교환력(exchange power) 그리고 구성원들 스스로가 그 규범이 옳다고 생각하여 자발적으로 따르게 만드는 힘, 즉 권위(authority) 등이 정치권력이다. 강제력은 국가가 폭력을 독점하여 행사함으로써 생겨나고 교환력은 구성원에게 여러 가지 혜택을 주는 다양한 정책을 만들어 낼 수 있을 때 생겨나며 권위는 도덕적·이념적 설득력을 갖춤으로써 마련된다. 일반으로 전제주의 정치체제에서는 통치권자가 강제력에 의존하여 공동체질서를 유지하고 민주정치체제에서는 교환력과 권위로 질서를 유지한다.

정치적 리더십은 구성원의 자발적 승복을 확보해 나가는 집권자의 능력이다. 다양한 정치권력을 만들어 내기 위하여 만든 조직이 정치 기구이다.

제6장에서는 정치과정(political process)을 다룬다. 구성원의 요구를 받아들여 규범으로 만들고 조직을 만들어내고 이를 가동시키기 위하여 역할을 담당할 사람을 선정하는 일, 정책을 만들고 실천하는 일, 실천한 정책을 평가하고 보완하는 일, 정치체제가 순조롭게 작동하도록 구성원의 지지를 이끌어내는 일, 체제를 내외의 도전 세력으로부터 지켜내는 일 등이 모두 정치과정에 포함된다.

정치과정에서 가장 중요한 역할을 하는 조직이 정당과 각종 정치단체, 이익집단 등이다. 이러한 것들은 모두 같은 이념, 같은 이익을 공유하는 구성원들이 정치에 영향을 주기 위해 만든 조직들이다. 이 장에서 이런 정당과 정치단체를 다룬다.

제7장에서는 알몬드(Gabriel A. Almond) 등이 제시한 주장들을 바탕으로 정치문화를 해설한다. 사람들은 같은 공동체 속에서 함께 살다보면 삶의 양식을 공유하게 된다. 특정 현상에 대한 인식의 기본 틀(perceptional frame)을 공유하게 되고 특정 자극에 대한 반응 행동 양식의 기본 틀(behavioral frame)도 공유하게 된다. 이러한 삶의 양식을 총괄하여 정치문화(political culture)라고 한다.

정치문화가 서로 다른 공동체에서는 똑같은 정치체제도 다르게 작동하고 비슷한 능력과 행위 정향을 갖춘 정치 지도자에 대한 반응도 전혀 다르게 나타난다. 그래서 한 국가의 정치 현상을 제대로 이해하기 위해서는 그 나라의 정치문화의 특이성을 먼저 검토하여야 한다.

　제8장에서는 정치체제의 변화와 개혁을 다룬다. 아무리 잘 만든 훌륭한 정치 체제도 흐르는 세월 속에서 공동체의 내외 환경이 바뀌면 문제를 낳게 된다. 그 래서 모든 정치체제는 환경 적응을 위해 스스로를 변신해 나가는 장치들을 갖추 게 된다. 과학기술이 발전하면 생산양식과 생활양식이 달라지고 이에 따라 공동 체 구성원들의 추구 가치가 달라진다. 달라진 구성원들의 요구를 수용하기 위해 서는 이에 맞추어 정치체제도 지속적으로 고쳐 나가야 한다. 그 개혁으로 제도가 달라진 환경에 잘 맞게 되면 정치체제는 진화(evolution)해 나간다. 때로는 일정 기간 문제들을 모아 한꺼번에 반영하는 변화를 시도하는데 이것을 개혁(reform) 이라 한다.

　구성원의 불만이 쌓이고 정치체제가 이 불만을 해소하는 개혁을 스스로 해 나가지 못하여 갈등이 한계점을 넘어서면 혁명(revolution)이 일어난다. 체제의 기본 요소인 이념, 규범체계, 조직, 그리고 힘 등에서 기존 체제와 확연히 달라지 는 변화가 오면 혁명이라고 한다. 혁명은 곧 지금까지 지속되어온 체제를 새 체 제로 교체하는 정치행위이다.

　정치체제가 내외의 도전에 견디지 못하고 작동을 정지하게 되면 체제 붕괴 (system collapse)가 일어난다. 외국군에 점령을 당한다거나 내부 폭동에 의해 정부 기능이 정지되고 무정부 상태가 되면 체제 붕괴라 한다.

　제1부는 정치 일반을 정치체제 요소에 따라 소개하고 해설하는 정치학 개관 이다.

제1장

공동체의 정치질서

공동체의 질서를 창출, 관리, 개선하는 인간의 체계적 행동을 정치라한다. 공동체는 질서를 갖춘 인간 집단이다. 질서는 집단 구성원이 지켜야 하는 행위 규칙이 미리 정해져 있고 실제로 구성원 대부분이 그 규칙을 존중하고 규칙에 따라 행위할 때 이루어진다. 질서가 있는 공동체 구성원의 행위는 설명이 가능하고 예측이 가능하다. 그래서 럼멜(R. J. Rummel)교수는 질서를 간단히 안정된 '기대 구조(structure of expectation)'라고정의한다. 질서가 없는 인간 집단은 공동체라 하지 않는다. 그냥 '무리(衆)'일 뿐이다.

질서는 공동체가 이루고자 하는 목적을 달성하기 위하여 인위적으로만든 것이다. 공동체 구성원의 부(富)를 늘리기 위하여, 공동체 구성원이살고 있는 영역에 대한 외부 세력의 위협을 제거하기 위하여, 또는 공동체 내에서의 구성원 간의 갈등을 비폭력적으로 해결해 주기 위하여 등등공동체를 통하여 성취하려는 가치를 정하고 이를 성취하기 좋도록 질서를 만든다.

질서의 핵심은 규범이다. 구성원들이 해야 할 일과 해서는 안 될 일을 정해 놓고 이를 따르도록 한다. 구성원들이 이 규범을 잘 지켜주면 '질서가 잘 유지된다'고 한다. 공동체 구성원이 규범을 지키게 하기 위해서는 이를 유도하거나 강제할 수 있는 지도력, 또는 힘이 있어야 한다. 그리고 이러한 질서를 관리하기 위해서는 조직이 있어야 한다.

정치질서는 지향하는 목표 가치, 규범, 조직, 규범을 강제할 수 있는 힘 등의 네 가지 기본 요소가 갖추어질 때 완성된다.

1. 공동체

공동체(community)는 한 집단의 구성원들이 공동의 목적을 추구하기 위하여 만든 조직체다. 공동체는 구성원 개개인의 생각과 다른 '집단 전체의 의지'를 가지고 집단적 결정을 하고 하나의 유기체처럼 행위한다.

공동체는 구성원이 원해서 가입하거나 탈퇴할 수 있는 합의 공동체와 구성원이 자기 의지와 관계없이 공동체 구성원이 되는 비선택적 공동체가 있다. 직장은 합의 공동체이다. 본인의 선택으로 구성원이 되고 본인의 선택으로 탈퇴가 가능한 공동체이다. 그러나 가족, 민족 등은 구성원들이 태어날 때부터 이미 그 공동체의 구성원으로 운명이 정해진 공동체이다. 이와 함께 합의 공동체와 비선택적 공동체 그 어느 쪽이라고 하기 어려운 준선택 공동체도 있다. 국가는 국민을 구성원으로 하는 공동체인데 국민이 되는 요건을 정하는 법률에 따라 탈퇴가 제한되는 경우도 있고 또는 자유로운 경우도 있다. 군대 등 정부 기관은 준선택적 공동체이고, 개인

기업은 전형적인 합의 공동체이다.

공동체는 그 자체가 행위 주체가 되고 권리, 의무를 가지는 주체가 되기 때문에 일반으로 법인격(法人格)을 갖도록 하고 있다. 그리고 공동체는 더 큰 공동체의 구성원이 될 수 있다.

사회학자들은 공동체 구성원이 그들의 의사와 관계없이 구성원의 신분이 주어지는(ascribed status) 공동체와 개개인의 선택으로 공동체의 구성원이 되는(achieved status) 공동체를 구별하여 비선택적, 자동 귀속적 공동체를 '공동체 사회(Gemeinschaft: communal society)'라 부르고 선택적으로 가입, 탈퇴할 수 있는 공동체를 '이익사회(Gesellschaft: associational society)'로 부르기도 한다. 가족, 씨족, 부족, 민족 등 태생적으로 구성원의 지위를 가지게 되는 공동체가 '공동체 사회'의 대표적 예이고 회사, 조합, 동호인 모임 등이 '이익사회'의 예이다.

'공동체 사회'는 구성원 개개인의 생각과 이익보다 공동체의 집단 의지, 집단 이익을 앞세우게 되고 '이익 사회'는 구성원 개개인의 이익을 집단의 이익에 앞세우게 된다.

비선택적 공동체 중에는 태생적인 자동 귀속적 지위 때문에 구성원이 되는 것이 아니라 강제에 의하여 구성원이 되는 경우도 있다. 본인의 의사와 관계없이 징집되어 군대의 구성원이 된 병사의 경우가 그 예이다. 이 경우에도 공동체의 의지가 구성원의 의지에 앞서는 것은 마찬가지다.

국가를 비선택적 공동체, 또는 '공동체 사회'로 보는가 아니면 '이익 사회'로 보는가 하는 것은 보는 사람의 정치 이념에 따른다고 할 수 있다. 전체주의 이념을 따르는 사람들은 국가를 비선택적 공동체로 보고 민주주의 이념을 따르는 사람들은 국가를 구성원들의 합의로 만든 선택적 공동체라 주장한다. 이 경우 국민의 자격을 자유로 버릴 수 있다고 본다.

공동체와 유사한 개념으로 사회(society)가 있다. 사회는 공동체처럼 구성원의 권리, 의무 등이 규범화된 조직체는 아니나 구성원들이 상호 간에 존중하여야 할 관계 양식, 행동 양식에 대한 공통 의식을 가지고 공통 이익과 공통 가치를 공유하고 있다고 믿는 그런 인간 집단이다. 사회는 공동체에 비하여 느슨한 조직이다. 사회 내의 권력 관계가 규범화되면 공동체로 발전한다.

정치가 작동하는 사회(society)를 불(Hedley Bull)은 다음과 같이 정의하고 있다. "한 인간 집단이 특정의 공동 이익과 공동 가치를 의식하고, 그들 스스로 각자가 다른 사람과의 관계에서 공동 규칙에 기속된다고 생각하고 공동의 기구에서 함께 일하기로 의식하게 되면 사회가 형성된다(When a group of human beings, conscious of certain common interests and common values, form a society in the sense that they conceive themselves to be bound by a common set of rules in their relations with one another, and share in the working of common institutions)." 불의 정의에 따르면 사회란 명시적으로, 그리고 제도적으로 권리의무가 규정되기 이전의 공동체를 말한다. 공동 가치, 공동 이익의 인식과 공동 규범에 기속되었다는 의식을 가진 인간들의 집합이 사회이며 이 사회가 제도화된 규범을 갖추게 되면 공동체가 된다고 할 수 있다. 정치는 이러한 공동체의 작동과 관련된 가치 확인, 공동 이익 규정, 공동 규범의 제정 행위를 말한다.[1]

사회는 구성원 간의 관계의 집합으로 구성된다. 관계에는 대등한 협력 관계도 있고 상명하복의 권력 관계도 있다. 그리고 갈등 관계도 있고 동조 관계도 있으며 지지하는 관계도 있고 배척하는 관계도 있다. 이러한 모든 관계가 같은 시간-공간 내에서 이루어질 때 우리는 사회라 부른다. 그리고 사회 내의 모든 구성원에 적용되는 규범질서가 형성되면 그 사회

---

1) Hedley Bull, *The Anarchical Society* (New York: Columbia University, 1997)의 p.13에 국제사회를 정의해놓은 것을 일반화하여 소개한 것이다.

는 공동체가 된다.

사회의 구성단위는 개인(individual)이 될 수도 있고 단체나 집단이 될 수도 있다. 국가사회는 국가라는 조직이 지배하는 사회다. 국가가 제정한 규범은 국가사회의 모든 구성원에 적용된다.

국경을 넘는 지역에서 사는 개인, 단체까지 구성원이 되어 이루어진 사회를 국제사회(international society)라 한다. 국제사회에는 국가들을 구성원으로 한 사회가 있다. 즉 국가들의 사회(society of states)가 그것이다. 국제연합은 '국가들의 사회'의 질서를 관리하는 협의 공동체이다.

2. 정치질서와 정치

공동체는 질서를 갖춘 인간 집단이다. 그 질서를 창출하고, 유지관리하고, 필요할 때 개정하는 행위를 정치라 한다. 정치는 공동체의 질서관리 행위이다.

질서(order)는 "사(事: phenomena)물(物: things)의 시(時: time)공(空: space) 속에서의 규칙적 배열"을 말한다. 여기서 사(事)라고 하는 것은 현상(現狀)을 말하며 물(物)이라고 하는 것은 물체, 사람, 단위 조직 등을 말한다. 규칙적 배열이란 시간적으로 한 사물 다음에 다른 사물이 온다든다 공간적으로 한 사물 옆 또는 위에 다른 사물이 위치한다든가가 결정되어 있음을 말한다. 이때 그 결정이 예외 없이 항상 같이 정해질 때 그 관계를 규칙적 관계라 한다. 그리고 그 규칙이 초인간적인 자연의 섭리로(또는 신의 뜻으로) 정해지게 되면 그 규칙을 자연법칙(natural law)이라 부르고 인위적으로 결정하게 되면 법(law) 또는 규범(norm)이라 부른다. 한국, 중국, 일본어에서는 법칙과 법을 구별하여 사용하나 영미, 그리고 독일어 등에서는 구별하지 않고 모두 law, Recht라 부른다.

질서의 핵심은 '규칙적 배열'이다. 규칙이 초인간적인 섭리로 이루어진 질서를 자연질서(natural order)라 하고 인간이 만든 법으로 이루어진 질서가 사회질서(social order)이다. 법칙과 규범(법)의 공통된 특성은 보편성(universality)에 있다. 같은 조건에서는 똑같이 사물 간의 같은 관계를 보여줄 때 그 관계를 법칙 또는 규범이라 한다.

질서가 존재하게 되면 관련된 사물 간의 관계에 대하여 우리는 설명과 예측을 할 수 있게 된다. 무지개의 일곱 가지 색은 보라, 남, 파랑, 초록, 노랑, 주황, 빨강의 순으로 배열되어 있다는 법칙을 알게 되면 우리는 빨간색은 보라색의 반대쪽에 나타나리라는 것을 예측할 수 있다. 이때 예측을 가능하게 해주는 것이 그 현상을 지배하는 법칙이다. 마찬가지로 '사람을 죽인 행위'와 '사형 또는 몇 년 이상의 징역'이라는 두 현상을 법으로 연계시키는 형법이 있기 때문에 살인한 자는 특정 조건하에서 사형되리라는 것을 예측하게 된다. 자연질서는 신이 만든 질서이고, 사회질서는 인간이 만든 질서이다.

자연과 사회 환경에 관한 법칙과 규범을 찾고 또한 규범을 정립해 나가는 노력이 과학이다. 자연 현상의 내재적 법칙을 찾기 위한 노력이 자연과학이고 사회질서 내의 규범을 연구하는 노력이 사회과학이다. 서양 문명에서는 자연과 인간은 모두 신에 의해 창조되었다는 기독교적 믿음이 지배적이어서 자연질서와 사회질서를 하나로 묶어 생각해오던 문화가 오랫동안 지배해 왔다. 특히 사회질서의 핵심인 법도 신의 뜻에 맞추어 만들어야 한다는 자연법사상의 영향이 강해서 법칙과 법규를 구분하려 하지 않았다. 그래서 자연법사상을 이해해야 서양 사상에서의 사회질서관을 이해할 수 있다. 그리고 동양의 전통 사상에서도 사람은 자연의 일부라는 생각이 지배적이어서 '하늘 뜻(天道)'에 맞도록 사회질서를 만들어가려고 애썼다. 다만 서양 사상에서는 신이 자연의 삼라만상을 창조한 후 별도로 인간을 창조했고 자연은 인간이 삶을 위해 활용하도록 신이 만들어준 것이라는 생각이 지배적이어서 "자연의 법칙에 인간은 매이지 않는다"라는 인간 우위의 생각을 갖고 있어 인간과 자연을 대립시키는 '인간 대 자연(man versus nature)'이라는 인간 중심의 사상이 풍미했으나 동양 사상에서는 '인간을 포함한 대자연'이라는 인식을 갖고 있어 '자연 속의 인간(man in nature)'이라는 사고가 지배적이어서 인간이 만든 사회질서를 자연과 조화시키고 대자연의 질서에 종속시키려는 '겸허한' 생각이 사회과학을 지배했다.

공동체는 인간이 만든 것이고 따라서 공동체의 질서는 인간이 만든 사회질서이다. 이 사회질서를 관리하는 행위가 정치이므로 정치란 전형적인 '인위적으로 계획된 인간 행위'이다. 공동체를 정상 작동시키려면 공동체가 지향해야 할 목표를 결정하고 공동체질서의 핵심인 공동체 구성원 간의 관계를 결정하는 규범을 만들어야 하고, 이 규범의 실천을 관리할 조직을 만들어 유지해야 하며, 규범이 지켜지도록 강제해야 하고, 규범이 변화하는 환경에 맞지 않게 될 때는 이를 개선해야 한다. 이 모든 행위가 공동체질서의 창출, 관리, 개혁 행위인데 이것이 정치행위이다.

공동체에는 특정 목적을 위한 특수한 것도 있지만, 구성원의 집단 내 생활의 기본 틀을 모두 포괄하여 관리하는 포괄적 목적을 가진 공동체도 있다. 특수 목적의 제한적 공동체는 특수목적 공동체라 하고 공동체의 모든 구성원의 행위를 똑같이 규제하는 포괄적 질서를 공공질서라 부른다. 국가질서, 지방자치단체의 질서 등이 대표적인 공공질서이다. 정치라는 개념은 모든 공동체 관리 행위를 지칭하는 넓은 뜻의 개념으로도 쓰이나 보통은 국가, 또는 지방정부의 공공질서를 다루는 좁은 뜻의 질서관리 행위만을 지칭하는 데 쓰인다. 그래서 특정하지 않을 때는 정치란 '국가의 공공질서를 관리하는 인간 행위'라고 정의하기도 한다.

오늘날 정치학 교과서에 등장하는 '정치' 개념은 교과서 저자들의 수만큼 다양하다. 모두가 정치를 다르게 정의하고 있다. 정치 개념이 다양해지는 것은 자기가 강조하고 싶은 현상을 잘 나타내고 싶어 하는 교과서 집필자의 생각이 반영되기 때문이다. 몇 가지 개념 정의를 소개한다.

우선 정치를 **공동체의 의사결정 과정**으로 좁게 정의하는 학자들이 있다. 공동체는 구성원 각자의 의사와 다른 '집합적 의사'를 가지게 되는데 공동체가 의사를 가지게 되는 과정의 구성원 간의 협의, 강제, 설득 과정을 정치로 보는 입장이다. 공동체 의사결정 과정을 보면 공동체 내의 가장 강한 자가 힘으로 다른 구성원의 의사를 누르고 자기 의사를 반영하여 이를 공동체 의사로 결정하기도 하고(전제정치), 구성원의 다양한 의사를 설득·타협·조정을 통하여 하나로 묶어서 공동체의 의사로 결정하기도 한다(민주정치제도). 이 과정을 정치로 보는 입장이다.

공동체는 구성원 간의 관계의 집합으로 형성된다. 구성원의 관계를 결정하는 방식에도 힘에 의한 강제, 협의에 의한 타협 등 여러 가지가 있다. 누가 명령을 하는 지위를 가지고 누가 이를 따르는 지위에 서게 되는가를 결정하는 역할 분담 과정을 정치로 보는 수도 있다. 이때 '나의 의사대로 상대가 따르게 할 수 있는 힘'을 권력(power)이라고 하고 이러한 **권력의 배분**을 정치로 보는 입장도 있다.

공동체 구성원 간의 관계는 구성원이 가지고 싶어 하는 자원, 지위, 역할, 권력 등의 가치를 구성원들에게 배분하는 결정으로 이루어진다. 이러한 점에 주목하여 이스턴(David Easton) 교수는 정치를 "한 사회의 **가치들을 권위적으로 배분하는 것**(the authoritative allocation of value for a society)"이라고 정의했다.[2] 누가 무엇을 어떻게 획득하게 하는가(Who gets what and how)를 결정하는 것이 곧 정치라고 보는 것이다. 이러한 이스턴 교수의 정의는 정치를 국가라는 공동체의 공공질서만을 대상으로 하는 개념이 아닌 모든 공동체와 사회 내의 현상을 대상으로 하는 넓은 개념으로 확장하는 정의다.

정치를 "국가 공동체의 의사결정 관련 인간 행위의 총체"라고 정의하면 정치를 이해하는 데 가장 쉽지 않을까 생각한다. "공동체의 지배이념, 규범제정, 관리조직의 구성과 유지관리, 규범의 실현보장 등의 행위로 구성되는 정치질서를 만들고 유지하는 행위를 정치라고 한다"고 단순하게 정의해 놓으면 편리해진다.

한국, 중국, 일본 등 동양 문화권에서는 정치를 "공동체가 존중해야 할 가치와 이념을 제시하고 이 이념의 실천을 위한 구성원의 행위 준칙을 정하고 이를 구성원들이 따르게 만드는 것"으로 이해해 왔다. 그리고 동양 문화권의 주류를 이루는 유교전통에서는 공동체가 존중해야 할 가치와 이념을 대자연의 섭리인 하늘의 뜻(天)에서 도출한 실천가치(德)로 이론화하고 이를 바탕으로 만들어낸 구성원 간의 관계 양식과 행위 준칙(禮)을 제시하는 데 정치의 역점을 두어 왔다. 그래서 바른 길을 제시하여(政) 구성원이 이를 따르도록 만드는 것(治)을 정치라 했다. 정(政)은 곧 바른 것(正)의 제시라 본 것이다(논어 顏淵 17, 政者正也).

유학에서는 통치자가 먼저 덕(德)과 예(禮)를 완전히 터득하고(養) 이를 구성원에게 이해시키고(敎) 따르도록 만드는 것(治)을 정치의 세 가지 구성요소로 보았다. 구성원이 질서를 따르도록 하는 방법에서는 가르쳐서 자발적으로 따르게 하는 것이 우선이나 따르지 않는 자에 대한 형(刑)도 수단으로 쓴다는 강제력 사용도 정치에 포함시켰다. 이러한 전통적 정치

---

2) David Easton, *The Political System* (New York: Alfred A. Knopf, 1953), pp.129-134.

관과 주권재민(主權在民)의 민주주의 정치관을 접목시키기 위해서 현대 정치학자들은 민심(民心)이 곧 천심(天心)이라는 맹자(孟子)의 생각을 바탕으로 구성원의 지지를 공동체가 지향해야 할 바른 길 발견의 수단으로 정당화하고 있다. 통치자의 통치 권위를 피치자의 동의로 정당화하면 전통적인 양(養)교(敎)치(治)의 정치체계를 그대로 현대 민주주의 정치에도 적용할 수 있게 된다.

정치를 가장 간단히 정의하면 "공동체 의사를 결정하고 이를 규범화하여 구성원들이 지키도록 만드는 행위"라고 할 수 있다. 자기의 의사를 공동체 의사로 선택하게 만들기 위한 구성원 간의 투쟁이 정치투쟁이고, 공동체 의사를 반영한 구성원이 따라야 할 행위 준칙인 법규범을 만드는 일이 입법이라고 하는 정치적 결정이다. 또한 다양한 구성원의 의사를 공동체 의사로 통합조정하여 만들어내는 일련의 행위들이 정치과정이고, 구성원의 의사를 결집하여 공동체 의사로 만들고 그 의사를 실천해 나가기 위해 만든 조직들이 정치조직이다. 그리고 이러한 모든 정치활동의 지침으로 공동체 구성원 모두가 존중해야 할 가치질서가 기본 정치 이념이고 정치적 결단으로 만들어진 규범을 구성원들이 따르도록 만드는 힘이 정치권력이다. 정치질서란 공동체의 기본 가치 이념, 규범, 조직, 권력 등의 요소를 모두 갖춘 공동체 운영체제(system)이다.

〈참고자료 1〉 예·악·형·정(禮·樂·刑·政)의 정치 개념

기원전 5~6세기 중국 학자들이 다듬어낸 정치학의 틀이 중국의 역대 왕조, 그리고 한국의 역대 왕조의 정치학을 지배해 왔다. 예·악·형·정(禮樂刑政)으로 요약되는 동양 정치학의 구조를 간단히 정리한다.

✛ 예악질서(禮樂秩序)

자연 현상에서 발견되는 정교한 법칙성을 모형으로 만든 정치체제가 예악질서이다.

자연에는 다양한 기능을 하는 사물들이 각각의 역할을 하면서 조화로운 일체인 우주라는 체제를 구성하고 있다. 인간의 공동체에도 다양한 기능을 하는 역할(role)들이 기능적으로 연계되어 공동체의 존재 목적을 달성하게 하는 조직(organization)이 필요하다. 사람들이 자연질서를 본떠서 만든 사회관리시스템이 예(禮)이다. 예는 곧 정치 기구다.

예는 연관된 역할 간의 상명하복 관계(序)로 이루어진다. 각개 역할을 할 수 있는 기량과 지식을 갖춘 사람을 뽑아 그 역할을 담당하게 하면 예(禮)질서의 구조는 완성된다. 이때 사람마다 담당하게 될 사회적 역할을 정명(正名)이라 한다.

사회 구성원들이 모두 동일 공동체 구성원이라는 자각을 하고 공동체의 통치 구조인 예(禮)질서를 존중하는 공동체 정신을 가져야 예의 질서는 바르게 작동한다. 이러한 공동체 정신을 악(樂)이라 한다. 악은 개개인의 심성에 내재되어 있는 감성이 우주의 기(正氣)와 공명을 이룰 때 이루어진다. 이런 공명을 통하여 상하의 사회 구성원 모두가 조화된 한 가지 공동체 정신을 갖게 된다. 예와 악을 갖춘 사회관리 질서가 예악질서(禮樂秩序)다.

정(政)은 예의 서(序)를 정하고 공동체 구성원을 교화시켜 통일된 공동체 정신인 악(樂)을 만들어 내는 지도적 기능을 말한다. 정(政)은 자연질서의 원리에 맞도록 이루어져야 제대로 기능을 하게 되므로 정(政)은 정(正)이어야 한다. 정(政)의 핵심은 교육이다.

교화되지 않은 구성원은 강제로라도 체제에 순응하게 하여야 한다. 그런 행위를 형(刑)이라 한다.

예, 악, 형, 정(禮樂刑政)이 곧 정치체제다.

✤ 정명(正名) 사상

정치 구조(structure)가 연계되어 이루어지는 정치 기구(institution)는 다양한 역할로 구성되는 복합 조직체이다. 이때 그 역할을 누가 담당하게 하는가 하는 것이 정치체제 운영의 성패를 정하는 관건이 된다.

공자와 맹자 등 초기 유학자들은 정명(正名)론을 주장했다. 공동체 구성원은 삶을 영위하는 주체로서의 격(格)은 모두 같으나 일할 수 있는 기량은 다양하므로 정치체제의 여러 역할은 그 역할을 담당할 수 있는 사람에게 맡겨야 한다는 생각이 정명(正名) 사상이다. 역할 담당의 자격은 물려받은 것, 주어진 것 등 자기 자신의 능력과 관계 없이 주어지는 지위(ascribed status)에 따라 정해서는 안 되고 스스로 성취해서 몸에 지니게 된 기량과 지식, 즉 스스로 만든 지위(achieved status)에 따라야 한다고 정명론자들은 주장했다. 이런 사상에 따라 그 자격을 심사하는 과거 제도가 일찍부터 중국과 한국에 도입되었다. 공동체가 계급화되는 것을 막고 공동체 구성원 모두가 동등한 정치 참여의 기회를 갖게 하자는 생각에서였다.

예악질서는 지금의 정치체제와 거의 같은 논리로 구성된 정치체제다. 현재의 정치체제 이해에 도움이 된다. 정치체제란 곧 예(禮), 악(樂), 형(刑), 정(政)으로 구성되는데 정치 이념, 정치조직, 정치과정, 정치문화 등 현대 정치학의 주요 개념도 모두 예악형정의 틀로 재구성할 수 있다는 점에서 현대 정치학 연구의 접근 방법으로 참고할 필요가 있다.

✤ 참고문헌 ─────────────────────────

『禮記』.
『論語』.
한홍섭 역. 『禮記·樂記』.
이상우의 미간행 논문. 2008. "자연질서와 사회질서." 신아시아연구소.
_____. 2010. "예악질서와 Pax Consortis." 신아시아연구소.
_____. 2013. "21세기 민주주의와 예악질서의 함의." 신아시아연구소.

3. 정치의 구성 요소와 정치학 연구 영역

공동체의 질서창출, 유지관리, 운영, 개혁을 하는 인간 행위가 정치다. 이러한 정치행위는 세분하면 여러 가지 과제 수행 행위로 나누어 볼 수 있다.

1) 정치에 포함되는 여러 가지 행위

(1) 정치 이념의 제정과 수호

우선 공동체가 추구하는 목표, 존중하는 기본 가치를 결정·수호하는 행위가 있다. 공동체는 지배자 또는 구성원의 복지 증대라든가 구성원의 자유수호 등 공동체마다의 존재 이유(raison d'être), 목표가 있는데 이러한 목표를 결정하는 정치적 과제가 있다. 공동체 운영의 기본 지침이 되고 그 공동체의 정체성을 나타내는 목표 가치를 정치 이념이라 한다. 이 정치 이념을 결정, 수호하는 행위가 정치에서 가장 중요한 과제가 된다.

(2) 규범 제정

공동체가 추구하는 목표를 실천하기 위해서는 공동체 구성원 각자가 담당해야 할 역할, 지켜야 할 규범이 결정되어야 한다. 이러한 규범 제정 과제가 또한 정치의 중요한 영역이 된다. 정치를 좁게 해석하는 학자들은 이러한 규범 제정 행위, 즉 입법 행위만을 정치로 한정하기도 한다. 그만큼 법 제정 행위가 중요하다.

(3) 정치조직의 창출과 관리

공동체를 운영, 관리하려면 이를 담당할 기구가 필요하다. 국가의 경우 정부가 그 기구이다. 정부가 담당해야 할 과제 수행에 필요한 정부기구를 만들어야 하며 각 기구의 일을 담당할 사람을 충원해야 한다. 그리고 입법, 행정, 사법 기구 간의 관계도 설정해야 한다. 이러한 정치기구의 창설, 유지관리, 운영은 정치의 목적 실현을 위한 가장 중요한 활동 영역이 된다.

(4) 정치권력의 창출과 행사

정치체제가 작동하게 하려면 힘이 필요하다. 규범의 실천을 보장하기 위한 힘이 필요하고 국가 안전보장, 국민복지 향상, 사회 안전의 보장 등을 실천해 나가려면 이를 뒷받침하는 힘이 필요하다. 근대국가는 모든 폭력을 공공화(公共化)하여 국가만이 보유하고 행사하도록 하고 있다. 공동체 구성원이 질서를 따르게 만드는 힘을 정치권력이라 한다. 이러한 정치권력을 누가 가지고, 어떻게 행사하게 하는가를 결정하는 것은 정치체제 운영에서 가장 근원적인 요소가 된다. 그래서 일부 학자들은 정치를 "정치권력의 획득, 배분, 행사에 관한 행위"라고 정의하기도 한다.

(5) 정치 참여의 유도

정치체제는 체제 이론적 시각에서 보면 구성원의 요구와 지지라는 체제에 대한 투입(input)과 이를 바탕으로 정책을 만들어내고(산출: output), 이를 재조정하여 다시 요구 및 지지로 연계하는 일련의 순환 과정(feedback cycle)이라 할 수 있다. 이렇게 볼 때 공동체 구성원의 다양한 요구가 어떻게 표출되고 또한 특정 정책에 대한 이들의 지지가 어떻게 나타나는지를 살피는 것이 아주 중요하다. 그리고 나아가서 어떻게 요구와 지지를 취합하고 통합하여 정책으로 만들어 나가는가 하는 것이 중요하다. 구성원의 지지와 요구의 표현을 정치 참여라 부른다. 요구의 표출-통합, 지지의 창출을 위한 조직으로 정당 등 정치단체가 중요한 역할을 한다.

(6) 정치사회화와 정치문화

공동체 구성원이 모두 정치에 관심을 가지고 있는가? 그렇지 않다. 여론에 영향 받고 교육을 통하여 각자의 권리의무에 대하여 이해하게 되어야 비로소 정치 참여에 관심을 가지게 된다. 이렇게 공동체 구성원이 정치에 관심을 가지게 만드는 과정을 정치사회화(political socialization)라 부른다.

또한 각 사회의 오랜 전통 속에서 형성된 삶의 양식, 즉 문화가 구성원들의 정치의식에 큰 영향을 미친다. 지배 권력에 순응해온 문화전통이 강한 사회에서는 전제주의 정치가 비교적 안정되게 유지될 수 있으나 구성원 각자의 평등 의식이 강하고 자기 권리 주장에 익숙한 문화에서는 전제적 통치는 큰 저항을 받게 된다.

정치문화는 상당 부분 전통에서 이미 형성되어온 주어진 특성이나 여론 조작, 선동, 정치교육을 통하여 변화시킬 수 있다. 20세기에 출현한 나치즘, 파시즘, 볼셰비즘, 일본 군국주의 등은 이러한 정치문화의 인위적 조작을 통하여 만들어낸 전체주의 이념이었다. 정치사회와 정치문화에 대한 이해가 있어야 정치체제에 대한 바른 이해가 가능해진다.

(7) 정치발전

모든 사회 제도는 역사적 산물이고 역사는 계속 변해가는 흐름이므로 정치체제도 변하는 시대 환경에 맞추어 변화를 거듭한다. 정치체제를 능동적으로 시대 변화에 맞추어 변화시켜 나가면 진화를 통한 정치발전(political development)이 이루어지나 스스로 진화하지 못하고 환경 변화에 의해 개혁을 강요당하게 되면 혁명(revolution)이나 체제붕괴(system collapse)를 통하여 급격한 변화를 겪게 된다. 이러한 정치체제 변화를 다루는 정치학 영역이 정치발전론이다.

2) 정치학의 분류

정치학은 사회과학(social science)이다. 사회과학은 사람을 연구하는 학문(study of man)으로 자연을 연구하는 자연과학(natural science)과 구분된다. 사회과학은 문화과학(Kulturwissenschaft: cultural science)이 라고도 한다. 개개인의 생각과 행위가 어떻게 형성되고 작동하는가를 연구 하는 학문이 심리학(psychology)이며 다른 인간과의 관계에서 한 인간의 행위가 형성되는 과정을 연구하는 학문이 사회심리학(social psychology) 이다. 그리고 연구 대상이 인간의 집합체(collectivity)이고 이 집합체 내 에서 인간 상호 간의 관계, 인간과 집단 간의 관계, 그리고 집합체로서의 집단이 선택하는 행위를 연구하는 학문이 넓은 뜻의 사회학(sociology)인 데 이 중에서 '정치적 행위'에 관련된 현상을 연구하는 학문이 정치학 (political science)이다.

연구 대상이 현재의 것인가 혹은 과거의 것인가에 따라 사회과학은 좁 은 뜻의 사회학과 역사(history)로 나뉘고, 자기가 속한 사회 이외에 다른 사회까지 범위를 넓히면 인류학(anthropology)이 되고, 지나간 시대의 인류학을 대상으로 연구하는 학문이 고고학(archaeology)이 된다.

연구 관심에 따라 사회과학은 경험과학, 규범과학, 정책과학으로 분류 한다. 현상이 과거에 어떠했으며 현재는 어떻게 되어 있는가, 그리고 앞 으로 어떻게 되어갈까에 대해 가치판단을 배제하고 있는 그대로 밝히려는 과학이 경험과학(empirical science)이다. 그리고 앞으로 어떻게 되어야 하는가를 규명하는 학문이 규범과학(normative science)이다. 경험과학에서는 객관성(objectivity)이 생명이므로 입증(verification)이 연구의 지침이 된다. 그리고 규범과학에서는 추구 가치와의 관계에서 어떤 것이 바람직한가를 논증하는 것이 연구의 핵심이 된다. 경험과학에서 미래의 상태(what will be)가 규명되고 규범과학에서 어떠한 상태가 되어야 할까(what ought to be)가 설정되면 그 간격을 좁히는 기술적 방법이 강구되어야 한다. 이런 문제를 다루는 사회과학이 정책과학(policy science)이다.

정치학도 사회과학이므로 경험과학, 규범과학, 정책과학의 세 영역의 학문으로 세분된다. 정치사, 비교정치, 선거예측 등은 모두 경험과학으로서의 정치학 영역에 속하고, 정치 이념 연구는 대표적 규범과학으로서의 정치학이 되고, 정치·경제·사회 등 모든 영역에서의 정책연구가 정책과학으로서의 정치학에 속한다.

현재 각 대학에서 강의하는 정치학 과목들은 이러한 다양한 영역의 정치학을 관심 주제에 맞추어 세분하기도 하고 종합하기도 하여 표준 교과목으로 만들어 교과 과정을 만들고 있다. 각 대학에서 강의하는 표준 교과 과목을 열거하면 다음과 같다.

정치학 강의에서 총론으로 정치학개론을 이수한 이후 세분된 주제별로 강의가 세분되는데 대체로 다음과 같은 학과목으로 이루어지고 있다.

정치학 기본 과목

* **정치학개론**: 정치학 입문. 정치학 전반에 걸쳐 기본 구조를 해설하는 과목이다.
* **비교정치론**: 각국의 정치체제 특성을 밝히기 위한 비교연구.
* **정치사상사**: 주요 정치 이념 소개를 포함한 정치사상의 변천사를 소개한다.

* **정치과정론**: 정치 참여, 선거, 정당, 국회에서의 입법 및 정책 수립 과정 등을 다룬다.
* **정치문화**: 정치사회화와 정치문화를 다루며 특히 정치문화와 정치체제 특성과의 연계를 연구한다.
* **정치기구**: 정부 조직과 정당, 이익단체 등 정치관련 기구를 다룬다.
* **정치체제론**: 여러 가지 유형의 정치 형태를 해설한다.
* **정치발전론**: 정치의 내외 환경과 연계하여 정치체제의 변화를 다룬다.
* **정책학**: 합리적 정책을 도출하기 위한 작업 과정을 다룬다.

정치학 관련 특수 주제 과목

관심에 따라 재구성한 과목들이다.

* **한국정치론**: 대상을 한국정치로 좁혀 정치체제의 변천, 구조, 작동 원리, 특성 등을 다룬다.
* **국제정치론**: 국제사회를 연구 대상으로 국내정치체제와 대비되는 국제체제의 이념, 규범, 조직 등의 특성을 다룬다.
* **국제정치이론**: 국제정치질서의 작동을 이해하기 위하여 개발된 이론들을 연구한다.
* **정치이론**: 정치 현상을 이해하는 데 도움이 되는 분석이론들을 다룬다.
* **외교사**: 대외 정책의 변천과 그 정책들의 결과가 어떠하였는지를 밝히는 역사가 외교사다. 국가별·지역별 외교사가 있다. 한국 외교사, 미국 외교사, 동양외교사, 세계외교사 등등이 있다.
* **선거론**: 정치 참여의 가장 중요한 수단인 선거를 중점적으로 다루는 과목이다.
* **정당론**: 정치 참여의 중핵적 기구인 정당에 대하여 기능, 구성, 작동

원리 등을 다룬다.

* **행정학**: 국가가 정치질서 관리를 위해 행하는 업무를 체계적으로 이해시키기 위한 과목이다.
* **민주주의론**: 정치 이념 중 민주주의를 집중적으로 다루는 과목이다.
* **전쟁과 평화**: 국제정치의 최대 관심 대상인 전쟁과 평화 문제에 대하여 현상, 정책, 이념을 모두 포함하여 다루는 과목이다.

4. 공공질서와 국가

공동체는 공동체를 구성하는 구성원을 초월한 독자적 행위 주체이다. 그리고 공동체의 규범은 구성원 개인의 의사와 관계없이 구성원들이 지켜야 하는 규범이고 공동체의 결정은 구성원들의 의사와 관계없이 전체 구성원의 집합적 의사로 간주된다. 이러한 공동체의 질서가 공공질서(public order)이다.

우리는 공(公)과 사(私)를 구별한다. 사는 구성원의 의사, 행위, 결정, 이익을 말하고 공은 공동체의 의사, 행위, 결정, 이익을 말한다. 현실적으로 매일의 삶에서 어디까지 개인의 사적 행위가 허용되고 어디까지 공공질서의 규제를 받게 되는가 하는 것은 공동체를 만들 때의 결정에 따라 달라진다. 개인의 사적 행위를 최대한으로 허용하는 자유스러운 공동체도 있고, 반대로 개인의 사적 행위를 억제하고 공동체질서가 구성원의 거의 모든 행위를 규제하는 전체주의적 공동체도 있다.

공동체 중에서 최고의 권위를 가진 포괄적 공동체가 국가(state)이다. 국가는 전체 구성원의 행위를 강제적으로 규제할 수 있는 권위를 가진 정치 공동체이다. 국가는 공동체 내의 개인과 개인들이 만든 다양한 특수 목적 공동체 모두를 규제하는 공공질서를 만들어 유지하는 행위 주체다. 개인과 개인이 만든 공동체들은 국가가 허용하는 범위 내에서만 활동할 수 있다.

국가는 구성원들의 집합적인 목적가치라 할 수 있는 근본 규범(Grund-norm)에 바탕을 두고 만든 공동체로서 그 근본 규범에 기초한 활동 기준인 헌법(constitution)을 갖추고 있다. 그리고 국가 내의 모든 개인과 모든 공동체의 행위 준칙은 이 헌법에 의하여 합법성을 인정받게 된다. 헌법이 소멸하면 국가도 소멸한다. 새로운 헌법이 탄생하면 새로운 국가가 탄생하게 된다.

국내 법체계를 이루는 각종 법률―헌법, 민법, 상사법 등―의 타당 근거도 헌법이다. 그리고 각종 단체의 규칙도 이 헌법의 규정의 틀 속에서 규범성을 인정받게 된다.

국가는 국가의 기능을 수행하기 위하여 여러 가지 조직을 만들어 운영한다. 이러한 조직을 공공기관(public institution)이라 한다. 이러한 공공기관이 가지는 권위는 모두 국가의 권위에 기초하고 있다. 그리고 이러한 공공기관의 결정, 명령은 모두 국가의 결정, 명령으로 간주된다. 사법부의 판결은 국가의 판단이 되고 국군의 각급 지휘관의 명령은 국가의 명령으로 인정된다. 군(軍)은 "장교가 지휘하는 무장 단체"이고 장교는 "국가 통치권자의 통수권의 일부를 위임받아 장병을 지휘하는 자"로 규정된다.

근대 국가의 상징은 폭력의 독점이다. 국가 내의 모든 폭력은 국가만이 보유, 사용할 수 있는 권리를 가진다. 군대와 경찰은 국가 권위의 상징이다. 근대 국가의 가장 큰 특색은 폭력의 공공화(公共化)라 할 수 있다. 국가 이외에는 어떤 개인도 어떤 단체도 폭력을 행사할 수 없다. 국가의 의사, 즉 국법에 의하여 허용된 경우에만 개인 등의 폭력 사용이 예외적으로 인정된다.

국가는 구조적 특성에 따라 다양한 형태를 가진다. 자치권을 부여받은 지방정부의 연합체로 구성된 연방국가도 있고 모든 통치권을 단일 정부가 행사하는 단일 국가도 있다. 그러나 최종적인 통치권은 중앙 정부에 있다.

국제사회는 주권 국가의 연합체로 구성된 조직이다. 국제연합(United Nations)도 초국가적인 권위를 가지지 못한다. 현재의 국제질서에서는 국가가 국내정치질서에서도 최고 권위를 가지고(對內主權이라 한다), 다른 국가나 어떤 국제기구에도 종속되지 않는 최고 권위(對外主權)를 가진다. 국제연합은 초국가적 권위를 가지고 있지 않으므로 국가에 명령을 할 수 없으며 국가를 규제할 수 있는 사법적 결정도 할 수 없다. 국제사회에서는 아직도 폭력의 공공화가 이루어지지 않아 국제연합은 독자적 무장력을 보유, 사용할 수 없다. 현재 활동 중인 국제연합군은 각 국가가 보유한 군사력을 파견 받아 회원국들이 위임한 권위로 제한된 군사 활동을 할 수 있을 뿐이다.

정치를 "공동체 내의 질서의 창출, 유지, 개선하는 인간 행위"라고 정의하면 각급의 공동체, 즉 지방정부, 공공기관, 그리고 자율적 공동체 등의 질서를 관리하는 행위도 모두 정치라 할 수 있다. 그러나 일반적으로 정치학에서 정치를 다룰 때는 국가의 공공질서의 창출, 유지, 개선하는 행위로 범위를 좁혀 사용하고 있다. 정당 내의 정치, 회사 내의 정치, 축구협회 내의 정치 등 일상에서는 정치라는 용어를 폭넓게 사용하지만 좁혀서 정치를 다룰 때는 국가가 관련된 정치만을 의미한다. 국내정치와 국제정치가 보통 정치학개론에서 다루는 정치이다.

제2장

정치 이념

1. 정치 이념

정치 이념이란 국가가 실현하고자 하는 목표 가치에 대한 사상적 정향을 말한다. 국민에게 무엇을 보장하는 국가여야 하는가, 공공질서는 무엇을 성취하기 위하여 만들어야 하는가, 그리고 어떻게 공공질서를 만들어 운영하면 국민들이 원하는 바를 이루게 할 수 있다고 생각하는가? 이러한 생각들을 체계적으로 정리해 놓은 신념 체계가 정치 이념이다.

자기가 일한만큼 얻게 해주는 사회가 바람직한가 아니면 '능력에 따라 일하고 필요에 따라 소비하는 사회'가 더 바람직한가? 자유보다도 물질적 풍요를 확보하는 데 목표를 두고 국가를 운영하여야 할까 아니면 구성원 개개인의 인간 존엄성이 보장된 자유를 극대화하는 데 목표를 두는 것이 더 바람직한가? 이와 같은 국가의 목표가치, 즉 국가사회가 도달하여야 할 목표 상태에 대한 기술(記述)이 정치 이념의 가장 중요한 요소가 된다. 그리고 이렇게 도달해야 할 목표 상태와 비교한 현실 분석이 뒤따르고, 목표인 이상 상태와 현실 간의 간격을 어떻게 좁혀 나갈 수 있을까 하는 방법에 대한 논리적 이론이 제시되면 이에 따라 당장 해야 할 행동강령이 만들어질 수 있다. 목표 상태의 기술(description of the ideal state), 이에 대비되는 현실 분석(analysis of current state), 이상과 현실의 간격을 메꿀 수 있는 구체적 방법에 관한 논리체계(theory)와 여기에서 도출된 행동강령(action program) 등 네 가지 요소가 모두 갖추어지면 정치이데올로기(political ideology)라 부른다.

유토피아에 대한 기술만으로는 정치이데올로기가 될 수 없다. 도달할 수 있는 길이 제시되지 않았기 때문에 정치적 환상(political fantasy)에 머물게 된다. 현실에 대한 잘못된 이해, 그리고 성취 방법에 대한 착각 즉 이론적 오류가 생기면 정치 이념은 정치적 망상이 된다. 객관적으로 실현 가능성이 있다고 모두 인정할 때라야 정치 이념이 될 수 있다.

정치 이념은 현실 불만에서 출발한다. 빈곤에 허덕일 때는 모두 어떻게 고르게 풍요를 누릴 수 있을까에 관심이 모아진다. 이에 따라 가치의 분배체계에 대한 주장을 담은 정치 이념이 정치를 지배한다. 모두가 최소한의 부를 누리는 풍요한 사회에 이르면 구성원들은 '인간 존엄성이 보장된 자유'의 확보에 깊은 관심을 가지게 되고 인권의 보장, 자유의 확대, 정치 참여의 확대 등을 다루는 정치 이념이 정치 이념 논쟁의 핵심을 이루게 된다.

정치 이념의 논쟁에서 가장 많은 논의가 있어 온 것은 누가 공동체의 의사를 결정하는 권한을 갖게 할 것인가 하는 것이었다. 국가 간 경쟁이 치열하던 시대에는 최선의 결정을 할 수 있는 지도자가 이러한 권한을 가져야 한다는 주장이 우세했었다. 플라톤(Platon)의 철인정치(哲人政治) 주장은 최고의 지혜를 가진 사람이 절대적 권한을 가져야 한다는 주장이었고, 제1차 세계대전에서 패하여 어려운 상황에 처해있던 독일에서 출현한 국가사회주의(Nazism) 이념에서는 지도자(Führer) 1인의 절대적 권한을 선호하였다. 파시즘에서도 마찬가지로 최고 영도자(Duce)의 절대적 권한을 주장하였다. 그러나 외부의 적이 없고 국내의 형편도 남보다 낫고 생활여건도 좋았던 19세기의 미국에서는 시민이 주권을 가져야 한다는 민주주의 이념이 압도적인 지지를 받았다.

부유한 소수와 가난한 다수로 사회 구성원이 갈라져 있는 사회의 빈익빈부익부의 흐름 속에서 가난한 사람들이 점점 더 가난해지게 되면 부의 분배를 국가가 앞장서서 해결해야 한다는 사회주의가 득세하게 된다. 그렇지만 두터운 중산층을 가진 사회에서 경제가 활성화하여 열심히 일하면 얼마든지 부를 축적할 수 있는 기회가 보장되는 사회에서는 자유시장경제를 선호하는 국민이 많아지게 된다. 정치 이념은 이와 같이 시대 환경에 따라 다양한 내용을 담게 된다.

정치 이념은 그 시대 그 공동체가 안고 있는 가장 중요한 문제에 대한 해결책을 모색하는 공동체 구성원들의 열망을 반영하는 것으로 그 국가의 공동체질서 운영의 기본 지침을 주는 것이어서 그 나라의 그 시대의 정치적 정체성을 결정하는 요소가 된다. 그리고 선택된 정치 이념은 그 나라 정치질서 운영의 기본 지침이 된다. 정치질서의 핵심을 이루는 규범도, 그리고 정부조직도 모두 이 이념의 실천을 용이하게 하는 방향으로 제정되고 구성되게 된다. 정치 이념은 한 나라 정치질서를 결정하는 핵심적 요소가 된다. 정치 지도자 중에는 '이념을 초월한 지도자'를 자처하는 사람도 있으나 이것은 정치적 술수이거나 위선적인 주장일 뿐이다.

정치질서를 연구하는 출발점은 그 나라의 정치 이념의 이해에서 시작되어야 한다.

2. 전체주의와 자유주의

인간은 숙명적으로 집단을 이루고 살아가게 되어 있다. 자연의 도전에 대항하여 목숨을 지키고 재산을 지키고 하려면 혼자의 힘만으로는 감당하기 어렵고, 여럿이 힘을 모아야 한다. 여럿이 모여 각자가 가진 우수한 능력들을 잘 엮어 힘을 모으면 한 사람 한 사람의 힘을 합산한 것보다 훨씬 더 큰 힘을 만들어 낼 수 있다. 이것이 이른바 시너지(synergy) 효과라고 하는 현상이다. 사람들은 일찍이 이러한 분업(division of labor)의 이점을 터득하고 집단을 만들어 살아 왔다. 씨족 사회, 부족 사회, 국가 등은 인간이 바로 이러한 분업의 원리를 이용하여 최대한의 힘을 만들어 내기 위해 만들어낸 사회 조직이다.

삶에 필요한 물자를 획득하거나 생산할 때, 그리고 자연의 도전이나 다른 인간 집단의 도전으로부터 생명과 재산을 지키기 위해서는 엄격한 규율로 잘 짜여진 집단을 만드는 것이 유리하다. 그러나 집단의 규율은 구성원 개개인의 자유를 제약하는 것이므로 구성원 개개인으로 보면 집단에 속한다는 것이 반드시 이롭기만 한 것은 아니다. 보호와 풍요를 보장받는 대신 자유의 일부를 희생해야 하므로 이익과 손실을 모두 안게 된다. 집단 전체의 이익은 구성원의 공동의 이익이 되나 집단 운영의 효율성을 높이기 위하여 규율을 강화하면 그만큼 구성원 개인의 자유는 제약된다. 이러한 이유로 집단 전체와 구성원 개인의 관계를 어떤 기준으로, 어느 정도로 조정하는 것이 바람직한가에 대하여 옛날부터 많은 관심과 논의가 있어 왔다.

1) 전체주의

공동체의 안전, 부, 효율성 등을 구성원 개개인의 이익보다 앞세우는 것이 궁극적으로 공동체 구성원 모두의 행복을 가져오는 것이라는 생각을 바탕으로 만들어낸 이념체계가 전체주의(totalitarianism)이고, 개인의 이익을 전체보다 앞세워야 한다는 생각을 바탕으로 만들어 낸 이념체계가 자유주의(libertarianism)이다.

전체주의와 자유주의는 생각의 출발점부터 다르다. 전체주의는 인간은 혼자서는 살 수 없고 집단의 한 부분으로 되어야만 살 수 있다고 본다. 즉 인간을 사회적 존재(social being)라고 본다. 개미나 벌을 생각하면 그 논리를 쉽게 이해 할 수 있다. 개미나 벌은 모두 일개미, 병정개미, 여왕개미, 그리고 일벌, 병정벌, 여왕벌 등으로 하는 일과 맡은 책임이 정해진 구성원들이 모여 집단생활을 하는 동물이어서 이들은 집단에서 떨어져 나와서는 혼자 살 수 없는 존재들이다. 만일 사람도 개미나 벌 같다면 마찬가지로 집단에서 떨어져 나와서는 혼자 살 수 없어야 한다. 사람이 사회적 존재라면 사회에 속하지 않으면 생존 자체가 불가능해진다. 과연 그럴까? 로빈슨 크루소는 사람답게 살 수는 없었지만 생존은 할 수 있었다. 그러나 "전체가 잘 되어야 나도 잘 된다"는 이야기는 할 수 있다. 바로 이 점을 중시하여 집단을 개인에 앞세우는 전체주의 이념이 발전되어 왔다.

가장 대표적인 전체주의 이념으로는 파시즘(Fascism), 나치즘(Nazism), 볼셰비즘(Bolshevism), 마오이즘(Maoism), 그리고 김일성 주체사상 등을 들 수 있다. 절대군주체제를 정당화하는 수많은 주장과 이론들이 있었지만 위에서 열거한 이념들만큼 이론 체계가 정교한 것은 별로 없었다. 대체로 이 이념들을 이해하면 전체주의를 이해할 수 있다.

(1) 파시즘

파시즘(Fascism)은 사회주의에서 출발한 마르크스-레닌주의에 이어 발전해온 전체주의 이념으로 1919년 이탈리아의 무솔리니(Benito Mussolini)에 의하여 제시된 이념체계다. 19세기 후반부터 20세기 초에 걸쳐 풍미했던 자본주의 경제체제의 후유증으로 거세어진 계급투쟁, 낭비적 경쟁, 자본가들의 이기적 이윤 추구 등으로 나타난 인민들의 불만과 이를 해결하기 위해 제시된 혁명적 마르크시즘의 도전을 막는 수단으로 등장한 정치 이념이 파시즘이다.

특히 계급투쟁을 부추기고 프롤레타리아 계급의 국제적 연대를 추진하던 마르크스주의의 국제주의에 대항하기 위하여 내세운 민족주의와 인종주의를 앞세운 전체주의 이념이 파시즘이다. 생산 수단을 공공화하여 "함께 일하고 함께 누리는 사회"를 건설한다는 사회주의에 뿌리를 둔 파시즘은 마르크시즘과 같은 논리로 집단주의 경제체제를 앞세웠으나 마르크스주의가 주창하는 초국가적 무산자의 국제적 연대에 반대하고 반대로 민족 단위의 전체주의를 내세웠다는 점에서 근본적으로 마르크시즘과 다르다고 할 수 있다. 그리고 생산 수단의 공유(公有)를 핵심으로 하는 마르크스주의와 달리 자본주의적 생산양식을 수용하면서 국가가 기업체를 통제하는 방식을 내세우고 있다는 점에서 자본주의의 탈을 쓴 사회주의(socialism with a capitalist veneer)라고도 한다.

파시즘의 어원은 '묶음'을 뜻하는 이탈리어인 fasces에서 나왔다. 화살 하나는 약해도 다발로 묶으면 꺾기 어려워진다는 옛말을 그대로 살려 개인을 집단화하면 강해진다는 논리로 제시된 정치 이념이다. 파시즘의 사전적인 정의는 "독재자의 권위에 의한 중앙 집권, 엄격한 사회경제적 통제, 테러와 감시를 통한 반대 의견의 억압, 그리고 호전적인 민족주의와 인종우월주의 특색을 갖춘 통치체제"이다. 웹스터 사전에서는 파시즘을 다음과 같이 정의한다. "개인보다 민족과 종족을 더 고양(高揚)하고, 독재적 지도자가 수장이 된 전제적 중앙집권적 정부와 엄격한 경제 및 사회 규율, 그리고 반대하는 사람에 대한 강압적 탄압을 주장하는 정치철학, 정치운동 또는 정권이 파시즘이다."

파시즘은 집단, 즉 전체를 구성원보다 앞세우는 정치 이념이라는 점에서 전형적인 전체이념이다.

(2) 나치즘

나치즘(Nazism)은 독일 민족주의를 바탕으로 하는 인종적 전체주의 이념이다. 민족사회주의라는 독일어를 줄여서 부르는 이름이다. 정식 이름은 '국가사회주의(Nazional Sozialismus: National Socialism)'이지만 사회주의는 이념의 핵심 요소가 아니었다. 독일 민족이 속한 아리안(Aryan)은 인종적으로 제일 앞선 종족으로 다른 민족을 지배해야 한다는 인종주의를 핵심으로 하는 전체주의 이념으로 사유재산, 계약의 자유를 존중하고 민족단결에 저항하지 않는 한 사기업도 용인하였다. 나치즘은 민족 단위의 경제발전으로 계급 없는 사회에 이르리라고 주장하며 사회주의는 수용하였지만 유태인인 마르크스(Karl Marx)의 이론에 기초한 마르크시즘은 사회주의가 아니라고 강변하였다.

나치즘을 주도하던 초기의 이념적 지도자들 중에는 왕정복고(王政復古)를 주창하던 괴링(Hermann Göring), 히믈러(Heinrich Himmler) 등의 보수주의자도 많았으나 히틀러(Adolf Hitler)가 1933년 집권한 후에는 보수주의의 색채는 퇴색되었다.

나치즘은 사회를 유기체로 보는 전형적인 전체주의 이념이다. 민족은 같은 인종에 속하는 개인들이 구성원이 되는 사회유기체로, 개인은 공동체의 일부로서만 존재를 인정받는다고 주장하고 모든 게르만 민족 성원은 하나의 '독일공동체'를 이루어야 한다고 주장했다. 비스마르크(Otto von Bismarck)가 성취한 '작은 독일통일(Kleindeutschland)'을 계승하여 큰 독일통일(Großdeutschland)을 이루어 나가야 하며 이를 방해하는 내부의 적인 유태인들을 제거하여야 독일통일은 가능하다고 결론을 내리고 있다. 그러므로 "통일 과업은 곧 유태인 척결"이라 주장하면서 가장 큰 과제는 유태인 문제(Judenfrage)라고 했다. 반유태주의(Anti-semitism)는 그래서 나치즘의 상징이 되었다.

나치즘은 공동체의 정체성을 인종우월주의에서 찾는다는 특성을 가진 전체주의 이념으로 파시즘과 성격을 같이 한다. 그리고 그 아류로 일본의 군국주의가 있다. 천황을 정점으로 하는 대화족(大和族: 야마토족)의 공동체라는 집단주의를 내세웠던 점에서 나치즘과 비슷하다. 제2차 세계대전에서 독일, 이탈리아, 일본이 동맹을 맺은 것도 결코 우연이 아니다.

(3) 마르크스-레닌주의 또는 볼셰비즘

정치 이념(political ideology)이라고 할 때는 다음의 네 가지 구성 요소를 갖춘 공동체 지도 원리를 말한다. 첫째는 바람직한 공동체의 모습에 대한 구체적 기술(記述), 둘째는 이러한 이상적 상태가 왜 바람직한가를 설득하는 이론체계, 셋째는 이상적 상태에 비추어 본 현실 분석과 문제점 지적, 그리고 넷째로 오늘의 문제를 해결하고 이상 상태로 나아가기 위하여 취하여야 할 행동계획(action program)을 갖추어야 한다. 행동계획을 갖추지 않은 생각은 단지 정치철학에 머물 뿐이다. 이렇게 본다면 마르크스주의(Marxism)는 정치철학이고 이를 정치이데올로기로 만들어 놓은 것이 마르크스-레닌주의이다. 때문에 줄여서 레닌주의(Leninism)라고 불러도 무방하다. 그리고 레닌을 따르던 혁명 정당의 이름을 따서 볼셰비즘(Bolshevism)이라 불러도 된다.

마르크스주의는 산업혁명이 태동되던 18세기, 그리고 산업혁명의 결과로 생산 수단을 가진 부르조아 계층과 이를 가지지 못하고, 노동의 대가로만 살아야 하는 무산자, 즉 프롤레타리아 계층 간의 빈부 격차가 점점

심해지던 19세기의 유럽 국가들이 처한 시대 상황의 산물이다. 산업혁명으로 부를 축적하여 발언권이 강해진 부르조아지를 중심으로 한 시민들이 군주와 봉건영주의 전제정치에 대항하여 시민의 자유를 쟁취하기 위한 투쟁을 벌이던 시민혁명은 1789년의 프랑스대혁명, 1776년의 미국독립혁명으로 이어지면서 시민의 정치적 자유와 주권재민의 원칙에 바탕을 둔 민주공화정으로 결실을 맺기 시작하였다.

그러나 시민혁명으로 부르조아 계층이 누리게 된 제약 없는 경제적 자유는 '가진 자'와 '가지지 않은 자' 간의 부의 격차를 더 넓히는 빈익빈 부익부(貧益貧富益富)의 부작용을 심화시켜 '가지지 않은 자'의 정치적 자유를 무의미하게 만들었다. 이에 대응한 사상으로 각광을 받게 된 것이 생산 수단을 공유하자는 사회주의(socialism)이었다. 생산 수단은 공동체가 소유하고 노동자는 노동한 만큼의 값을 공동체로부터 받게 하는 것이 정의롭다는 생각이었다. 공동체 구성원이 다같이 '인간 존엄성이 보장된 자유'를 누리게 하기 위해서는 "능력에 따라 일하고 노동한 만큼 분배 받는다"는 원칙이 지켜지는 사회질서가 세워져야 한다는 논리다.

마르크시즘은 이러한 사회주의 사상을 더 한층 강화한 것으로 "능력에 따라 일하고 필요에 따라 소비"하게 하는 공동체를 이상화하는 사상이다. 일하는 양과 질이 모자라도 필요한 만큼 소비할 수 있게 하자는 공산주의 주장은 공동체(commune)가 나의 연장(extension)이라는 생각을 하게 되면 가능해진다. 가족이 나의 연장이듯이 더 확장된 공동체를 나의 가족과 같은 삶의 단위로 생각하게 되면 서로 간에 착취-피착취를 따지지 않게 되기 때문이다.

마르크스 사상은 사적유물론(史的唯物論)이라는 문명관을 바탕으로 하고 있다. 역사는 과학기술발전 → 생산력 증대 → 생산관계 변화 → 상부구조의 변화로 연계된 진화 과정이라는 생각이다. 인간이 자연에 노동을 가하여 사람이 쓰는데 도움이 되게 변화시키는 것이 생산(production)이고 그러한 능력을 생산력이라 한다. 그리고 생산하기 위하여 불가피해지는 분업과, 분업으로 형성되는 인간 간의 관계를 생산 관계(production relations)라고 한다. 땅을 갈기 위해서 쟁기가 필요한데 쟁기를 만드는 사람과 쟁기를 쓰는 사람이 있게 되면 그 관계를 생산관계라 한다. 이 생산관계의 집합을 경제 구조(economic structure)라 부르는데 이 경제 구조에 따라 정치 구조, 종교, 문화, 예술 등의 정신적인 인간관계와 제도, 체제가 형성되는데 이것을 상부 구조(Überbau)라 부른다. 경제 구조는 하부 구조(Unterbau)이다.

마르크스는 문명사를 모두 이 도식에 의하여 설명하려 하였다. 기술이 고도화하여 생산에 소요되는 자본재가 많아질수록 자본재를 소유하는 사람과 노동을 가진 사람 간의 관계가 지배-착취의 관계로 될 수밖에 없고 그래서 생산수단을 가진 부르조아 계층과 노동력만 가진 프롤레타리아 계급 간의 갈등은 피할 수 없으며 과학기술이 발전해감에 따라 그 갈등은 더 심화되어 두 계급 간의 정치적, 사회적 관계를 규정하는 상부 구조는 붕괴될 수밖에 없다고 했다. 마르크스 사상에 의하면 프롤레타리아 혁명을 거쳐 계급 없는 공산 사회로 가는 것은 역사적 필연이다.

마르크스 사상을 바탕으로 만들어낸 투쟁적 정치이데올로기가 레닌주의(Leninism)이다. 그래서 때로는 레닌주의를 마르크스-레닌주의라고 부른다.

레닌은 마르크스의 이론을 수용하면서 프롤레타리아 혁명이 저절로 일어난다는 주장(spontaneity)은 잘못된 것이라고 부정하였다. 프롤레타리아는 역사의 흐름, 혁명의 당위성을 이해할 수준의 지식을 갖지 못하고 있는 대중이고 이들은 눈앞에 보이는 이익을 위해서는 투쟁하지만 근본적인 사회 구조 자체가 자기들을 착취하는 도구라는 점은 이해하지 못하기 때문에 혁명 의식을 갖지 못한다고 보았다.

레닌에 의하면 혁명은 만들어야 되는 것이고 혁명의 성공을 위해서는 프롤레타리아의 물리적 파괴력(physical destructive force of the proletariat)과 함께 소수정예의 지식인으로 구성된 엘리트 정당의 지적 파괴력(intellectual destructive force of the party)이 합쳐져야 한다고 주장했다. 대중은 당이 의식화 시켜야만 비로소 혁명 의식을 갖게 되기 때문이라고 했다. 레닌은 이런 이념을 앞세우고 직업 혁명가로 조직된 볼셰비키당을 앞세워 '계급 모순이 성숙되지 않은' 제정 러시아에서 1917년 프롤레타리아 혁명을 성취했다.

레닌은 마르크스가 규정한 제1단계의 혁명, 즉 생산수단의 공동체 환원 단계로 가는 것을 사회주의 단계라 부르고 계급 없는 완전한 공동체 사회, 즉 생산뿐만 아니라 소비 분배까지도 공동체가 결정하는 완벽한 사회주의 사회로 이행되는 혁명을 공산주의 혁명이라고 했다. 그리고 이 과도기에는 사회주의 정권은 반드시 독재정권이 되어야 한다고 했다. 혁명의 성과를 지키기 위해서는 프롤레타리아 정권은 반동 계급에 대한 독재를 해야만 한다고 했다.

레닌주의는 1917년 러시아에서 성공적으로 프롤레타리아 혁명을 성취시킨 이후 중국, 쿠바 등 후진국으로 번져 나가 공산주의자들이 '공산독재 정권'을 수립하는데 기여했으며 러시아의 점령 지역인 폴란드, 체코슬로바키아, 헝가리, 북한 등에 러시아형 공산독재 국가를 세우는데도 크게 기여하였다.

레닌주의를 앞세운 정부들은 가장 전형적인 전체주의 정부들이었다. 레닌주의 정부들은 프리드리히(Carl Friedrich)와 브레진스키(Zbigniew Brzezinski) 교수가 쓴 전체주의에 대한 고전적 교과서에서 제시한 전체주의 정권의 특성을 모두 갖추고 있다. 여섯 가지 특성은 다음과 같다.[3]

---

3) Carl Friedrich & Zbigniew Brzezinski, 2nd ed., *Totalitarian Dictatorship and Autocracy* (New York: Praeger, 1965), p.16.

① 관제 이데올로기: 다른 어떤 이념도 허용하지 않는 유일 사상체계
② 단일 정당과 단일 지도자: 당이 정부 위에 서는 체제
③ 폭력적 통제: 법을 초월한 반체제 인사 제재
④ 보도매체의 독점과 통제: 자유언론의 금지
⑤ 군사력의 독점: 정규군과 기타 모든 무장 세력에 대한 당의 통제
⑥ 경제의 완전한 통제: 모든 경제 활동에 대한 정부 통제

(4) 기타 전체주의 정치 이념

파시즘, 나치즘, 레닌주의 이외에도 여러 유형의 전체주의 이념이 등장했었다. 파시즘과 나치즘의 아류였던 일본 군국주의 이념도 있었고, 마르크스-레닌주의를 앞세우고 이를 중국적 상황에 맞추어 변형 수용했다는 마오이즘(毛澤東主義)도 있었고, 공산주의의 창조적 적용이라고 주장하는 김일성 주체사상도 있다.

마오이즘은 레닌이즘을 기반으로 하는 전체주의 정치 이념이나 마르크스의 유물사관 대신에 역사 발전의 추동력으로 인민의 집단적 혁명 의지를 앞세우는 주의주의(主意主義)를 택하고 있어 마르크스주의와는 철학적 기초에서 많은 차이점을 보여주고 있다. 특히 1978년 덩샤오핑(鄧小平)이 개혁개방을 단행한 이후에는 국가 통치의 기본 이념을 '중국식 사회주의(中國式社會主義)'라고 표방함으로써 마르크스-레닌주의에서 많이 벗어나고 있으나 프롤레타리아 계급의 독재를 강조하는 인민민주전정(人民民主專政), 즉 인민 계급 내의 민주주의와 '인민 계급에 의한 반동 계급에 대한 독재'라는 1당지배의 전체주의-전제정치체제는 그대로 고수하고 있어 레닌주의와 동질성을 가지고 있다.

김일성 주체사상은 마르크스-레닌주의에서 출발한 정치 이념이지만 1당지배 전체주의-전제정치체제에 수령 1인의 절대적 권위를 가미한 특이한 전체주의 이념이고, 통치권의 정당화 근거를 수령의 초월적 권위에 둔

다는 점에서 신정체제(神政體制)의 특성을 갖추고 있으며 이러한 점이 일반 공산주의 이념과는 다르다고 하겠다.[4]

2) 자유주의

이홍구(李洪九) 교수는 정치사상을 "정치적 행동과 직결된 규범적 판단을 바탕으로 한 체계적 사고"라고 정의했다.[5] 정치적 행동과 직결된 규범적 판단이 기초가 된 사고이므로 정치사상은 공동체의 구성원으로서의 개인의 경험과 정치적 공동체로서의 민족이나 국가의 공동 경험이 사고의 바탕이 될 수밖에 없다. 그런 뜻에서 정치사상은 '시대 상황'에 대한 인식을 반영하는 역사성을 가지게 된다. 자유주의는 18세기 산업혁명이 진행되면서 일어난 급격한 경제, 사회, 정치적 변혁을 반영하여 나타난 사상이다.

18세기 유럽은 산업혁명이라는 엄청난 문명사적 변화를 겪고 있었다. 토지 중심의 농업 경제를 바탕으로 유지되던 봉건 제도가 허물어지면서 이와 함께 귀족 계급이 몰락하고 상업, 공업이라는 새로운 산업이 경제의 중심이 되면서 이를 주도하게 된 부르조아 계급이 사회 중심 세력으로 등장하면서 절대왕권을 중심으로 하던 구체제는 더 이상 사회관리 기능을 감당할 수 없게 되었고 새로운 정치체제의 등장이 불가피하게 되었었다. 이런 시대 배경에서 새로운 정치체제에 대한 제안이라는 시대적 사명을 가지고 나타난 것이 자유주의 정치사상이다.

자유주의 사상은 봉건체제에서 지배귀족의 지배를 받던 '종속된 노동

---

4) 북한 통치체제의 신정체제적 특성은 이 책 제11장을 볼 것.
5) F. M. 왓킨스 저, 이홍구 역, 『근대정치사상사』(서울: 을유문화사, 1973), p.7.

자'로 여겨지던 일반 백성들이 '공동체 주체로서의 시민'이라는 자각으로 촉발되었다. 모든 인간은 신에 의하여 똑같이 창조되었으며 공동체는 이 러한 자유로운 인간들 간의 자발적 계약에 의하여 만들어진 조직이라는 '사회계약론'이 자유주의 사상의 핵심 요소가 되었다. 공동체를 구성하는 모든 사람은 타인이나 조직에 종속되어야만 의미를 가지는 '사회적 존재' 가 아니라 한 사람 한 사람이 모두 '자기 완성적 존재'이며 공동체는 이러 한 자유로운 존재인 개인들이 '인간 존엄성을 보장받는 자유'를 극대화하 기 위하여 합의에 의하여 만들어낸 2차적 조직에 불과하다는 생각은 정치 체제와 관련해서 주권재민(主權在民)이라는 생각으로 발전하였다.

이러한 사상은 1776년의 미국의 독립선언, 1789년의 프랑스대혁명으 로 이어지면서 시대적 조류로 정착하게 되었다. 초기에 봉건체제에 저항 하면서 정치개혁의 주도 세력으로 등장했던 부르조아 계급의 주장은 '인 간평등' 사상과 연계되면서 일반 대중의 보편적 정치 참여 요구로 확대되 어 "통치는 권력의 정통성과 대중의 지지를 바탕으로 이루어져야 하고 권 력의 조성(造成)도 대중의 힘이란 권력 자원에 기초하여야 한다는 생각" (이홍구 교수의 표현)으로 발전하여 보편적인 주권재민의 사상으로 정착 하였다.

사람이 사람답게 살 수 있는 권리, 특권을 가진 지배자의 자의(恣意)로 부터 해방되어 자기 스스로가 행복을 추구할 수 있는 권리는 하늘이 준 인간의 기본권이라는 천부인권사상은 자유주의 사상의 근간을 이루는 믿 음이 되어 지난 3세기 동안 자유주의 사상을 굳혀 가는데 힘을 실어 주었 다. 그래서 오늘날의 모든 자유민주주의 국가의 헌법에는 신체의 자유, 언론의 자유, 집회결사의 자유, 종교의 자유 등의 자유권이 기본 인권으로 포함되게 되었다. 이러한 자유는 개인의 자유를 지켜주기 위하여 존재하 는 정치공동체의 기본질서를 유지하기에 필요한 최소한의 제약을 제외하 고는 어느 누구도 규제할 수 없다는 원칙으로 자리 잡게 되었다.

자유주의 사상에는 경제 활동의 자유도 포함된다. 개개인이 자기가 원하는 직업을 자유롭게 선택하고 개인의 재산을 자기가 원하는 방법으로 사용하고 생산, 교환 등의 경제 활동도 자유롭게 해야 한다는 경제적 자유는 인간이 인간답게 살기 위한 불가결한 자유이기 때문이다. 그러나 무제한의 개인의 경제적 자유는 현실에서는 부익부 빈익빈을 가속화시켜 개인 간의 '현실적 지위'의 차이를 만들어내어 사회를 가진 자와 가지지 못한 자의 계급으로 갈라놓게 된다. 이러한 현실 속에서 경제적 자유가 정치적 자유를 무의미하게 만든다는 역설적 현상이 생겨나게 된다. 그래서 정치가 경제적 자유에 개입해야 한다는 반자유주의적 사상이 나타나게 된 것이다. 개인의 자유도 중요하지만 개인이 속한 공동체 자체의 건강한 질서도 개인의 행복을 보장하기 위해서는 보다 더 중요하다는 사회주의 사상이 나타나게 되는 것이다.

고전적 자유주의라 부르는 초기 자유주의 사상은 개인의 자유 확보에 역점을 둔 소극적 자유, 즉 정부 간섭의 최소화로 지켜질 수 있는 자유에 중점을 두었으나 산업화가 계속되면서 경제적 강자와 약자 간의 갈등이 심화되기 시작하면서는 최소한의 풍요를 모든 구성원이 누릴 수 있도록 정부가 적극적으로 나서야 한다는 적극적 자유도 중시하는 현대적 자유주의로 진화하여 왔다. 그러나 "개인의 자유를 최고의 것으로 존중하며 개인들이 이러한 자유를 최대한으로 향수하게 하고 개인에게 허용할 수 있는 이성적 자유의 공간을 최대한으로 확보하게 하자"는 자유주의의 핵심 사상은 그대로 지켜지고 있다.

3. 전제주의와 민주주의

정치사상은 공동체의 이상적 모습에 대한 소망이다. 이 소망을 이루기 위해서는 공동체의 의사결정을 누가, 어떻게 무슨 권위로 하게 할 것인가에 대한 규범적 사고, 즉 의사결정 방식에 대한 규범적 판단이 함께 이루어져야 하고 그래서 의사결정체제는 정치사상의 또 하나의 중요한 요소가 된다.

의사결정체제의 선택도 인간이 추구하는 가치, 공동체의 존재 의의에 대한 가치 판단 등 인간의 사상을 반영하는 규범적 선택이라는 점에서 정치 이념에 속한다. 그리고 정치사상의 실현 방식이라는 점에서 정치사상과 논리적으로 연계되어 있다. 개인의 행복 실현을 공동체 자체의 안정성이나 발전성보다 더 앞세우는 자유주의 사상에서는 서로 다른 생각을 가진 개개인의 의사를 존중하고 이를 반영하여 공동체의 집합적 의사를 결정하도록 해야 한다고 주장하고 있으므로 의사결정체제는 구성원의 다양한 의사 간의 타협을 통하여 단일 공동체 의사로 취합해가는 민주주의 제도와 연계되게 된다.

그리고 전체주의 이념이 요구하는 공동체의 절대 가치를 실현하기 위한 정치제도는 권위를 가진 단일 의사결정자의 의사를 공동체의 집단적 의사로 해야 하므로 전제주의 의사결정 제도와 연결되게 된다.

공동체 의사결정 제도의 유형으로는 구성원 개개인의 의사를 존중하는 민주주의 제도와 최고 의사결정자가 누구에게도 책임지지 않고 공동체의 의사를 결정하는 전제주의 제도가 있다.

1) 전제주의

전제주의(專制主義: autocracy)는 공동체 구성원의 행동을 규제하는 규범을 정당성을 가진 최고 권력자가 구성원의 동의를 얻지 않고 결정하는 제도이다. 전제주의를 정당화하는 논리는 간단하다. 공동체질서를 규정하는 규범은 주어진 환경에서 최선의 선택이 되는 것이 바람직한데 이러한 최선의 선택은 가장 우수한 최고 권력자가 담당하여야 한다는 논리다. 누가 최고 권력자여야 하는가를 정하는 방식은 다양하다. 완전무결한 하늘의 질서, 즉 신의 계시를 통하여 신의 질서를 알게 된 자가 최고 권력자가 되어야 한다는 신정주의(神政主義: theocratic belief)도 있고, 구성원의 위임을 받아 정통성을 가지게 된 사람이 최고 권력자가 되어야 한다는 신민주주의(neo-democracy), 과학적 민주주의(scientific democracy), 인민민주주의(people's democracy) 등도 있다.

전제주의는 '절대 진리'의 존재를 전제하는 사상에 기초한 공동체 의사결정체제다. 절대 진리는 그 자체가 타협할 수 없는 가치이므로 절충적 대안은 있을 수 없고 공동체 구성원의 다양한 의견은 오직 '옳은 것'과 '틀린 것'으로 나눌 수 있을 뿐이다. 옳은 의견을 가진 사람은 체제 지지자로 인정되어 '시민의 권리'를 누릴 수 있으나 '틀린 생각'을 가진 자는 반동으로 낙인 찍혀 시민의 권리를 거부당하게 된다.

왕조 시대의 유럽에서는 최고 권력자는 신(神)에 의하여 정통성을 부여받은 사람이어야 한다는 왕권신수설에 따라 군주가 최고의 권위를 주장했었다. 그러나 왕정이 타파되고 주권재민의 민주주의 사상이 보편화된 이후에는 '민주적 방식'에 의한 절대 진리의 발견이라는 논리가 개발되었다. 다양한 의견을 가진 사회 구성원들의 의견을 투표를 통하여 확인한 후 다수의 의견을 '진리'로 선언하는 방식이다. 진리의 조각들을 구성원들이 나누어 가졌다고 보고 이를 통계적 방법으로 취합하면 절대 진리가 발견된다는 논리이다. 그래서 투표를 통하여 다수가 확인된 순간 그 다수의 의견은 '진리'가 되고 소수 의견은 '잘못된 생각'으로 낙인찍히게 된다. 이러한 투표를 통하여 절대 진리를 발견하는 방법은 가장 '과학적' 방법이므로 이런 민주주의를 '과학적 민주주의'라고 주장하면서 전제주의를 정당화하고 있는데, 이런 논리를 바탕으로 만든 현대 전제주의 정치 이념을 레닌주의 등에서 채택하고 있다.

구소련의 정치체제이던 소비에트체제는 민주집중제(democratic cen-tralism)를 공동체 의사결정의 원리로 삼았다. 상향식으로 선거를 통하여 선출된 대표들과 그 대표들이 선출한 상급 조직의 대표, 다시 그 대표들이 선출한 차상급의 대표로 최고 의사결정기구를 만든다는 '조직에서의 민주집중제'와 하부 조직에서 최고 조직까지 단계별로 투표를 통하여 '옳은 의사'를 발견해서 집중해 나가는 '의사결정 방식의 민주집중제'의 두 가지를 합치면 소비에트체제가 된다. 이러한 소비에트체제는 외형상 인민주권이 실현된 민주체제로 보이나 실질에 있어서는 민주주의와 거리가 멀다. 선택의 대상 자체를 상부에서 하부 조직으로 단수로 지정해주고 실시하는 투표이므로 최고 권력자의 의지를 '민주주의'의 옷을 입혀 내어 놓는 제도에 불과하기 때문이다. 현재 북한의 인민민주주의는 옛 소비에트체제를 그대로 본뜬 것이고 중국의 신민주주의도 국가 조직의 최하위 단위인 시앙(鄕)에서 별로 중요하지 않은 결정을 하는 경우에 허용되는 자발적 의사 표시와 최고 단위인 공산당 중앙위원회 정치국 상무위원회 내에서의 '토론을 통한 의사결정'만을 제외하고는 민주집중제를 적용한 '민주주의를 가장한 전제주의'체제로 역시 주권재민의 민주주의 정신과는 배치되는 전제주의 체제일 뿐이다.

현재 몇몇 왕정 국가와 구소련 공산 제국 붕괴 이후에 아직도 남아 있는 두 개의 공산 국가인 북한과 중국을 제외하고는 적어도 제도적으로는 전제주의를 내세우는 국가는 없다. 북한과 중국은 아직도 '인민민주전정

(人民民主專政)'을 헌법으로 규정하고 있다. 인민 계급 내의 민주주의와
인민 계급에 의한 반동 계급에 대한 전정(專政: 독재)을 공식 통치체제의
일부로 규정하고 있다.

2) 민주주의

　민주주의(民主主義)는 주권재민의 사상을 토대로 만들어낸 공동체 의
사결정 제도이다. 국가의 경우 통치권은 국민이 가지고 있고 주권자인 국
민의 위임을 받은 지도자가 위임받은 통치권을 행사하여 국가의 질서를
창출, 관리, 개선해 나가게 하는 제도이다.

　민주주의의 의사결정 과정의 핵심은 '타협을 통한 단일 의사의 도출'이
다. 모두 똑같이 주권자의 지위를 인정받는 국민들이 내어 놓는 다양한
의견은 어느 것도 절대적 진리라 할 수 없다. 옳고 그른 것이 아니라 오직
서로 다를 뿐이다. 이러한 다양한 다른 의견을 하나의 공동체 의견으로
취합하기 위해서는 토론을 통한 설득과 타협에 의존할 수밖에 없다. 그래
서 민주주의에서는 의사의 통일이 필요할 때는 투표를 한다. 이때 투표의
의미는 다양한 의견의 분포의 확인이라는 의미를 가질 뿐이지 민주집중제
에서의 투표처럼 다수가 옳고 소수가 틀렸다는 의미를 가지지 않는다.
99%가 찬성하는 안이 진리이고 1%가 찬성하는 것은 잘못된 것이라는 가
치판단은 옳지 않기 때문이다. 거짓은 아무리 보태도 거짓일 뿐이지 진리
로 될 수는 없는 것이다. 다만 다름(difference)의 분포를 확인하여 타협
의 기준을 찾는다는 의미를 가질 뿐이다.

　민주주의 제도를 처음 채택한 근대 국가인 미국의 헌법 정신은 '다양성
을 하나로(E pluribus unum)' 만드는 성숙된 타협을 바탕으로 한다. 인간
은 모두 신에 의하여 똑같이 창조된 피조물로서 누구도 감히 절대 진리를

안다고 할 수는 없고 따라서 현실적 편의를 위하여 타협안을 만들어 국가를 이끌어 나가자는 겸손한 생각이 그 바탕에 깔려 있다. 이러한 미국식 민주주의를 소비에트식 민주주의와 구분하기 위하여 흔히 자유민주주의라 부른다. 자유주의 사상의 실천을 위한 민주주의이기 때문이다.

오늘날에는 전 세계 200여 개 국가 중에서 민주주의를 채택하지 않고 있는 국가는 몇 되지 않는다. 그러나 민주주의 제도를 비민주적으로 운영하는 국가는 아직도 많다. 민주주의 기본 정신을 제대로 지키면서 민주주의 제도를 운영하는 성숙된 민주국가가 오히려 드물다. 민주주의는 그런 뜻에서 아직도 발전도상에 있는 정치제도라 할 수 있다.

민주주의는 구성원의 평등 존중, 기본 인권의 보장, 동등한 참정권 등에 대한 헌법적 보장이 되어 있을 때만 정상적으로 작동한다. 민주주의 체제를 식별할 수 있는 기준은 헌법의 기본 인권 보장 유무이다. 다수의 의사로도 제한할 수 없는 국민의 기본 인권이 헌법으로 보장된 경우만 진정한 민주주의체제라 인정한다.

자유민주주의는 추구가치와 관련된 자유주의와 의사결정방식과 관련된 민주주의가 결합된 현실정치 이념이다.

4. 21세기 시대 환경과 정치 이념

변화하는 시대 환경에서 만들어지는 새로운 정치적 도전에 대응하는 수단을 모색하는데서 정치 이념이 잉태된다. 절대왕조 시대 폭군의 폭정에 시달리던 시민들의 고통을 덜어주어야 한다는 정치적 과제를 풀어가는 과정에서 자유주의 사상이 성숙되었으며 민주주의 제도가 탄생하였다.

군주가 아닌 시민이 주권자라는 주권재민의 사상에서 시민의 자치, 즉 다
스리는 자와 다스림을 받는 자를 일치시키는 민주주의 제도가 발전되어
나왔다.

　문예부흥, 종교개혁, 산업혁명 등을 거치면서 시민적 주체성을 자각하게
된 중산층의 전제군주제에 대한 저항에서 근대 자유주의와 민주주의 사상
은 정치개혁의 지도 원리로 등장하였다. 프랑스에서는 부르봉(Bourbon)
왕조의 폭정에 대한 시민의 저항으로 1789년의 대혁명이 일어났으며 그
때 자유(liberte), 평등(egalite), 박애(fraternite)의 가치실현 장치로 민주
주의가 주창되었다. 또한 식민 모국이던 영국의 폭정에 항거하던 미 대륙
의 식민지 지도자들이 1776년 독립전쟁을 시작하면서 자유주의와 민주주
의를 지도 이념으로 내세우면서 자유민주주의는 범세계적 보편적 정치 이
념으로 확산되었다.

　19세기와 20세기 200년간은 역사상 처음 맞는 이데올로기 전성 시대였
다. 절대군주의 압제에서 시민을 해방시키려는 혁명, 식민지 지배를 벗어
나려는 식민지 해방 운동, 극심한 경제적 불평등을 해소하고 가난한 무산
자들을 구하려는 사회주의 혁명 등이 잇따라 일어나면서 이러한 개혁과
혁명의 지도 원리로 다양한 정치 이념이 제시되었었다. 자유민주주의, 사
회주의, 파시즘, 공산주의 등의 주요한 정치 이념들은 모두 이 시대에 태
어난 이념들이다. 이러한 수많은 정치 이념들 중에서 가장 두드러지는 영
향을 미친 이념은 자유민주주의, 파시즘, 사회주의, 공산주의가 아닌가 생
각한다.

　그동안 범세계적으로 전개된 시민혁명의 지도 이념으로 자유민주주의
이념은 가장 영향력을 가진 보편 이념으로 자리 잡았고 20세기가 끝날
때쯤에는 전 세계의 거의 모든 나라의 기본 이념으로 수용되었다. 그러나
신분적 평등에 역점을 둔 자유민주주의는 개인의 정치적 자유권과 더불어
사유재산권과 자유로운 경제 활동도 무제한으로 옹호해온 결과로 경제적

평등을 심하게 왜곡시켜 사회를 '가진 소수'와 '못 가진 다수'로 나누는 계급화를 심화시켰으며 그 결과로 개인의 정치적 자유 자체를 무의미하게 만드는 모순을 나아 사회불안을 심화시켰다. 이에 대한 처방으로 등장한 것이 사회주의 이념이었다. "능력에 따라 일하고 일한만큼 소비하게 하는 질서"를 목표 가치로 내어 놓고 중요 생산 수단을 공유(국유 또는 집단적 소유)하게 하고 국가가 '못 가진 다수'의 최소한의 생존 조건을 마련해주게 하자는 사회주의가 각광을 받게 되었다.

그러나 사회주의는 개인의 창의성과 헌신을 통한 생산의 효율성 극대를 보장하는 자본주의의 장점을 말살하여 결과적으로 모두가 '못 가진 자'로 전락하게 만드는 부작용을 낳게 되었다. 이를 보완하기 위하여 등장한 것이 국가가 직접 기업을 운영하는 자본주의라고 할 수 있는 국가사회주의(나치즘)였다. 그리고 사회주의를 더욱 강화하여 사유재산제도를 없애고 국가 자체가 생산 수단을 모두 소유할 뿐만 아니라 기획, 생산, 소비 모두를 국가가 담당하여 "능력에 따라 일하고 필요에 따라 소비하는 사회"를 만든다는 이념인 공산주의가 등장했다. 1917년 마르크스주의라는 '진보된 사회주의'를 내세운 러시아 혁명이 성공하면서 새로 수립된 소련 공산주의 정부는 공산 사회 건설에 방해되는 제도의 개혁과 동조하지 않는 시민의 제거를 위한 강력한 1당지배의 전제를 행하였고, 결과적으로 인간의 해방이 아니라 인간의 존엄성 자체를 파괴하는 역설적인 사회를 만들어내었다.

공산주의는 공동체를 '나의 연장(extension of myself)'으로 생각하는 구성원들만으로 구성된다면 가능한 제도이다. 자식을 자기보다 더 아끼는 가장은 소비만 하는 가족을 위해서 스스로 자기희생을 해가면서 노동을 할 수 있다는 점에서 가정은 가장 이상적인 공산사회라 할 수 있다. 그러나 전혀 관계가 없는 이웃과 공동체 내의 타인을 위하여 이러한 자기희생을 하려는 '사회주의 인간'의 문화를 모두가 공유할 수는 없다. 그래서 공산혁명에 성공하고도 생산성 증대를 이룰 수 없었던 중국에서는 마오쩌둥의 지휘로 '의식 차원의 혁명', 즉 모든 중국인의 의식을 사회주의를 위하여 자기 헌신을 하는 '사회주의적 인간'의 의식으로 바꾸는 정신 차원에서의 혁명, 즉 문화혁명을 강행하였다. 그 결과로 7천만 명의 인민이 죽었고 문화혁명은 사상 최악의 전제적 탄압과 경제파탄만 남겼다.

20세기는 러시아, 독일, 중국에서 실시된 레닌이즘, 나치즘, 마오이즘의 정치 이념의 실험으로 2억 명에 가까운 인명을 희생시키고 저물었다. 남은 것은 자유민주주의와, 사회주의 사상과 민주주의 제도를 결합시킨 사회민주주의의 몇 가지 변형뿐이다.

21세기가 시작되고 있는 현재의 시대 환경은 엄청난 속도로 진행되는 과학기술 발전으로 과거와 많이 다른 정치 환경을 만들어내고 있다. 이러한 시대 환경에서 현재 범세계적 보편 이념으로 자리 잡고 있는 자유민주주의와 사회민주주의는 어떻게 진화해 나갈 것인가? 간단히 정리해 본다.

1) 자유민주주의

국가가 아닌 국민이 주권을 가지고 있다는 생각, 국가는 국민들의 '인간 존엄성이 보장된 자유'를 보장하기 위하여 국민이 만들어낸 조직체라는 생각, 그리고 모든 국민은 동등한 권리를 가지고 똑같은 자격으로 정치에 참여할 수 있다는 생각을 바탕으로 한 자유민주주의 이념은 시대 환경이 어떻게 바뀌어도 변할 수 없는 이념으로 남을 것이다. 그러나 인간평등사상 등의 추상적 가치는 현실 조건에 부합하도록 보완되어 나가지 않으면 현실 정치의 지도 이념으로는 많은 문제를 낳게 된다.

21세기에 들어서면서 가장 큰 환경 변화는 정보혁명이다. 이제 모든 국민이 정보를 생산하고 모든 국민이 실시간으로 정보를 공유하는 시대가 시작되고 있다. 이런 환경에서는 어느 정보가 신뢰할 수 있는 정보인지 어떤 사실이 조작된 거짓 정보인지를 분간하기 어렵게 된다. 이러한 상태에서는 여론을 조작하여 국민을 오도할 수 있는 사람이 정치체제를 장악하기 쉬워진다. 그리고 대중영합주의(populism)가 공동체의 바른 의사결정을 크게 왜곡시킬 수 있게 된다. 이럴 경우 모든 국민의 동등한 정치참여를 보장하는 자유민주주의 체제로는 국민의 행복을 극대화한다는 체제 목적 자체를 달성하기 어렵게 된다.

과학기술의 발달로 인간의 생산력이 비약적으로 증대되면서 사회 구성원 모두가 물질적 풍요를 누릴 수 있는 시대가 오고 있다. 인간의 욕망은 한이 없어서 안전, 풍요가 모두 충족되면 한층 높은 쾌적한 삶의 보장을 요구하게 된다. 질 높은 의료, 교육, 더 깨끗한 환경, 수준 높은 문화 환경 등을 바라게 된다. 국가가 국민들의 이러한 요구를 충족시켜 주려면 전문기술과 지식을 갖춘 전문 인력을 더 많이 확보하여야 한다. 그래서 전문교육을 받고 국가가 실시하는 시험에 합격한 자만이 진료를 하게 한다거나 학교 교원이 되게 제한한다. 이럴 경우 모든 인간의 동등한 직업 선택의 권리와 충돌하게 되어 갈등을 빚게 된다.

오늘날 앞선 나라에서는 국가가 제공하는 서비스는 최고 전문가에 의해 공급하고 있다. 그러나 국가질서의 근간이 되는 규범을 제정하는 입법부 구성에서는 국민의 동등한 정치참여권을 보장한다는 이유로 아무런 제한을 두지 않는다. 국회의원은 유권자의 표만 많이 얻으면 자격제한 없이 직을 맡게 된다. 이렇게 입법부가 비전문가들에게 장악되면 국가질서 자체가 제 기능을 하지 못하게 된다. 선진 민주국가가 후진 테러집단과의 투쟁에서 고전을 면하지 못하는 것은 이러한 사정 때문이다.

민주주의는 시민의 정치이다. 시민은 대중 중에서 '자기 행위의 의미를 이해하고 자기 행위에 대하여 책임을 질 줄 아는 사람'을 말한다. 자기 행위에 책임을 지지 않는 구성원은 대중이다. 시민이 다수를 차지하는 나라에서는 민주주의 제도가 무리 없이 원만하게 작동하지만 시민이 다수를 차지하지 못하고 무지한 대중이 다수를 차지하는 사회에서는 무책임한 대중이 국가 정책을 좌우하는 사태가 벌어져 민주주의 제도 자체를 붕괴시키는 역설적 현상이 일어난다. 이런 점도 보완되어야 민주 제도를 지켜 나갈 수 있다.

국가 기능이 제한적이고 정책 결정이 긴박한 시간 제약을 받지 않던 18세기, 19세기, 20세기 초반의 환경에서 최선의 통치 방식으로 평가받던 자유민주주의 체제도 21세기적 시대 환경에서는 많은 문제를 안게 된다. 심각하게 보완 방안이 검토되어야 한다.

공자(孔子)는 정치(政)는 곧 바른 것(正)이어야 하고 그 바름은 대자연의 섭리라고 하는 초월적 질서인 하늘(天)의 도를 반영하는 것이어야 한다고 했다. 그리고 모든 사람은 자기의 능력과 성취에 따라 맡아야 할 일, 맡을 수 있는 일이 정해지는데 이것을 정명(正名)이라 했다. 이상적인 사회는 구성원 각자가 자기의 정명에 충실한 사회라고 하면서 임금은 임금답고, 신하는 신하답고, 아버지는 아버지답고, 아들은 아들다우면 서로가 서로를 존중하는 질서(禮)가 바로 서고 모두가 조화되는 상태(樂)가 된다고 했다. 이렇게 작동하는 예악사회(禮樂社會)가 가장 이상적인 정치 질서라고 보았다. 자유민주주의 사상과 대조하면 많은 '생각의 다름'이 담겨 있지만 인간의 본성, 인간의 능력, 인간의 욕망 등을 정직하게 인식하고 모든 구성원이 화합하여 행복을 극대화할 수 있는 체제를 만들자는 이러한 주장을 다시 한 번 음미해 볼 필요가 있다. 최근 유교 민주주의가 21세기적 시대 환경에 맞는 새로운 민주주의 체제로 검토되고 있다는 것은 주목할 만하다. 다양성을 조화시켜 하나로 취합하는 민주주의의 기본 정신(E pluribus unum)을 놓고 깊이 생각을 해보면 새로운 처방이 유교적 접근에서 발견될 수도 있을 것이다.

2) 사회주의

21세기적 시대 환경에서 가장 두드러지는 현상은 생산력 증대에 의한 '고용 없는 성장'의 문제다. 지난날 100명이 생산하던 상품을 자동화된 첨단 생산시설을 이용하여 1명이 생산하게 되면 생산 수단을 소유한 자본 가는 과거보다 훨씬 큰 소득을 만들어 낼 수 있는 반면 99명의 노동자는 직업을 잃게 된다. 이런 현상이 지속되면 마르크스가 지적했던 대중의 궁 핍화(immiseration) 현상을 피하기 어렵게 되고 사회는 소수의 '가진 자' 와 대다수의 '못 가진 자'로 나뉘는 계급 분화에 봉착하게 된다. 이미 20세 기 후반부터 21세기 초까지만 해도 '고용 없는 성장'에 의한 대다수 국민 의 상대적 빈곤화는 급격히 진행되고 있다. 선진 민주주의 국가에서도 민 주주의 체제를 지탱해오던 중산층이 사회 구성원의 80%를 넘던 20세기 중반에서 10%대로 줄어든 21세기에 들어서면서 민주주의 체제가 제대로 작동하기 어렵게 되었다. 이미 미국과 같은 튼튼한 민주주의 국가에서도 '1% 대 99%'의 투쟁, '월(Wall)가를 점령하라' 등의 구호를 내세운 민중 저항이 격화되고 있다. 민주주의 수호를 위해서도 사회주의의 여러 가지 주장들을 재음미할 필요가 있다.

그동안 유럽 선진 민주국가 중에는 자본주의의 폐해를 줄이기 위해 사 회주의적 제도를 과감히 도입하면서도 의사결정 과정에서는 레닌주의나 마오이즘적인 전제주의적 방법 대신에 국민이 직접 정책 결정에 참여하는 의회민주주의 방법을 택하는 사회민주주의(social democracy)를 선택한 나라가 많았다. 사회민주주의자들은 민주주의의 필요성에 대해서는 절대 적으로 지지한다. 그러나 그들은 민주주의는 사회주의에 의해서만 완전해 진다고 주장한다. 이들은 전체로서의 사회(society as a whole)에 의해서 공동체 내의 모든 자원을 민주적으로 통제해야 한다고 주장한다. 모든 시 민의 공동이익이 보호되고 이들의 공동의 필요가 충족되게 하기 위해서는

인민의 집단 의지(the collective will of the people)에 의한 공동체 내의
자원에 대한 민주 통제가 필요하다고 주장한다. 생산 수단의 공유(公有:
public ownership)와 생산과 분배를 공공이익에 맞도록 민주 절차에 따
라 국민이 기획하게 만드는 것이 사회민주주의의 핵심으로 이런 체제에서
만 빈부 격차에 의한 사회체제 붕괴를 막을 수 있다고 이들은 주장한다.
그러나 사회주의적 통제가 개인의 경제적 자유를 침해하고 기업인의 생산
의욕을 감퇴시켜 경제발전을 저해한다는 점도 알아야 한다.

사회주의의 더 극단적인 형태라고 하는 공산주의가 다시 거론될 가능
성이 있는가? 회의적이다. 사유재산제도 자체를 없애고 모든 자원을 공유
(公有: 共有와 國有 포함)하고 모든 경제 활동을 국가가 통제하여 "능력에
따라 일하고 필요에 따라 소비하게 하자(from each according to his
abilities: to each according to his needs)"는 사회를 만들자는 공산주의
는 그 실천 과정에서 인민의 기본권 훼손을 불가피하게 함으로써 정치체
제 이념으로서는 이미 부정적 판단을 받았다. 21세기적 상황이라고 해도
사정은 다르지 않을 것이다.

공산주의 이상의 실현을 위한 수단으로 만들어낸 레닌주의라는 전체주
의-전제주의의 1당 독재체제를 유지해온 구소련은 1917년 혁명 이래 70년
동안 가장 낙후되었던 후진 농업 국가이던 옛 러시아 제국을 세계 최강국
미국과 대결할 수 있는 초강대국으로 성장시키는 데 성공했으나 그 과정
에서 소련 인민의 정치적 자유, 기본 인권은 철저히 짓밟혔고 땅에 떨어
진 인민의 사기로 더 이상 체제를 유지하기 어려운 상태에 도달했었다.

1984년 구소련 공산당 서기장직에 오른 고르바초프(Mikhail Gorbachev)
는 '인민들의 이념적 도덕적 가치에 대한 점진적 붕괴'로 더 이상 1당지배
의 소비에트체제를 유지할 수 없다고 판단하고 공산당 중앙위원회의 지지
를 받아 1986년에 열린 소련 공산당 제27차 전당대회에서 페레스트로이
카(Perestroika), 즉 혁명적 체제개혁을 선언했다.[6] 고르바초프는 이 개

혁을 사회주의를 더 철저히 하자는 것(more socialism)이라고 주장하면서 사회주의를 더 철저히 한다는 것은 민주주의를 더 철저히 하자는 것으로 개인의 존엄성과 자존심을 더 존중하자는 것이라고 했다(More socialism means more democracy, openness …… more dignity and self-respect for the individual). '사람의 얼굴을 가진 사회주의(socialism with human face)'의 회복이라고 부르는 고르바초프의 페레스트로이카 결정은 사실상 소련 공산주의의 포기였다. 소련(USSR: 소비에트 사회주의 공화국 연방)은 해체되어 과거 강점했던 중앙아시아 여러 나라를 해방시키고 다당제를 도입하고 시장경제체제를 채택했으며 사유재산권도 복원했다. 소련 공산주의는 사회민주주의로 전환된 것이다. 고르바초프도 그의 저서에서 '능력에 따라 일하고 필요에 따라 소비하게 한다'던 공산주의 강령을 '능력에 따라 일하고 일한만큼 소비하게 한다'는 사회주의 강령으로 고쳤다고 밝혔다.

중국도 21세기 시대 환경에 맞추어 마르크스-레닌주의-마오이즘이라는 공산당 강령을 사회 민주적 강령으로 완화해 나가고 있다. 중국은 1978년의 덩샤오핑(鄧小平)의 개혁개방 결정 이후 '중국식 사회주의', '사회주의적 시장경제'를 표방하면서 사유재산제의 환원, 집단 농장의 해체, 개인기업 허용 등 점진적으로 국가의 경제 통제를 완화하고 있다. 다만 정치 영역에서는 아직도 1당 전제체제를 유지하고 있다.

21세기적 시대 환경에서 사회주의는 사회민주주의 형태로 발전해가면서 자유민주주의의 취약점을 보완해나가는 정치 이념으로 작동할 것이라 생각된다.

---

6) 페레스트로이카의 내용에 대해서는 다음 책을 볼 것. Mikhail Gorbachev, *Perestroika: New Thinking for our Country and the World* (New York: Harper and Row, 1987).

3) 새로운 정치 이념 출현 가능성

21세기 시대 환경에서 새로운 정치적 사회관리체제(a new political governance)가 출현할 가능성이 있을까? 그리고 그러한 체제를 이상으로 설정하는 정치 이념이 형성될까? 아무도 답하기 어려운 질문이다. 그러나 정치체제는 그 시대 환경에서 인간이 추구하는 삶의 질 향상의 꿈을 반영하여 인간이 만들어 내는 것이므로 과거와 전혀 다른 시대 환경이 조성되면 어떤 형태로든지 새로운 체제와 새로운 이념이 출현할 것이다.

21세기에는 정보 혁명으로 세계 모든 인류가 실시간으로 정보를 공유하게 될 것이고 교통 혁명으로 전지구적으로 모든 인류가 생활공간을 넓혀 나가게 되어 이른바 신유목 시대(new nomadic era)가 전개될 것이다. 그리고 풍요로워진 생활환경에서 사람들의 추구 가치가 '생활양식을 공유하는 집단' 내에서 삶의 보람을 찾는 방향으로 중심이 옮겨 가리라 예상된다.

이러한 시대 환경에서 아마도 가능할 수 있는 인류 사회의 관리체제로서는 '다층복합질서' 형태의 것이 되지 않을까 생각한다. 인권, 경제, 교육, 의료, 문화, 종교 …… 등 영역별로 형성되는 다양한 질서가 모두 각각 독자적 구성원, 규범, 조직을 가지고 작동하면서 동시에 존재하는 복합 질서가 될 가능성이 높고 이에 따라 체제 전체를 지배하는 포괄적 이념보다는 질서마다 다른 이념이 형성되는 시대가 올 수 있으리라 생각한다. 거대담론으로서의 자유주의, 사회주의 등등의 이념은 점차로 설 자리를 잃어갈 수도 있을 것이다. 이념이 모두를 지배하던 이데올로기 시대는 21세기에는 끝나리라 예상된다.

공동체 규범

사람은 자연과 사회 속에서 살아간다. 사람은 자연의 일부로서 자연에서 필요한 것을 얻어 생명을 유지하며 자연에 변화를 주어 자기 삶에 보탬이 되도록 하면서 삶을 풍족하게 만들면서 살아간다. 사람은 삶을 유지하기 위하여 자연을 알아야 한다. 자연의 상태, 그리고 자연 속에서 일어나는 여러 현상 간의 관계를 알아야 한다. 자연 현상 간의 관계 중 서로 연계된 규칙성이 발견되면 이것을 법칙(法則)이라고 한다. 이 법칙을 알아야 변화를 예측할 수 있고 예측이 가능해야 대응할 수 있다. 이러한 법칙은 자연질서의 핵심이다.

사람은 다른 사람과 관계를 맺고 살아간다. 그리고 살고 있는 집단과 관계를 맺고 산다. 이러한 집단에 구성원 간의 관계를 규정하는 약속, 그리고 개인과 집단 간의 관계를 규정하는 약속이 존재하면 사회질서가 형성된다. 이때 그 약속들을 규범(規範)이라 부른다. 특히 어떤 행위에 어떤 행위를 연계시킬 것인가를 정하여 놓은 것을 법(法)이라 한다. 사회질서의 핵심은 규범, 그 중에서도 법이다. 이 법은 자연질서의 법칙과 달리 사람들이 만들어낸 것이다.

자연 현상을 지배하는 법칙은 인간의 의지와 관계없이 존재하는 것, 즉 존재(Sein)의 세계에 속하고 사회질서를 만드는 법은 당위(Sollen)의 세계에 속하며 인간의 합의에 의해 지키기로 한 약속일 뿐이다. 이상적 사회질서는 대자연의 질서를 본뜰 때 가장 완벽하리라고 믿는 자연법사상이 지배했던 서구 문명에서는 법칙과 법을 모두 law라고 같은 단어로 표시해왔고, 하늘의 뜻인 자연의 규칙과 사람이 만든 법을 구분해 생각해왔던 동양인들은 '법칙'과 '법'으로 다른 단어로 표현해왔다. 기독교 문명 세계에서는 자연도 인간도 모두 하느님의 피조물이고 법칙과 법도 모두 하느님의 율법을 타당 근거로 하는 것이어야 한다고 생각했으며, 동양에서는 규범은 하늘의 법칙을 인간이 이성(理)으로 추정하여 인간이 만들어 놓은 것이어서 법칙과 법을 구분하였다.

사회질서를 창출하고 유지관리하며 필요할 때 이를 개혁하는 인간 행위를 정치라고 한다. 그래서 정치에서 가장 중요한 것은 정치질서의 핵심인 규범, 법을 만들고 지켜지도록 하고, 필요할 때 고치는 행위가 된다. 누가, 무슨 권위로, 어떤 절차를 밟아 규범을 제정하는가가 정치 연구의 핵심 과제가 되는 것은 당연하다.

이 장에서는 법의식과 법규범의 기초는 무엇이며, 현실 정치체제에서는 어떤 규범들이 있으며 이 규범들은 어떻게 제정되고 실행되는가, 그리고 어떤 규범이 적법성과 정당성을 가지게 되는가 등에 대하여 살펴본다.

1. 법의식과 근본 규범

사람들이 집단을 이루고 함께 살다보면 생활양식을 공유하게 된다. 가치관도, 세상을 보는 눈도, 옳고 그른 판단 기준도 공유하게 된다. 이렇게 형성된 생활양식을 문화라고 하고 이러한 문화를 공유한 집단을 민족이라 한다.

오랜 문화전통 속에서 사람들은 어떤 것을 소중하게 지켜야 하고, 사람들 사이에서는 서로 간에 어떤 행위를 해서는 안 되고 하는 생각들이 형성된다. 이러한 생각들을 법의식(legal consciousness)이라 한다.

가장 보편적인 법의식으로는 사람의 생명이 소중하므로 서로 생명을 해치는 일은 해서는 안 된다는 생각, 자기가 노력해서 가지게 된 재산은 서로 존중해야 한다는 생각, 서로가 약속한 것은 지켜야 한다는 생각 등이다. 생명의 존중, 재산권 존중, 계약의 존중 등은 대부분의 문화에서 가장 기초적인 법의식의 기초가 된다. 여기에 보태서 종교, 명예, 가정 등을 존중해야 한다거나 하는 특수한 것들이 문화전통에 따라 강조되기도 한다.

법의식은 규범의 기초가 된다. 생명의 존중이라는 법의식에서 살인하는 자는 사형시켜야 한다든지 재산권 존중 의식에서 남의 재산을 훔친 자는 처벌해야 한다든지 하는 규범들이 생겨난다.

공동체의 정체성을 나타내는 기본 가치를 근본 규범(Grundnorm)이라고 한다. 이 근본 규범은 그 공동체가 만드는 모든 법의 타당 근거가 된다. 정치질서에서는 국가의 정체성을 결정하는 정치사상이 근본 규범으로 자리 잡게 된다. 이러한 근본 규범을 더 세부적으로 나누어 법률화해 놓은 것이 헌법이고, 그 헌법에 타당 근거를 두고 구체적 사항에 대하여 입법 절차를 따라 만들어낸 법이 법률이다. 법률의 타당 근거는 헌법이고 헌법의 타당 근거는 구성원의 기본 합의라 할 근본 규범이다.

2. 헌법, 법률, 규정

1) 헌법

헌법(constitutional law)은 국가 창설 때 국가 정체성, 즉 그 국가가 이루어 나가고자 하는 가치에 대하여 국민이 합의해 놓은 약속이다. 따라서 그 국가가 존속하는 한 그 국가의 정치질서는 이 헌법에 의하여 틀이 정해진다. 헌법은 달라진 시대 환경에 따라 국민적 합의가 바뀌게 되면 즉 근본 규범이 바뀌게 되면 개정할 수 있고, 혁명을 통하여 새 국가를 만들어 내게 되면 새 헌법을 만들게 된다. 대한민국은 출범 이후 몇 차례의 혁명을 통하여 각각 새로운 헌법을 가지게 되었고 그래서 새 헌법이 만들어질 때마다 다른 이름을 붙여 제1공화국 헌법(제헌헌법), 제2공화국 헌법 …… 제6공화국 헌법이라 부르고 있다. 미국은 220년 전에 만든 헌법을 아직도 그대로 유지하고 있어 세계 최고(最古)의 공화국이라는 명예를 지키고 있다. 미국은 시대 변화에 맞추어 여러 번 부분 수정을 했었지만 헌법의 기본 틀은 손을 대지 않았다. 그래서 미국은 아직도 '제1공화국'으로 남아 있는 셈이다. 반세기 동안 여섯 번이나 '공화국'이 바뀐 한국과 좋은 대조가 된다.

헌법은 제정 당시의 국민 의사의 총화라 부르는 지배적 정치 이념을 우선 규정한다. 군주제, 입헌군주제, 공화제 등을 밝힌다. 그리고 주권의 소재를 밝힌다. 주권재민의 사상에 기초한 헌법은 민주주의 원칙을 규정하고 누가 주권자인지를 규정한다. 자유민주주의 헌법에서는 모든 국민의 동등한 정치참여권을 규정하고 인민민주주의 헌법에서는 노동자, 농민, 근로인테리로 주권자를 한정한다.

자유민주주의 헌법에서는 국민의 기본 인권, 즉 신체의 자유, 언론의 자유, 결사의 자유, 종교의 자유, 양심의 자유 등을 규정하고 이 기본 인권은 법률로서도 제한하지 못하게 규정한다. 재산권의 보호와 직업 선택의 자유 등과 관련하여서는 사회주의 사상이 어느 정도 수용되었는가에 따라 나라마다 다르게 규정된다. 일반으로 국민의 평등권과 기본 인권 조항이 포함되면 그 헌법을 자유민주주의 헌법으로 인정한다. 구성원을 인민 계급과 인민 아닌 계급으로 구분하고 인민 계급의 독재를 규정한 조선민주주의인민공화국 헌법은 국민의 평등권과 상치하고 기본 인권 조항이 제한적이어서 자유민주주의 헌법과 거리가 멀다.

권력 구조도 헌법에 규정한다. 최고 통치권자 선출 방식, 행정부와 입법부 간의 권한 관계, 사법부의 지위 등도 헌법에 규정한다. 헌법을 간결하게 만들고 시대정신에 따라 해석을 넓게 할 수 있도록 만드는 경우도 있고 세세한 것까지 헌법에 규정한 경직된 헌법도 있다.

원래 헌법은 절대군주 통치 국가에서 군주의 자의(恣意)를 억제하고 국민의 권리를 지키기 위한 장치로 출발하였다. 법치주의 정신을 군주와의 계약으로 표현한 것이라고 할 수 있다. 1215년의 영국의 대헌장(Magna Carta), 1689년의 권리장전(Bill of Rights) 등이 그 효시다. 18세기에 등장한 근대 민주국가에서는 국가로부터 보호되는 국민의 자유와 권리를 규정하는 형식의 기본법으로 헌법을 제정하기 시작하였다. 1787년의 미국 헌법, 1797년의 프랑스 헌법 등이 근대적 헌법의 원형이 되었는데 대체로 국민의 기본권 보장, 국민주권의 원칙 천명, 권력 기구의 구성과 임무 규정, 그리고 모든 법규범의 타당성 근거 규정 등을 포함하고 있다.

2) 법률과 규정

국가의 기본 이념을 규범화해 놓은 헌법의 내용을 현실 정치에서 실행하기 위한 구체적 행위 규범이 법률이다. 법률은 헌법에서 규정한 입법기관에서 헌법이 정한 절차에 따라 제정된다. 주권재민의 민주주의 국가에서는 국민이 선출한 의회가 입법 기관이 된다. 의회에서 제정한 법률은 곧 주권자인 국민의 의사로 인정되기 때문에 규범으로서의 정당성(legitimacy)을 갖게 되며 헌법에서 규정한 원칙의 실행이라는 점에서 합법성(legality)을 갖게 된다.

법률에는 헌법 규정에 의하여 행정부의 수장이 입법권을 위임받아 제정하는 대통령령(大統領令)도 포함된다. 행정부의 수장도 직접선거 또는 간접선거로 주권자인 국민이 선출한 공직자이므로 국민의 의사를 반영한다고 볼 수 있기 때문이다. 법률을 실행하기 위하여 행정부의 각 부처가 법률의 위임을 받아 제정하는 규정, 시행규칙, 부령(部令) 등이 있다. 모두 모법에 의하여 정당성과 합법성을 가지게 된다.

통치 구조에서 입법, 사법, 행정의 세 기관을 분립시킨 3권분립 체제에서는 의회만이 법률을 제정하는 것으로 인식되고 있으나 경우에 따라서는 사법부도 부분적으로 입법 행위를 하는 수가 있다. 미국의 경우 판사는 시대정신과 헌법정신을 해석하여 특정 행위에 대하여 독자적으로 사법적 판단, 즉 판결을 할 수 있는데 그 판례는 그 이후의 재판에 영향을 준다는 점에서 일종의 입법 행위로 보아야 한다는 견해도 있다.

법률 시행령, 시행규칙 등은 같은 행동에 같은 결정을 반복하게 될 때 이를 일괄하여 규범화해 놓은 것이다. 그런 뜻에서 법률과 시행규칙 등은 모두 주권자의 판단이라고 볼 수 있다. 입법 기관을 국민이 선출한 의원으로 구성하고 이 의원들이 법률을 제정하여 국민에게 적용하게 하는 순환 과정을 통하여 치자(治者)와 피치자(被治者)를 일치시키는 자율의 원리가 완성되어 주권재민의 민주주의질서가 제도화된다.

3. 규범의 제정과 실행

민주주의 국가에서는 국민의 행위를 규제하는 법률은 국민이 만든다는 자율의 원칙이 지켜져야 한다. 그래서 국민이 선출한 의회, 그리고 국민이 뽑은 행정부 수장이 법률과 행정명령 등을 제정하게 하고 있다. 국민-선출을 통한 위임-법률-국민행위 규제의 순환 구조는 민주주의 정치체제의 핵심이 된다.

현대 민주주의는 평등의 원칙을 따른다. 모든 국민은 신분이나 재산의 차이 등 어떤 이유로도 차별받지 않고 동등한 참정권을 누리는 것을 원칙으로 하고 있다. 또한 모든 국민은 법률 앞에서는 평등함을 원칙으로 삼고 있다.

제정된 법률은 행정부의 활동을 규제한다. 모든 공무원은 법률에 의하여 부여된 임무를 법률에 의하여 정해진 방법으로 실천해야 한다. 그리고 법을 어겼을 때는 사법부가 이를 심판하여 적법 여부를 가리고 법이 규정한대로 처벌을 하게 된다. 행정부의 법의 실천(implementation)과 사법부의 법의 준수 여부 판별(adjudication)을 통하여 정치질서가 운영된다. 이것을 법치주의 원칙이라 한다.

4. 규범의 정당성과 합법성

규범은 국민적 합의라는 근본 규범에 근거할 때 정당성(legitimacy)을 가진다. 근본 규범의 '정신'에 어긋나는 규범은 정당성을 잃게 된다. 시대 환경이 변하면 근본 규범이 국민들의 새로운 법의식과 떨어질 수 있다. 이럴 경우는 국민투표를 거쳐 헌법을 수정하여야 한다.

법률은 상위법에 부합하지 않으면 구속력을 잃게 된다. 상위법과 부합할 때 적법성, 합법성(legality)을 가지게 된다. 정당성과 합법성을 모두 갖추어야 그 규범은 법으로서의 권위를 유지할 수 있다.

현대 민주주의 국가에서는 사법부를 독립시켜 공동체 구성원의 행동의 적법성 여부, 그리고 규범의 적법성 판단을 하게하고 있으며 규범의 정당성을 심판하기 위해서는 독립된 헌법재판소를 설치운영한다. 한국, 독일 등은 헌법재판소를 설치운영하고 있다. 그러나 미국 등에서는 최고 재판소(대법원)가 규범의 합헌성도 평가한다. 그리고 '시대정신'과의 부합 여부도 판단한다.

제4장

정치체제와 정치 환경

공동체의 질서를 창출, 유지, 관리하며 필요한 경우 개선하는 일체의 인간 행위를 정치라 한다면 크고 작은 모든 공동체에서 정치가 이루어진다. 그러나 보통 좁혀서 정치를 논할 때는 국가의 정치를 지칭한다.

국가는 누구에게도 예속되지 않는 최고의 권위, 주권(Sovereignty)을 가진 공동체라는 점에서 다른 공동체와 차별된다. 국가 내의 지방자치체 등 여러 공동체는 모두 국가 주권에 종속된다. 국가가 부여하는 자율권 이상은 가질 수 없다. 또한 국제사회에서도 국가는 어떤 권위에도 예속되지 않는다. 다른 주권 국가들과는 대등한 지위에서 협의, 협력할 뿐이다. 국가가 가지는 국내의 여러 공동체 내지는 개인에 대하여 가지는 우월적 권위를 '대내주권'이라 부르고 국제사회에서 누구에게도 종속되지 않는 최고 권위를 '대외주권'이라 부른다.

국가는 하나의 정치 단위로서 맡은 바 임무를 다하기 위하여 정부라는 기구를 만들어 일상 업무를 처리하고 있다. 이 장에서는 국가 단위의 정

치가 이루어지는 체제와 이 체제를 구성하는 중요 기구의 작동 원리와
유형 등을 소개한다.

1. 정치체제

정치체제란 '공동체가 집합적 목표를 설정하고 추구해 나가는 수단 전체'
를 말한다(G. Almond의 정의: the means by which societies consciously
formulate and pursue collective goals). 어떤 일을 하려면 특정 기능과
임무를 수행하는 역할(roles)이 정해져야 하고 이러한 역할들이 서로 연
계되어 일을 처리해 나가는 기구(institution)가 있어야 한다. 이 기구는
서로 연계된 역할의 집합체인 구조(structure)를 기능별로 묶은 조직체이
다. 예를 들어, 국방부라는 기구는 군사력을 만들어내는 구조, 전쟁 기획
을 작성하는 구조, 군령을 하달하는 지휘 구조 등으로 구성되는 기구로
군사적으로 국가를 보위하는 일들을 통합수행하는 기구이다. 다시 이런
기구들이 서로 연결되어 대내, 대외 환경과 영향을 주고받으면서 공동체
전체의 일을 해나가게 되는데 이러한 상호 연계된 기구의 세트를 체제
(system)라 한다.

1) 정치체제의 구성

정치체제는 정치 기능을 수행하는 기구들로 구성된다. 정치체제는 입
법, 행정 등의 기능을 수행하는 기구들이 서로 연계되어 있는 조직체다.

정치가 질서의 창출, 유지, 관리 및 개선 행위이므로 민주정치의 경우, 주권자인 국민의 요구(demand)를 모아 제시하게 하는 이익표출 기능, 그리고 이렇게 표출된 이익을 정책 논의가 될 수 있게 묶어 내는 이익집약 기능이 있어야 하고, 몇 개의 묶여진 이익을 검토하고 타협을 거쳐 단일 정책으로 만들어 내는 이익의 정책으로의 전환 과정이 있어야 한다. 또한 만들어진 정책을 실천하는 기능이 있어야 하고, 실천된 정책을 평가하여 다시 개선된 정책으로 만들 수 있도록 최초의 이익표출 단계로 되돌려 보내는 기능이 있어야 한다.

이러한 정치체제의 기능별 행위 구성을 알몬드(Gabriel Almond) 교수는 투입(inputs), 전환(conversion), 산출(outputs), 결과(outcomes)로 단계별로 구분하여 다루고 있다. 알몬드 교수는 투입 단계에 국민의 이익표출(interest articulation), 국민의 지지창출(support inducement), 그리고 전환 단계에 이익집약(interest aggregation), 정책수립(policy making), 정책실천(policy implementation = application & adjudication)을 포함시켰다.[7]

정치체제가 담당하는 이러한 기능을 수행하기 위해서는 여러 가지 기구들을 만들어야 하고 이렇게 기능별 기구가 다 갖추어지면 정치체제가 이루어진다. 그리고 이 체제가 작동하도록 하기 위해서는 각개 기능을 수행할 역할 담당자를 선발하여 일을 맡기는 정치 충원(political recruitment)이 추가되어야 하며, 국민들이 정치체제를 이해하고 자기의 요구를 제시하는 방법을 깨치게 하는 정치사회화 기능도 추가되어야 한다. 그리고 이익집약의 기능을 담당할 정당(political party), 이익집약을 행하는 비정부조직(NGO: Non-governmental organization) 등도 마련되어야 한다. 이

---

7) Gabriel A. Almond & J. S. Coleman, *The Politics of the Developing Areas* (Princeton: Princeton University Press, 1960), p.17 참조.

런 모든 정치 기능 수행 기구들이 집합적으로 정치체제를 이룬다. 정치체제를 이렇게 기능과 담당 기구로 분해하여 이해하려는 접근을 구조기능주의 접근이라 한다.

2) 정치체제를 이루는 주요 기구들

국가가 정치의 전 과정을 담당하도록 헌법에 의하여 만들어 놓은 조직이 정부(government)이다. 정부는 기본적으로 규범의 제정을 담당하는 입법 기관, 제정된 법을 집행하는 행정부, 그리고 규범의 준수 여부를 판정하는 사법부로 구성된다. 그리고 나라에 따라서는 국민의 이익을 입법부에서 규범으로 전환시키는 데 편리하도록 하나의 대안으로 만들어 입법부에서 법으로 만들어지는 과정에 영향을 주는 정당을 헌법 기관으로 격상하여 정부의 일부로 만들기도 한다.

국민들 중에는 자기의 관심 또는 생업과 관계하여 특별한 이익을 가지는 집단들이 있다. 이들은 집합적으로 자기들의 목소리를 낸다. 이러한 조직을 이익집단(interest groups)이라 부르는데 현실 정치에서는 이러한 이익집단도 정치체제 작동에 영향을 주는 기구가 된다.

2. 국가

국가(state)는 일정한 지리적 영역(영토)과 일정 범위의 인간(국민)을 지배 조직(정부)을 가지고 통치하는 정치 단위이다. 고유의 영토, 국민,

정부를 갖추고 물리적 통제권을 행사할 수 있는 권한과 수단을 갖춘 정치체가 국가이다. 국가는 어떤 개인이나 조직에도 예속되지 않는 최고 권위(supreme authority)를 가진 존재로 국가의 지위를 누구도 부여하거나 박탈할 수 없으나 현실 정치에서는 국제사회를 이루는 주요 주권 국가들의 국가승인(state recognition)이 있어야 국제사회에서 국가로 대우받는다.

1) 국가의 요건

국가는 다음의 요건을 갖추어야 국제사회에서 국가로 인정받는다.

(1) 국민

국민은 국가가 통제할 수 있는 인간 집단이다. 국민은 국가가 제정한 법의 적용을 받는 인간 집단인데 누가 국민인가는 나라마다 정해 놓은 국적법에 따른다. 한 사람이 동시에 두 국가의 국민이 되면 '2중 국적자'라 하는데 최근에는 이를 허용하는 국가가 늘어나고 있다. 국민은 반드시 그 국가의 영토 내에 거주해야 할 의무가 없다. 다른 국가의 영토에 살면서도 국적을 유지하는 한 국민의 권리와 의무를 가지게 된다. 국민이 되는 것은 국민 각자의 권리이므로 본인 선택에 따라 국적은 포기할 수 있다.

국민을 가지지 않는 국가는 없다. 민주주의 국가에서는 국가 자체가 국민이 만든 것이기 때문이다.

(2) 영토

국가의 관할 범위 내의 땅과 수면 및 그 상공의 하늘까지가 영토이다. 영토는 국가의 법의 적용 범위이다. 영토 내의 모든 사람과 물건은 그 국가의 통제 아래에 있다. 예외적으로 국제법에 의하여 외교관에게 부여한 치외법권에 따라 영토 내의 외국공관 영역 내에는 주재국의 법이 적용되지 않는다.

영토는 국가가 정한 영토 법규에 의하여 정해진다. 그러나 국제사회에서 영토로 공인받기 위해서는 국제법에서 정한 요건 중 하나를 충족하여야 한다. 그 요건은 다음과 같다.

* **역사적 권원**: 역사적으로 그 나라가 오랫동안 영유해온 영토로 다른 나라가 이 사실을 인정할 것.
* **무주물선점**: 주인 없는 영토를 새로 발견하여 자기 영토에 편입한 것. 영토 편입 사실을 공개적으로 고시하고 어떤 나라도 일정기간 이에 항의하지 않으면 영토로 취득할 수 있다.
* **조약에 의한 양도**: 다른 국가의 영토였으나 조약에 의하여 그 영토를 할양 받았을 때 자국 영토로 할 수 있다.
* **자연증가분**: 하천의 토사가 바다로 들어가면서 쌓여 영토가 자연적으로 늘어난 경우. 지각 변동으로 영역 내에 새로 땅이 생긴 경우도 해당된다.

땅이 아닌 수면, 즉 바다나 강, 호수 등에 대해서는 국제해양법 규정에 의하여 영해기선으로부터 12해리 거리 내에 있는 수면은 영해로 인정된다. 영해 밖 200해리까지의 바다는 배타적 경제수역(EEZ)으로 인정받아 경제적으로 사용할 수 있으나 영토주권 행사는 할 수 없는 해역이어서 영토에는 포함되지 않는다.

영공(領空)은 영토와 영해의 상공을 말한다. 성층권까지는 영토로 인정하나 그 이상의 우주 공간은 '인류공동의 영역'이다.

(3) 주권

자국의 법을 자국 국민과 자국 영토 내에서 배타적으로 적용할 수 있는 통제권을 갖추어야 국가로 인정받는다. 국가는 자국의 군사력을 독점한다. 국제법상 군대는 국가의 무장력으로 '국가 주권자의 위임을 받은 장교가 지휘하는 무장 집단'이 군이다.

주권의 제한은 국가의 자율적 제한의 경우에 한 한다. 국제조직 또는 동맹국과의 협정에 의하여 주권의 일부 행사를 자제하는 경우가 있다. 제한주권(limited sovereignty)을 가졌어도 국가의 지위에는 영향을 받지 않는다.

2) 국가의 유형

국가는 통치권의 집중이냐 분산이냐 등에 따라서 단일국가, 연방국가, 국가연합 등으로 분류한다.

(1) 단일국가(unitary state)

통치권이 중앙 정부에 집중된 국가를 말한다. 단일국가의 경우도 지방자치를 폭넓게 인정하는 경우와 전혀 인정하지 않는 경우 등 통치권의 집중도가 다른 여러 유형이 있다. 그러나 어떤 경우도 지방정부의 권한은 중앙 정부에 의하여 부여된 것이고 지방정부는 독자적인 고유의 통치권을 가지지 못한다.

대체로 단일 민족국가인 경우에 단일국가체제를 선택한다. 복수민족국가인 경우에도 지배 민족이 존재하는 경우는 역시 단일국가체제를 선택하고 있다. 유럽의 프랑스, 아시아의 중국, 일본 등은 모두 단일국가이다. 대한민국도 단일국가이다. 한국의 경우 1995년 이래 광범위한 지방자치권을 부여하는 법을 만들어 도지사를 직접 주민이 선거하게 하고 도마다 독자적 의회를 가지도록 하였으나 도는 어디까지나 중앙 통제하에서 자치권 행사를 할 뿐 독자적 통치권을 가지고 있는 것은 아니다.

(2) 연방국가(federal state)

주민의 인종적 구성이 복잡한 경우에 그리고 영토가 아주 큰 경우에 선택하는 국가 형태로 국제사회에서는 단일 주권 국가로 인정받고 있으나 국내에서는 국방, 외교, 통화 관리 등을 제외한 광범위한 자치권을 행사하는 지분방(支分邦)으로 구성된 국가이다.

대표적인 연방 국가인 미국의 경우 연방정부는 헌법에 의하여 주정부로부터 양도받은 권한을 행사하며 그 이외의 권한은 연방을 구성하는 각 주가 행사한다. 과세권, 통화관리권 등과 조약체결권, 전쟁선포권, 외교권 등이 연방정부에 양도된 대표적 권한이다. 연방제의 경우 중앙 정부 내에서의 지분방의 대표권을 보장하기 위하여 인구비례로 선출된 의원으로 구성되는 하원 이외에 각 지분방에 할당된 수의 대의원으로 구성되는 상원을 두어 지분방 간의 이익 대립을 조절한다.

유럽에서는 스위스, 독일 등이 대표적 연방국가이고 아시아에서는 인도, 말레이시아 등, 그리고 남북 아메리카주에서는 캐나다, 멕시코, 브라질, 아르헨티나 등이 연방국가이다.

(3) 국가연합(confederation)

2개 이상의 국가가 조약을 체결하여 통합통치 기구를 만드는 경우가 있는데 이를 국가연합이라 한다. 국가연합의 경우, 참가하고 있는 개별 국가들이 국제법상 국가로 인정받고 국가연합 자체는 국가의 지위를 가지지 못한다.

국가연합은 아직 연방국가로 통합하기에 이르나 중요 제도나 국가 기능의 통합운영이 편리할 때 택하는 방식이다. 미국 독립 당시, 1776년 영국에서 독립을 선포했던 동부 13개 주(당시는 국가)가 1781년 연합규약을 체결하고 국가연합을 창설했었으나 그 후 1788년에 미국 연방헌법이 채택되면서 미합중국의 일부로 편입되었다. 오늘의 아메리카 합중국(연방)은 이런 과정을 거쳐 출범했다.

1993년에 발족한 유럽연합(European Union)은 대표적인 국가연합체다. 현재 27개 주권국이 가입한 EU는 그 자체는 국가가 아니고 가입국 각각이 주권 국가의 지위를 누리고 있지만 가입 국가들의 주권의 일부를 이양 받아 유럽연합 공동체가 주권 국가와 같은 권한을 일부 행사하는 특이한 국가연합이 되었다. 유럽연합은 그 자체의 의회도 이미 상설 기구로 가지고 있으며 대부분의 회원 국가들이 유로(euro)라는 공통 화폐를 사용하고 있다. 그러나 아직 그 자체가 주권을 가진 행위 주체는 아니다.

3. 정부

정부(government)는 국가가 정치행위를 전담하도록 만든 공적 기구이다. 정부는 국가 정치체제의 핵심으로 규범의 제정, 집행, 사법적 판단까지 모두를 담당하는 포괄적 정치 기구이다. 정부는 입법, 행정, 사법의 모든 통치 행위를 담당할 뿐만 아니라 통치와 관련된 공직의 총체(collection of offices)로서 공공기업도 관리한다.

1) 구성과 기능

정부의 핵심 기능은 입법, 행정, 사법 세 영역에서의 국가의 의사를 결정하여 집행하고 판단하는 일이다. 그리고 국가가 담당하여야 할 기능 수행을 위하여 조직을 만들고 인력을 충원하고 실제로 그 일을 실행해 나간다. 예를 들어, 정부는 국방을 위하여 군대를 창설, 유지하며 병력을 충원하고 필요할 때 전쟁을 수행한다.

2) 유형

정부의 효율적 기능 수행을 보장하면서 정부가 가진 막강한 권한을 어떻게 규제하는가? 많은 논의를 거쳐 대체로 두 가지 형태의 정부 구조가 그 답으로 자리 잡아 왔다. 대통령제와 의원내각제가 두 가지 대표적 정부 형태다.

(1) 대통령제(presidential system)

막강한 국가 권력을 한 사람 또는 한 기구가 모두 행사할 경우 권력 집중으로 주권자인 국민을 탄압할 수 있는 위험이 있다는 주장이 있어 왔고, 이를 방지하기 위한 장치로 권력을 몇 개 기구에 분산하여 배분시키고 서로 견제하게 하자는 3권분립론이 주권자인 국민의 권리 보호 제도로 등장했었다. 그리고 이 논리의 실천으로 입법권과 행정권을 의회와 행정부로 분리하여 배분하고 서로 견제하게 하는 대통령제가 탄생하였다.

대통령제에서는 입법권을 행사하는 의회의 의원을 국민이 직접 선출함과 동시에 행정부의 수장인 대통령을 별도로 국민이 직접 선출함으로써 의회와 행정부가 모두 국민의 주권 위임을 받은 기관이 되게 만들어 서로

가 우열을 가릴 수 없게 만든 제도다. 대통령제에서 의회는 입법권 행사를 할 뿐 직접 행정부를 감시, 규제할 수 없게 되어 있다. 행정부의 각 부처의 장은 오직 대통령에게만 책임을 지고 의회에 대해서는 책임을 지지 않는다. 이렇게 의회와 행정부가 권력을 나눠 가지게 함으로써 권력남용을 억제해보자는 것이 '견제와 균형(checks and balances)'을 내세운 대통령제의 정당화 논리다.

현실적으로 의미 있는 제도이나 주권자인 국민의 의사를 통치에 직접 반영한다는 원리와 연관해서는 논리적 모순도 발견된다. 같은 국민의 의사를 두 개의 독립 기관이 각각 반영하면서 서로 견제한다는 것은 논리에 어긋나기 때문이다. 현실에서는 미국, 프랑스 등 국가와 한국 등에서 대통령제를 잘 운용하고 있다.

(2) 의원내각제(parliamentary system)

주권자인 국민이 대의민주주의 원칙에 따라 의회 의원을 선출하고 의회가 입법 기능을 수행하는 외에 의원 중에서 행정을 담당할 내각을 선출하여 행정부를 운영하게 하는 제도가 의원내각제다. 대의민주주의 정신에는 부합한다고 할 수 있으나 의회가 너무 많은 권력을 가지게 된다는 문제도 있고 또한 전문성을 요하는 행정 업무를 비전문가인 의원이 담당하게 함으로써 행정 효율에 문제가 있다는 지적도 있다.

의원내각제는 영국에서 오랜 세월 동안 발전시켜온 제도다. 상징적인 국가원수로 군주가 있기 때문에 국가원수인 대통령을 따로 둘 필요가 없었기 때문에 선택한 제도다. 의회 다수석을 차지하는 정당의 최고 책임자가 행정 수반인 수상직 혹은 총리직을 맡고 의원들로 내각을 조직하여 행정 업무를 수행하고 왕이 국가원수직을 맡고 있다. 일본도 의원내각제를 채택하고 있다.

(3) 소비에트제(soviet system)

1917년 러시아 혁명을 성공시키고 러시아 소비에트 사회주의 연방을 창설할 때 러시아가 채택한 정부 형태가 소비에트제이다. 소비에트체제의 중심 원리는 민주집중제이다. 최소 단위의 동네 회의에서 상급위원회에 참가할 대표를 선출하고 다시 그 상급위원회에서 차상급위원회 대표를 선출하는 식으로 국가의 최상급 소비에트까지 연속적으로 대표를 선임하게 하여 최고 소비에트를 만든 후 의원내각제의 원리대로 소비에트의 '행정집행위원회' 격인 내각을 구성하여 행정을 맡기는 제도이다.

이 소비에트제는 원리상 의원내각제와 별로 다를 것이 없다. 그러나 현실에서는 공산당이 소비에트제를 실제로 통제하는 1당 지배체제다. 각급 소비에트에 대응하는 당조직이 있고 그 당조직이 소비에트 구성을 지도하게 하는데 당조직은 상명하복의 일사불란한 전제적 구조로 되어 있어 소비에트의 표면적 민주성은 무의미해지게 된다. 구소련이 대표적 소비에트제 정부를 가졌던 국가였고 지금도 중국과 북한이 이 제도를 고수하고 있다.

4. 정치 환경을 이루는 사회 구조

정치 환경이란 정치체제 운영 환경을 말한다. 정치 환경이란 용어가 생소하면 정치 풍토라고 이해해도 된다.

정치체제가 작동하는 공동체 내의 사회 구조적 특성과 공동체 밖의 요소, 즉 국제환경도 모두 포함하여 정치 환경이라 한다. 여기서는 국내 환경 중 사회 구성만을 간단히 해설한다. 다양한 민족 집단이 하나의 공동체를 이루게 되면 민족 집단 간의 대립, 협력, 경쟁 등의 관계가 형성되고 그 관계의 상태에 따라 공동체 '정치 환경'이 달라진다. 이럴 때 그 공동체 는 '다민족 국가의 특수한 사회 구조를 가졌다'고 말한다. 민족 구성 이외 에 지역 갈등, 계급 갈등, 언어 갈등 등 사회 구조를 결정하는 많은 변수 가 있다. 정치문화도 아주 중요한 정치 환경이 된다.

국내정치 환경은 공동체를 구성하는 특정 집단의 정치 성향, 정치 인 식, 체제에 대한 충성도 등 인간의 의식 차원의 성정, 체제와 다른 구성 집단에 대한 정감적 인식 정형 등으로 구성된다. 이성적 판단으로 기능과 역할 등을 유기적으로 연결해 놓은 조직이 하드웨어(hardware)적인 것이 라고 한다면 정치에 영향을 미치는 사회 구조는 구성원들의 마음속에 내 재된 정감적 인식 유형이라는 소프트웨어(software)적인 것이다. 체제는 조직을 뼈로 해서 움직이나 여기에 살에 해당되는 구성원의 공동체에 대 한 지지라는 정감적 차원의 공동체 구성원으로서의 공통 책임 의식이 뒷 받침 되어야 작동한다. 중국의 고전적인 정치질서체계인 예악질서(禮樂 秩序)에서는 구조를 예(禮)라 하고 공동체 정신을 악(樂)이라 표현했다. 정치 풍토는 악에 해당한다.

다양한 민족 문화 배경을 가진 여러 집단이 모여 이룬 미국과 같은 나 라에서는 국민들이 자기들과 다른 민족 문화 배경을 가진 집단 구성원들 과도 미국 국민으로 공동운명 체제를 이룬다는 의식을 공유하고 있어 성 숙한 민주주의 정치체제를 운영할 수 있으나 반대로 지배 집단과 피지배 집단 간의 적대 의식이 높은 경우에는 단일 민족 국가에서도 '설득과 타 협'을 의사결정 방식으로 하는 민주주의 정치체제의 작동도 순탄하지 않 다. 이럴 경우는 이러한 특수한 사회 구조를 반영한 특수 제도를 창설하 여야 원활한 정치체제 운영을 보장할 수 있다.

정치에 영향을 미치는 사회 구조를 분석하는데 자주 등장하는 변수로 는 인종, 성별, 종교, 계급, 지역, 교육 수준, 연령대별 세대 차이 등등이 있다.

1) 정치 환경을 반영하는 제도

아무리 좋은 정치제도도 그 제도에 호의적인 정치 풍토, 정치 환경이 형성되어 있지 않은 나라에서는 제대로 작동하지 못한다. 미국에서 잘 작동하는 미국식 민주주의 제도가 남미 제국에서는 오랫동안 정착할 수 없었던 것은 남미 각국의 사회 구조가 미국과 다르기 때문이었다. 그리고 같은 민주주의 국가여도 스위스처럼 언어와 인종이 다른 집단으로 구성된 공동체에서는 특이한 연방제로 제도를 다듬어 운영하고 영국처럼 오랜 군주제와 귀족 정치의 전통을 지켜온 나라는 귀족을 대표하는 상원과 일반 국민을 대표하는 하원으로 의회를 구성하고 상원의 권한을 축소하여 하원 중심으로 의정을 수행할 수 있도록 제도를 손질하여 왔다.

종교, 인종이 다르고 모두 독립국 전통을 가진 민족들이 하나의 국가 내에 존재할 때는 보통 자치권을 대폭 인정해주는 제도를 채택한다. 중국의 경우 티베트, 광서성, 신강성, 내몽골성, 영하성은 모두 소수민족 자치구이다. 그 밖에도 빈부 격차가 심한 계층 구조를 가진 사회, 경제 발전 수준이 현격하게 다른 지역들을 가진 나라 등에서는 이런 현실을 반영하는 제도 보완이 있어야 정치체제는 안정되게 운영된다.

2) 제도에 정치 환경을 맞추려는 노력

제도와 공동체 내의 사회 구조가 맞지 않아 정치체제가 제대로 작동하지 않을 때 사회 풍토를 고쳐서 제도를 지키려는 노력을 펴는 수가 있다.

대표적인 예가 중국의 '문화혁명'이다. 1당지배의 중국식 사회주의 정치체제를 운영하기 위해서는 인민들이 '모두가 하나를', '개인의 이익보다 전체의 이익을 앞세우자'라는 의식을 공유해야 하는데 그런 의식을 가지지 않은 인민들이 너무 많아 체제 운영이 어렵다고 판단한 중국 공산당은, '의식 차원의 혁명'이라는 문화혁명을 구상하고 실천하였다. 어린 소년들로 홍위병을 구성하여 이들을 앞세워 기성세대의 지도층을 모두 '재교육'시키는 전국적 투쟁을 벌였다. 인민들의 의식을 고쳐 제도에 부합하도록 하려는 노력이었다.

중국 문화혁명처럼 과격하고도 조직적인 조치는 아니어도 대부분의 국가에서는 국가의 기본 정치체제를 수용할 수 있도록 국민들을 교육시키고 있다. 이런 '국민교육'을 통하여 국내정치 환경을 개선하여 국가의 정치체제를 안정시키려 하고 있다.

정치제도와 정치 환경 간의 조화는 정치체제 운영에 절대적으로 필요한 요건이다. 제도와 사회 환경의 조화를 해 나가는 것이 바로 정치이다.

제**5**장

정치권력

　정치는 공동체의 질서를 창출, 유지관리, 개선하는 행위이다. 정치질서
는 공동체가 갈 길을 제시하는 정치 이념과 질서의 핵심을 이루는 규범을
만들고 이 규범을 실천해 나가는 체제를 구축하면 틀은 완성된다. 그러나
그 질서를 작동하게 하려면 힘이 있어야 한다. 힘(power)은 구성원들이
질서가 요구하는 일을 하게하고 해서는 안 될 일을 못하게 하는 영향력
이다.

　자연질서에는 힘이 이미 내재되어 있다. 중력, 전자력, 강력, 약력 등은
자연에 존재하는 힘이다. 그러나 사람이 만든 사회질서에서는 질서를 작
동하게 하는 힘도 인위적으로 만들어 내야 한다. 상대방의 의지와 관계없
이 내가 그 상대방이 어떤 일을 하도록 만들거나 하려는 행위를 하지 못
하게 할 수 있을 때 내가 상대방에 대하여 힘을 가지고 있다고 정의한다.
정치권력(political power)이란 정치질서를 작동하게 하는 데 소요되는
힘을 말한다.

정치권력에는 세 가지 유형의 힘이 있다. 강제력, 교환력, 그리고 권위가 그것이다. 럼멜(R. J. Rummel) 교수의 주장이다.[8] 그 밖에도 정치권력의 정의는 많다. 정치권력의 대표적인 정의로는 "결과의 가능성을 변화시킬 수 있는 능력"(Robert Dahl), "자기 의사를 관철시킬 수 있는 모든 가능성"(Max Weber), "다른 사람의 마음과 행동을 통제할 수 있는 능력"(Hans Morgenthau) 등이 있다. 럼멜 교수의 정치권력에 대한 정의는 모르겐소의 정의에 가깝다.[9]

이 장에서는 럼멜 교수의 정의를 중심으로 정치권력을 해설한다.

1. 정치권력의 개념 정의

정치질서는 인간이 만든 인위적인 사회질서이다. 이 질서를 지탱하는 힘이 정치권력이다. 자연 상태에 존재하지 않던 질서를 만들어 놓고 버려두면 다시없던 상태로 되돌아간다. 벌판에 길을 만들어 놓고 사람들이 이 길로 다니게 만든 교통질서는 사람들이 이를 지키도록 강제하거나 유도하지 않으면 없어진다. 질서를 지탱하는 힘이 정치체제에 의하여 뒷받침될 때 정치권력이라고 한다.

정치권력은 넓은 뜻의 힘(power 또는 force)이라는 개념을 정치체제에 적용하여 사용하는 개념이다. 힘은 생물도 무생물도 모두 가질 수 있는

---

8) R. J. Rummel, *In The Minds of Men* (Seoul: Sogang University Press, 1984), pp.121-138 참조.
9) 정치권력의 여러 가지 이론에 대해서는 다음 글을 참조할 것. 서울대학교 정치학과 교수 공저, 『정치학의 이해』(서울: 박영사, 2012), pp.115-138.

능력이다. 한국어의 '힘'은 영어의 power와 force를 모두 지칭하는 단어다. 영어의 power는 'ability to act'로 그리고 force는 'the quality of anything that tends to produce an effect on the mind or will'이라고 정의하는데 "변화를 일으키는 원인"의 뜻을 담고 있는 용어다.

럼멜 교수는 power를 '결과를 창출하는 역량(produce of effects)'으로 정의한다. 그리고 power 즉 힘을 작용자와 피작용자가 사회장(social field) 속에서 가지는 위계(status)의 차이에서 생기는 것이라고 하고 있다.

서양의 사회과학에서 사용하는 power 개념에는 다분히 뉴턴(Isaac Newton) 물리학적 세계관이 담겨 있다. 변화에는 반드시 원인이 되는 원동력이 있다는 전제 아래 현상 간의 원인 관계에서 인(因)에 해당되는 것을 power나 force로 보고 있다. 그러나 한국어의 권력 개념은 다른 사람의 행위를 통제할 수 있는 위치에 있는 사람이 가진 제도적 힘을 말하고 있어 영어의 power보다는 정치체제 내의 영향력에 한정되는 개념으로 쓰고 있다. 한국어에서는 '힘'을 넓은 개념으로, '권력'을 정치체제가 뒷받침하는 좁은 개념으로 쓴다고 이해하면 된다.

참고로 몇몇 저명한 학자들의 power 개념 정의를 소개한다.

① 버트란트 러셀(Bertrand Russell)

"힘이란 의도하는 효과의 생산이라고 정의할 수 있다" (Power may be defined as the production of intended effects).

② 로버트 달(Robert Dahl)

"A가 B로 하여금 하려하지 않았던 일을 하게 할 수 있으면 A는 B에 대하여 권력을 가진 것이다" (A has power over B to the extent that he can get B to do something that B would not otherwise do).

③ 라스웰과 카플란(Harold Lasswell & Abraham Kaplan)

"의도한 정책에 동조하지 않는 데 대한 가치박탈 위협으로 다른 사람의 정책에 영향을 주는 과정" (the process of affecting policies of others with the help of severed deprivations for nonconformity with the policies intended).

④ 한스 모르겐소(Hans Morgenthau)

"다른 사람의 마음과 행동에 대한 통제" (Man's control over the minds and actions of other men).

⑤ 오르간스키(A. F. K. Organski)

"자기 목적에 상대방의 행동이 맞도록 영향을 주는 능력" (the ability to influence the behavior of others in accordance with one's own ends).

⑥ 니콜라스 스파이크맨(Nicholas J. Spykman)

"설득, 매수, 교환, 강압 등을 통하여 사람들을 원하는 방향으로 움직이게 하는 능력" (the ability to move men in some desired fashion through persuasion, purchase, barter, and coercion).

⑦ 롤로 메이(Rollo May)

"변화를 일으키거나 방지하는 능력" (the ability to cause or prevent change).

위에 소개한 것들은 정치학을 대표하는 저명한 교수들이 자기들 교과서에서 제시한 정의들이다. 자세히 검토하여 보면 강조하는 점들이 조금

씩 다르나 정치체제가 부여한 지위에 있는 사람이 공동체 내의 다른 구성원들에게 특정한 행위를 하게하거나 하지 못하게 할 수 있는 능력이라고 이해하면 될 것이다.

힘은 행사자가 가지는 속성인가 아니면 행사자와 피적용자 사이의 관계에서 일어나는 현상인가 하는 논의가 있어 왔다. 힘, 권력에 대하여 견해들이 달라지는 것은 힘의 구성 자체의 복합성 때문이다. 결과 창출력으로서의 힘에는 잠재적 가능성(latent potentiality)과 실현된 힘(manifested actuality)의 두 국면이 함께 포함되어 있기 때문이다. 힘은 행사하기 전까지는 마치 댐 속의 물처럼 운동에너지로 바뀔 수 있는 가능성만 가진 위치에너지 상태로 있어 사용자의 소유 내지 속성으로 보이지만 일단 실현되면 피사용자에게 가해져서 결과를 나타내는 힘이 되기 때문에 과정, 관계로 보이는 것이다.

럼멜은 사회 역량으로서의 힘을 언제라도 실현될 수 있는 잠재 역량, 즉 strength-to-becoming이라 본다. 힘을 가졌다는 사실 자체가 행사되지 않은 상태에서도 피적용자의 순종을 가져오는 존재적 힘(identive power)이 되고 사용자가 힘을 쓸 의사를 밝히기만 해도 상대방을 움직이게 하는 결과를 나을 수 있는 '자기 주장적 힘(assertive power)'이 된다. 그런 뜻에서 폭력이나 군사력이 실제로 상대방에 가해져서 눈에 보이는 결과를 발생시키는 물리적 힘뿐 아니라 '결과를 가져올 수 있게 하는 능력(ability 또는 capability)'을 권력의 본질로 본다. 이렇게 본다면 사회적 힘의 구성소는 사용자의 관심, 능력, 의지가 되며 이 세 가지의 복합체가 사회적 힘인 권력의 실체가 된다.

정치권력은 종합하면 '합법 정부의 제도적 장치가 부여하는 사회적 힘(legitimate power derived from institutional endorsement by the government structure)'이라고 정의할 수 있다.

2. 정치권력의 유형

럼멜은 정치권력의 유형으로 강제력, 교환력 및 권위적 힘을 열거하고 있다.

1) 강제력

강제력(coercive power)은 하라는 대로 하지 않을 경우 불이익을 가한 다거나 이익을 박탈한다고 위협함으로써 상대가 지시와 규범을 따르게 만 드는 힘을 말한다. 이러한 힘이 국가의 법에 의하여 정당화되고 경찰력 등 국가의 공권력으로 만들어진 물리력으로 뒷받침될 때 정치권력이 된다.

강제력을 행사하는 기관은 국가의 법규로 지정된다. 법에 의하여 권한 을 부여받은 사람만 강제력을 사용할 수 있다. 국가가 인정하지 않는 기 관이나 개인이 법에서 허용되지 않는 강제력을 사용하게 되면 폭동, 반란, 혁명 등 불법 행위가 된다. 강제력의 정당성은 국가의 기본 정치 이념을 반영하는 정치질서의 승인으로 확보되며 강제력의 합법성은 실정법규 저 촉 여부로 결정된다.

대표적인 강제적 권력으로는 경찰권, 조세권, 군징집권, 형집행권 등이 있다. 강제력은 국가질서 유지의 기본 수단이 된다.

2) 교환력

법규를 준수하고 합법적 지시를 성실히 따를 때 일정한 보상을 줄 수 있는 힘이 교환력(exchange power)이다. 즉 긍정적 보상(positive sanction)을 할 수 있는 공공기관의 힘이다. 말하자면 거래를 통하여 사회 구성원들이 질서를 존중하고 지키도록 만드는 힘(bargaining power)이다.

세금을 납기 내에 성실히 납부하면 조세 감액의 혜택을 준다거나, 헌신적으로 임무를 수행한 공무원에게 진급의 특혜를 주는 것 등도 교환력적 정치권력이라 할 수 있다.

3) 권위

강제력에 의하거나 긍정적 보상으로 유인하지 않더라도 규범을 준수하고 국가정치질서에 스스로 순응하는 국민들이 많다. 이들은 질서를 지키는 것이 옳다고 믿기 때문에 공공질서를 따른다. 이와 같이 국민들이 옳다고 생각해서 스스로 따르게 만드는 힘이 권위(authority)이다. 일상생활에서도 이러한 권위가 중요한 역할을 한다. 목사의 설교 내용에 충실히 따른다거나, 선생의 가르침에 따라 행동을 선택해서 하는 학생들의 경우 그들의 행동을 결정하게 하는 힘은 목사나 교사의 권위이다. 권위란 나보다 나은 지식과 지혜를 가졌다거나 옳은 것을 일러준다고 추종자가 인정하고 자진하여 따르게 하는 힘을 말한다.

사회질서를 지탱하는 주된 힘의 유형에 따라 정치체제의 유형이 결정된다.

군주나 지배정당 간부 등이 누구에게도 통제받지 않는 강제력을 앞세워 국가질서를 유지하는 형태를 전제주의 정부(autocratic government)라 한다. 지배자가 행사하는 권력의 근원도 자기이고 결과에 대한 책임도 스스로 진다는 뜻에서 '제약 없는 통치', 즉 autocracy라 부른다.

자유민주주의 국가에서는 교환력이 정치질서 유지의 지배적 권력이 된다. 승복하는 국민에 대한 긍정적 보상을 해줄 수 있는 권력을 가진 정부는 이 권력을 사용하여 국민들이 질서에 순응하도록 유도한다. 권위는 모든 정치체제에서 보완적으로 활용된다. 국민이 정부가 정당한 권력을 행사한다고 믿게 되면 정부는 권위를 가지게 되고 강제력이나 교환력을 사용하지 않고도 정치질서를 안정되게 유지할 수 있게 된다.

종교 단체는 권위로 유지되는 기관이다. 신자들은 사제들이 신의 뜻을 전하는 권위를 가졌다고 믿음으로써 사제들이 지시하는대로 종교 계율을 스스로 지켜 나가고 있다. 폭력이 뒷받침하는 강제력도 사용하지 않고 신자들로 구성된 공동체의 질서를 유지해 나갈 수 있다.

정치를 종교화해 놓은 정치체제도 있다. 정치 지도자를 신격화하고 그 지도자의 권위를 앞세워 전국민을 원하는 방향으로 이끌어가는 정치체제가 있다. 종교화된 정치의 극치이다. 통치 권위가 신격화된 지도자의 권위를 바탕으로 한다는 뜻에서 신정체제(theocratic system)라 부르는데 일반으로 철저한 전체주의-전제국가 중에서 이런 신정 국가(神政國家)가 출현한다. 제2차 세계대전 패전 이전의 일본의 군국주의 정치체제는 천황을 신으로 모시고 그 권위를 앞세워 군부가 전제정치를 행하던 체제였다.

북한도 1980년대 이후는 신정체제로 자리 잡아가고 있다. 구소련군 점령하에서 소련식의 1당지배의 소비에트체제로 출범한 인민공화국이던 조선민주주의인민공화국은 1980년대부터 최고 지도자 김일성을 신격화시켜 모든 통치권의 근원으로 삼기 시작하였다. 즉, 신정국가가 되었다. 신격화된 김일성 사망 후에는 그 아들인 김정일이 신이 된 김일성의 권위를 앞세워 통치하기 시작했으며 다시 김정일 사망 후에는 그 아들 김정은이 '김일성의 이름으로' 통치 권위를 행사하고 있다. 김일성에게는 신성(神性)을 부여하고 있으나 아직 그 승계자들은 신성을 가지지 않은 인간들이어서 김일성의 권위에 근거하여 통치권을 행사하고 있다.

국민이 권위를 인정하지 않는데 강제력으로 통치하면서 '권위'를 가장하는 정부를 권위주의 정부(authoritarian government)라 한다. 권위주의 정부란 존재하지 않는 '권위'를 위장하여 내세운 전제주의 정부이다. 전제주의 통치를 하는 정부들 중에 이런 권위주의 정부가 많다.

3. 정치권력의 정당성

국민들은 정부의 정당한 정치권력에는 승복하나 정당성을 인정 못 받는 정치권력에는 저항한다. 정치체제의 불안정은 정치권력의 정당성 상실에서 시작된다.

정치체제의 바탕은 정치 이념이고 정치 이념이 제시한 가치관에 비추어 정치권력을 가져야 할 사람이 가졌는가, 그리고 그 권력이 이념 실천에 부합하게 행사되는가에 따라 정당성(legitimacy)이 판정된다.

절대군주 국가에서는 군주의 통치권이 지배군주 혈통을 적법하게 승계할 때 정당성을 가지게 된다. 공동체 구성원들이 특정 가문의 통치를 인정하고 적법 군주의 통치권을 존중하게 되면 그 군주의 통치 권력은 정당성을 가지게 된다. 인민주권 국가에서 인민이 지지하는 지배정당이 통치권을 행사하는 경우 인민의 지지로 정당성을 가진다. 구소련의 공산당 1당지배체제, 중국의 1당지배체제는 모두 당조직 과정에서 주권자인 인민들의 지지와 동의가 있었음을 타당 근거로 하여 지배정당의 전제적 통치권의 정당성을 주장한다.

자유민주주의 국가의 정치체제는 주권재민의 원칙에 따라 만들어진 것이다. 따라서 정치권력은 주권자인 국민의 지지를 받고 있는 동안 정당성

을 가진다. 국민의 지지를 받아 세워진 정부가 국민의 지지를 잃게 되면
정당성을 인정받는 정치권력을 행사할 수 없게 된다. 국민의 지지를 잃고
도 계속 정치권력을 행사하려 하게 되면 국민의 저항을 받는다. 혁명은
정당성을 잃은 정부를 정당성을 받는 정부와 교체하려는 주권자인 국민의
결단이라고 할 수 있다. 다만 문제는 국민의 지지, 국민의 뜻을 어떻게
확인하는가 하는 것이다.

4. 정치권력의 전이(轉移)

정치권력은 정치체제가 작동하게 만드는 힘이다. 정치체제는 그 자체
가 정치권력을 창출한다. 정치체제는 정치 구조 내의 권력 행사 역할을
담당할 사람을 규정하고 있으므로 이 규정에 따라 정해진 권력 행사 역할
담당자가 권력을 행사하게 된다. 대통령책임제 정치제도에서는 주권자인
국민이 선거를 통하여 선출한 대통령이 주어진 권력을 행사하게 된다.
   그러나 정치 환경을 이루는 사회 구조 변화가 일어나면 그 변화에 따라
권력 행사 역할을 담당할 특정 집단 또는 특정 개인이 한정된다. 예를
들어 같은 민주주의 정치체제가 유지되더라도 특정 직업 또는 특정 계층
에 속한 사람들의 사회적 영향력이 커지면 중요한 정치권력 행사 역할을
이들 중에서 담당하게 되고 영향력 행사 집단이 바뀌면 새로운 집단이
정치권력을 장악하게 된다.
   농경 사회에서 운영되던 민주주의 정치체제에서는 부농이나 농장주들
이 우월한 사회적 지위를 가지고 정치권력을 담당하는 주류 세력이 되었
으나 산업화가 진행되어 공업 노동자 조직의 사회적 영향력이 커지면서

노동자의 권익을 대변하는 집단이 정치권력을 장악하게 되었고 국가안보가 위협받는 후진국에서는 비대해진 군이 정치권력을 장악하게 되는 경우가 많다.

정치권력 이동이 격심하게 되면 정치체제 자체의 변화가 불가피해진다. 사회적 영향력이 커진 세력이 정치권력에서 소외되는 체제에서는 체제를 현실에 맞추는 체제 개혁이 불가피해진다. 그 개혁이 정해진 절차에 따라 진행되면 체제 진화(evolution)가 이루어지나 급격하게 되면 혁명(revolution)이 일어난다.

비교정치학에서 특정 국가의 정치적 특성을 밝히고자 할 때 그 국가의 사회 변동과 정치권력 전이(轉移)에 주목하는 것은 정치체제와 정치권력 담당 세력과의 밀접한 연관 때문이다. 정치학 연구에서는 이러한 동태적 연구가 주종을 이룬다.

제6장

정치 참여와 정치 충원

민주정치는 정부가 주권자인 국민의 권한위임을 받아 주권자인 국민이 요구하는 일을 하는 체제이다. 국민이 정치체제에 참여하는 것을 정치 참여(political participation)라 하며 그 중에서 정치조직 내의 여러 역할을 담당할 사람을 선정하여 역할을 수행하도록 하는 일을 정치 충원(political recruitment)이라 한다.

정치 참여에는 크게 두 가지 영역이 있다. 하나는 주권자로서 정부에 권한을 위임해주어 정부가 정당성을 보장받은 권위를 행사하게 해주는 지지(support)이고 다른 하나는 정부가 해주기를 원하는 요구를 제시하는 일(demand)이다. 지지, 요구, 충원은 모두 정치체제에서 보면 투입(input) 기능이 된다.

정치 현상을 정치체제의 틀로 묶어 분석하는 체제 이론적 접근은 제2차 세계대전 이후의 학풍이다. 자연과학 분야에서 빛을 본 시스템(system) 분석 틀을 사회과학에 도입하자는 운동이 전개되면서 정치학에서도 이런

운동이 일어났다. 이스턴(David Easton), 도이치(Karl Deutsch), 알몬드
(Gabriel Almond), 달(Robert Dahl), 버바(Sidney Verba), 라스웰(Harold
Lasswell), 카플란(Morton A. Kaplan), 모르겐소(Hans J. Morgenthau),
라이트(Quincy Wright), 맥클리런드(Charles A. McClelland) 등은 버탈
란피(Ludwig von Bertalanffy)가 제시한 보편체제이론(general system
theory)의 틀에서 출발하여 정치학에 적용할 수 있는 정치체제 이론을 만
드는데 앞장서 왔다. 이러한 정치학의 거장들의 노력으로 그동안 다양한
시각에서 여러 정치 현상을 분석해오던 정치학 연구들을 하나의 분석 틀
속에 담아 정치학을 정치체계학으로 재구성해 놓았다. 20세기 후반 이후
비교정치학, 국제정치학 영역에서는 정치체계학은 하나의 공통 분석 체계
로 자리 잡았다고 볼 수 있다.

〈참고자료 2〉 정치체제의 구조와 기능 일람

* G. Almond의 구조기능주의 분석 틀에 따른 구조와 기능 일람표로
최 명·김용호 공저, 『비교정치학서설』(2003), pp.59-73 내용을 요
약한 것이다. 이해를 돕기 위해 수정보완했다.

1) 체제의 투입(input)과 산출(output)

정치체제는 구성원의 지지로 힘을 가지며 그 요구를 정책으로 전
환시켜 정책으로 만들어내는 기능을 하고 정책실현 결과는 다시
환류되어 지지, 요구로 투입된다.

(지지 요구) 투입 ⟶ [정치체제] ⟶ 산출 (정책)
↑ (전환) ⎵
환류

2) 세 차원의 기능

(1) 체제의 국내, 국제환경 관리 기능(system capability)
  * 체제가 하나의 단위로 기능하기 위하여 국내, 국제환경에
    작용하는 산출(output) 기능:
    규제(regulation), 추출(extraction), 분배(distribution),
    반응(responsiveness), 상징(symbol)

(2) 전환 기능(conversion function)
  * 지지와 요구를 정책으로 바꾸어 실천하는 기능:
    이익표출(interest articulation),
    이익집약(interest aggregation), 규칙 제정(rule making),
    규칙 적용(rule application), 규칙 판정(rule-adjudication),
    정치커뮤니케이션(political communication)

(3) 체제 유지 적응 기능(system maintenance and adaptive functions)
  * 체제 자체가 기능할 수 있도록 요구와 환경에 적응하는 기능:
    정치사회화(political socialization),
    정치 충원(political recruitment)

체제접근(system approach)의 핵심은 사회 현상을 서로 연계된 역할 (role)들의 집합체인 시스템이라 하고 이 시스템이 환경과의 교섭을 통하여 주어진 기능을 해나가는 하나의 유기체처럼 인식하여 시스템이 목적으로 하는 성과를 만들어가는 과정을 분석하려는 시도이다. 이렇게 보편적 분석 틀을 만들어 시스템 작동의 보편적 원리를 발견해 나가면 그 보편적 원리로 특수 현상 분석도 가능하다는 것이 시스템 접근법의 바탕이 되는 생각이다. 대중교통의 핵심인 버스 시스템을 예로 든다면, 이 시스템은 사람들을 정해진 시간에 정해진 장소에서 정해진 장소까지 옮겨 주는 것을 목적으로 하는데 이 시스템은 버스, 운전사, 정류장, 도로 등으로 구성

되고 각 구성소 간의 관계가 정해지면 시스템으로 완성된다. 이 시스템은 승객, 규범, 자연 조건 등등의 환경과 교섭하면서 임무를 수행한다. 이렇게 버스운송체제를 하나의 시스템으로 파악하고 구성소 간의 관계, 시스템과 특정 환경과의 관계를 규명하면 버스교통체제의 작동을 설명할 수도 있고 개선점을 찾는 것도 쉬워진다.

정치체제를 주권자인 국민의 요구를 받아 이를 정책으로 전환시켜 실행하여 결과를 국민에 돌려주는 시스템으로 파악하면 국민의 요구를 체제에 투입(input)하는 과정이 있어야 하고, 이것을 정책으로 전환시키는 정책 입안 과정(policy making process)이 있어야 하고, 결정된 정책을 실천(implementation)하여 그 결과가 국민에게 되돌아가게 하는 산출(output) 과정이 있게 된다. 이 장에서 논의하는 정치 참여와 정치 충원은 바로 정치 시스템의 투입 과정에 해당되는 것이다.

이 장에서는 알몬드와 이스턴 교수의 교과서를 바탕으로 정치 참여, 충원 등과 관련된 표준적 논의를 소개한다(〈참고자료 2〉 참조).

1. 요구와 지지의 표출

민주정치체제에서 정부는 주권자인 국민의 지지로 통치권의 정당성(legitimacy)과 합법성(legality)을 인정받는다. 그리고 국민의 요구를 받아 이를 정책으로 전환시켜 실천한다. 국민은 주권자이지만 이 두 가지 행위로만 정치 참여를 하게 된다.

지지의 표현은 선거를 통하여 '권한위임'을 하는 방법으로 이루어진다. 예외적으로 헌법 개정 등 정치체제 자체를 변경시키는 등 중요한 사안에 대해서는 투표로 찬반 의사를 표현하게 된다.

공동체가 작은 경우에는 규범 제정 등 국가 정책 결정에 직접 참여하는 직접민주주의체제를 채택하기도 하지만 일반 국가에서는 주권 행사를 대행할 사람을 선출하는 방식으로 지지를 표현한다. 의원내각제인 경우에는 의회 의원을 선출하는 선거에 참여하며 대통령책임제인 경우에는 의회의원선거와 함께 대통령을 선출하는 선거를 통하여 참여한다.

국민들은 정부가 해주어야 할 일을 요구할 수 있다. 그러나 많은 국민들이 각각 자기의 요구를 제시할 경우 현실적으로 이를 모두 수용하기 어렵기 때문에 같은 요구를 하려는 국민들의 뜻을 모아 하나의 정리된 정책안으로 만들어 요구하게 되는데 이 과정을 이익표출(interest articulation)이라 한다. 그리고 표출된 이익을 정책안으로 묶어내는 과정을 이익집약(interest aggregation)이라고 한다.

지지와 요구는 개인으로도 할 수 있지만 뜻을 같이 하는 집단으로 제시할 수도 있다. 그리고 평소 같은 생각을 가진 사람들끼리 조직을 만들어 정치 참여를 전담하게 할 수도 있다. 이 기구가 정당(政黨)이다.

2. 이익집약과 정책 수립

주권자인 국민이 제시한 다양한 요구는 같은 것끼리 묶어 정책안으로 만들어 정치체제에 투입한다. 이렇게 국민요구를 정책안으로 묶는 일을 이익통합 또는 이익집약(interest aggregation)이라 한다. 집약된 여러 개의 정책안은 의회 등 정책 수립 기관에서 토의하고 절충하기도 하여 하나의 정책으로 만들어 낸다. 이 과정이 정책 수립 과정이다.

참여형 정치문화가 지배적인 사회에서는 이익집약 과정이 순탄하게 진행되나 공(公)보다 사(私)에 치우친 편협된 정치문화가 지배하는 사회, 순종적인 신민형(臣民型) 정치문화가 지배적인 사회에서는 이익집약 과정이 순탄하지 못하여 민주주의체제의 정상적인 작동을 어렵게 한다. 공동체 전체의 이익과 모순되는 편협된 이기적 이익을 고집하는 소집단이 모여 공동체를 구성하는 사회에서는 타협과 절충이 가능하지 않은 이익들이 이익집약 과정에서 제시되므로 합리적 정책을 도출하기 어려워진다. 민주주의 정치체제는 성숙된 참여형 정치문화 속에서만 정상적으로 작동할 수 있다.

3. 정치 충원과 선거

정치체제는 서로 연계된 다양한 역할들의 집합으로 구성되는데 그 역할을 담당할 사람을 선발하여 그 역할을 담당하게 만들어야 완성된다. 정치체제를 구성하는 역할마다 그 담당자를 선택배치하는 일을 정치 충원(political recruitment)이라 한다. 정치체제의 중요한 투입 행위이다.

정치체제에서 정치 충원은 다음의 두 가지 기준에 따라 이루어진다. 하나는 '귀속적 특수 기준(ascriptive and particularistic criteria)'이다. 혈연, 가정, 학벌, 지연, 인종 집단, 계급 등 본인의 노력과 관계없이 이미 주어진 자격을 고려하여 공직 담당자를 충원하는 것을 말한다. 또 하나는 '성취적 보편적 기준(achieved and universalistic criteria)'이다. 교육 수준, 시험 성적, 임무수행 성적 등 본인의 노력으로 성취한 조건들에 따라 차별없이 아무나 그 조건을 충족하면 충원하는 것이다. 민주정치체제에서는 평등의 원칙에 따라 성취적 보편적 기준에 의한 충원만이 가능하다.

충원 방법으로는 선거와 임명제가 있다. 민주정치체제에서는 의회 의원은 선거로 선출하고 행정 관료는 주권자인 국민으로부터 통치권을 위임받은 행정 책임자가 보편적 기준에 맞추어 임명하고 있다. 과거(科擧)제와 같은 시험제는 성취적 보편적 기준에 따른 자격자를 선발하는 임명 조건 확인 방법이다. 같은 조건을 갖춘 자격자 중에서 임명권자가 누구를 선택하는가 하는 문제가 있다. 임명권자가 확보한 정당한 권위를 앞세워 자기에게 도움을 준 사람을 선택하는 엽관제(spoils system)가 있고 객관적 조건을 충실하게 반영하여 실적 위주로 선발하는 실적제(merit system)가 있다. 민주정치체제에서는 평등권을 존중하여 실적제를 택하도록 여러 가지 제도적 장치를 마련하고 있으나 현실에서는 엽관제가 음성적으로 선택되어 국민의 저항을 불러오는 수가 많다.

선거는 민주정치체제에서 주권자가 의사 표시를 하는 가장 중요한 장치이다. 지지와 정책 요구를 표출하는 중요한 수단이기도 하지만 입법권을 행사하는 의회 의원과 기타 법으로 정한 선출직의 공무 담당자를 선출하는 정치 충원의 중요한 수단도 된다. 선거는 주권자와 정부 운영 책임자를 연결하는 핵심 장치라는 점에서 민주정치의 징표가 된다. 주권자의 동등한 정치참여권을 보장하는 자유롭고 평등한 선거제도가 확립되지 않으면 그 정치체제는 민주정치의 조직과 규범 등을 모두 갖추었다 하더라도 진정한 민주주의 정치체제로 인정받지 못한다.

4. 정당과 이익단체

국민과 정부 사이의 의사 연결 기능을 하는 법인화된 정치 집단이 정당(political party)이다. 최 명 교수는 정당을 "공직자를 충원하고 유지하는 것을 목표로 하는 공식적 조직"이라고 정의하고 있고 버크(Edmund Burke)는 "모두가 동의하는 어떠한 특정의 원칙에 의하여 공동의 노력으로 국익을 증진시키기 위하여 뭉친 사람의 집단"이라고 정의한다. 더 간단하게 "정권 획득을 위하여 투쟁하는 결사(結社)"라고도 정의한다.

정당은 국민의 다양한 이익을 묶어 정부의 정책 수립 과정에 투입하는 이익집약의 기능을 수행하며, 반대로 정부의 정책 의지를 옹호하고 국민을 설득하여 정부를 지지하도록 하는 정권 수호의 전위 기구의 기능도 담당한다.

정당은 임의 단체로 출발하였으나 점차로 법인(法人)의 지위를 가진 단체로 발전하여 왔으며 전제주의 국가에서는 헌법기관화하고 있다. 특히 일당 지배의 전제주의 국가인 공산 국가에서는 지배정당을 헌법 기관으로 헌법에 그 지위와 권리를 규정하고 있으며 북한과 같은 전체주의-전제주의 국가에서는 정부보다 상위의 지위를 지배정당에 부여하고 있다.

정당에는 여러 유형이 있다. 선택된 간부들만으로 구성된 간부정당(cadre party)도 있고, 국민 중에서 원하는 사람들이 모두 참여할 수 있게 개방해 놓은 대중정당(mass party)도 있다. 그리고 당내 조직에서 상명하복(上命下服)의 위계질서를 갖춘 독재정당(dictatorial party)도 있고, 당내의 의사결정을 민주적으로 하는 민주정당(democratic party)도 있다.

국가의 정치체제 유형에 따라 정당의 지위도 달라진다. 절대군주체제를 유지하는 일부 아랍 국가들은 아직도 정당을 허용하지 않고 있고 (systems without political party) 헌법에 의하여 지배정당 1당만을 인정하는 국가(one-party system)도 있다. 그러나 민주정치체제에서는 다당체제(multi-party system)가 기본이다. 양당제(bi-party system)나 다당제 등 복수 정당이 허용되어야 다양한 국민의 의사를 대변할 수 있기 때문에 복수정당제는 민주정치의 필수 조건이 된다.

정치 전반에 대한 이익집약을 목표로 하는 정당과 달리 특정 이익을 가진 사람들이 만든 공통의 특정 이익을 대표하는 조직체로 이익집단(interest group)이 있다. 이익집단은 "공통의 관심과 특혜로 연계되고 공통의 이익을 가지고 있다고 믿는 사람들의 모임(a set of individuals who are linked by bonds of common concern and advantage and who are aware of these shared interests)"라고 정의된다. 이러한 이익집단은 정부 정책에 대한 영향을 추구하나 직접 공직을 담당하려 하지 않는 집단이라는 점에서 정당과 구별된다.

흔히 비정부 조직(NGO: Non-governmental organization)이라 부르는 집단도 이익집단이라 할 수 있다. 고래를 보호하자는 운동을 펼치는 NGO, 환경보호단체, 여성인권 증진을 위해 공동 노력을 펴는 단체 등 수많은 NGO가 있다. 이 조직들은 추구하는 목적을 달성하기 위한 정부정책 수립에 영향을 준다는 점에서 정당과 마찬가지 기능을 하나 관심영역이 한정되어 있고 정권 참여를 목표로 하지 않는다는 점에서 정당과는 다르다.

제7장

정치문화와 정치사회화

정치체제는 사람이 만든 작품이다. 만든 사람들의 생각이 바탕이 되어 만들어진 것이고 공동체 구성원들이 운용하는 체제여서 만든 사람, 그리고 운영하는 사람들의 생각을 제대로 반영하는 체제라야 제 기능을 발한다.

사람들이 공동체를 이루고 살다보면 서로 배워가면서 가치관, 지식, 감정 등 생활양식을 공유하게 된다. 이렇게 형성된 공동체 구성원의 총체적 생활양식을 문화라 부르고 이 중에서 공동체에 대한 생각, 정치체제에 대한 기대, 그리고 정치일반에 대한 가치정향 등을 정치문화(political culture)라 부른다.

생활환경과 역사, 전통이 다른 공동체 속에서 살아온 사람들은 각각 자기 공동체의 보편적 문화에 친숙하고 그래서 공동체마다 특이한 정치문화를 가지게 된다. 그리고 같은 공동체 안에서도 자기가 속한 지역의 특이한 생활양식 그리고 처해진 계급, 생활 여건 등에 따라 작은 집단마다의 특이한 정치문화를 갖게 된다. 이러한 차이에 따라 같은 정치체제에 대한 평가도 달라진다. 미국에서 잘 운영되어온 자유민주주의 정치체제가 다른 나라에서는 잘 받아들여지지 않게 되는 것은 바로 이 정치문화의 차이 때문이다.

제2차 세계대전 종결 후 신생 독립국가가 많이 생겨나면서 서로 다른 정치문화를 가진 국가가 많아졌다. 이러한 새로운 시대 환경에서 다양한 정치문화를 가진 국가의 정치체제를 분석하기 시작하면서 정치문화에 대한 학계의 관심이 높아졌다. 알몬드(Gabriel Almond) 교수가 정리하여 제시한 정치문화 개념을 바탕으로 비교정치학이 중요한 정치학의 한 분야로 자리 잡게 되면서 이제 정치문화는 정치학 연구의 핵심 연구 과제로 등장하였다. 정치문화는 정치 환경을 구성하는 가장 중요한 요소다.

이 장에서는 최 명(崔明) 교수가 정리해 놓은 비교정치 틀에 맞추어 정치문화의 개념, 구성 요소, 종류, 형성 과정, 그리고 정치문화와 정치체제 간의 관계 등을 소개한다.[10]

1. 정치문화

정치문화란 "정치행동, 정치체제에 대한 가치정향(value orientation)"을 말한다. 공동체 구성원과 국가와의 관계는 어떠해야 하며 국가는 무엇을 해야 하는가, 그리고 국민은 국가를 위하여 무엇을 해야 하는가에 대한 생각이 정치문화를 구성하는 중요한 요소들이다. 그 중에서 어떤 정치

---

10) 최 명·김용호 공저, 『비교정치학서설』(서울: 박영사, 2003).

가 좋은 정치인지에 대한 가치판단이 정치문화의 핵심을 이룬다.

더 세분한다면 정치행태, 정치체제, 정치 구조에 대하여 어떻게 이해하고 있는가 하는 인지적 정향(cognitive orientation), 대상에 대하여 어떤 것을 선호하는가를 나타내는 평가적 정향(evaluative orientation), 그리고 정치행태, 정치체제, 정치를 담당하는 사람과 조직 등에 대한 감정적 반응(affective response) 등으로 구분한다. 민주주의 정치체제에서는 주권자인 국민의 동등한 참정권이 보장되게 되어 있다고 이해한다든지(인지적 정향), 의회민주주의가 대통령책임제보다 낫다고 생각한다든지(가치정향), 여당의 행태가 마음에 안 들고 오히려 야당의 주장과 지도자가 내 마음에 든다든지(감정적 반응) 하는 것들이 모두 정치문화를 이루는 요소가 된다.

정치문화는 역사적 산물이다. 주어진 생활환경에서 살면서 형성된 생각과 태도여서 생활환경이 바뀌면 정치문화도 바뀐다. 관심의 우선순위가 변하기 때문이다. 어려운 경제 여건에서 의식주 확보가 어려운 때는 의식주 확보를 잘해 줄 수 있는 정부이면 개인의 정치적 자유를 크게 제한하더라도 지지하게 된다. 그러나 경제 여건이 나아지고 생활이 호전되면 자유보장에 역점을 두는 민주적 정부를 더 선호하게 된다. 또한 공동체 내에서 우월한 지위를 누리는 구성원들은 현존 체제에 긍정적 반응을 보이나 상대적으로 불리한 지위에 머물게 된 사람들은 반대로 현존 체제에 부정적 반응을 보인다. 그래서 공동체마다 이러한 하위문화(sub-culture)가 존재한다.

〈참고자료 3〉 정치문화의 다양한 정의

정치체제는 국내 사회 환경, 그리고 국제정치 환경과 영향을 주고받으면서 작동하고 변화해간다. 정치체제 운영에 영향을 주는 국내 사회 구성원들의 가치 정향을 정치문화라 부르는데 학자마다 그 정의가 다르다. 다양한 정의들에 담긴 내용을 취합하여 보면 정치문화가 무엇을 뜻하는지 짐작이 간다.

1) Gabriel A. Almond

(출처: Gabriel A. Almond and G. Bingham Powell, Jr., eds., *Comparative Politics Today: A World View*, 4th ed., 1988.)

"A political culture is a particular distribution in a particular nation of people having similar or different political attitudes, values, feelings, information and skills."

2) Lucian W. Pye

(출처: Lucian W. Pye and Sidney Verba, eds., *Political Culture and Political Development*, 1966.)

"A systematic structure of values and rational considerations which ensures coherence in the performance of institutions and organization."

3) Walter A. Rosenbaum

(출처: 그의 책 *Political Culture*, 1975.)

"The collective orientation of people toward the basic elements in their political system. ...... The attitudes, beliefs, and sentiments that give order and meaning to the political process and provide the underlying assumptions and rules that govern behavior."

2. 정치문화 유형

알몬드와 버바(Sidney Verba)는 정치문화를 인지적 정향, 평가적 정향, 감정적 반응 등을 종합하여 크게 세 가지 유형으로 구분한다.[11] 물론 이 구분은 경향성을 나타내는 이론적 개념 전형(典型)으로 실제로는 꼭 이 틀에 맞는 문화가 있다고 할 수는 없다. 틀에서 벗어나는 사람들이 있어도 크게 '경향성'을 보여주는 집단으로 정치문화 공유 집단을 분류한다. 다만 어느 유형의 속성을 많이 나타내는지를 판가름하기 위해서 만든 분류 유형이다. 현실에서는 세 가지 문화의 특성이 혼합하여 나타날 수 있다.

1) 지방형 정치문화(parochial political culture)

자기가 속한 집단의 가치만 존중하고 전체적인 공동체의 정치체제에 대한 정향은 보이지 않는 정치문화이다. 한국 교과서에서 parochial을 지방형이라고 번역하여 사용하고 있으나, 지역을 지칭하는 지방과는 관계가 없고 자기가 속한 좁은 집단 가치만 내세우는 '편협된 정치문화'를 지칭한다. 이러한 정치문화가 지배적인 집단에서는 다른 가치는 무시된다. 특정 종교의 특수 이익에 집착하는 문화가 지배하는 집단에 속한 사람들은 공동체 전체의 정치체제가 민주정치체제여야 하는가 전제정치체제가 좋은가와 같은 범공동체의 정치적 가치에 대해서는 무관심하다. 지방색이 강

---

11) 정치문화 유형은 알몬드와 버바의 분류를 따른다. Gabriel A. Almond & Sidney Verba, *The Civic Culture* (Boston: Little, Brown, 1965) 참조. 용어의 한국어 번역은 최 명 교수의 것을 따른다.

한 하위 정치문화가 여러 지역에 깊이 뿌리 내린 공동체에서는 공동체 전체의 정치에 관한 합의를 도출하기 어려워진다.

2) 신민형 정치문화(subject political culture)

신민형(臣民型) 정치문화는 절대군주체제에 익숙해있던 사회에서 나타는 정치문화이다. 군주가 지배하는 것은 당연하며 군주의 통치권은 주어진 것이어서 백성의 신분으로 도전할 수 없다고 생각하는 순종적 정치문화를 말한다. 정치에 참여한다는 생각은 없고 다만 정치적 산출(political output)에만 관심을 표하는 문화다. 군주가 선정(善政)을 펴면 지지하고 악정(惡政)을 펴면 미워하는 문화 전형이다. 군주제가 아니어도 강력한 전제정치에 길들여진 국민들이 이런 정치문화를 갖게 된다. 즉 민주주의에 익숙하지 않은 전제정치에 길들여진 국민들이 가지는 정치문화이다.

3) 참여형 정치문화(participant political culture)

주권재민의 민주주의 가치에 대한 인식이 높아 주권자로서 정치과정 전반에 걸쳐 적극 참여하려는 정향을 보여주는 정치문화다. 정치과정의 투입(投入) 단계인 투표, 정당 활동 등에도 관심이 많고 또한 정치 산출(political output) 평가에도 적극적인 정치문화다. 민주정치체제에 오랫동안 노출되어 있는 국민들이 나타내는 정치문화 전형이다.

정치가 안정되고 특별한 정치 쟁점이 없는 나라에서는 민주정치가 발전된 상태에서도 정치적 무관심(political apathy)을 보이는 경우가 있다. 그래서 민주사회가 곧 참여형 정치문화를 보인다고 할 수는 없다.

3. 정치사회화

사람들은 태어나서 자라면서 점차로 자기의 독자적 가치관, 가치정향, 정치행태에 대한 감정적 선호 등을 갖추게 된다. 살면서 배우면서 자기 나름의 주장이 서게 되는 것이다. 정치문화도 이런 과정을 거쳐 형성된다. 이런 과정을 사회화(socialization)라 한다. 즉 사회의 다양한 가치에 인도되는 과정이 사회화이고 그 가치정향이 정치체제와 관련된 것에 대한 것일 때 정치사회화(political socialization)라 한다.

사회화는 유년기에는 부모 등 가족과의 생활을 통하여, 그리고 학령기에 들어서서는 학교 교육, 이웃, 친지들과의 접촉을 통하여 이루어진다. 가장 중요한 사회화의 환경은 가정, 학교, 친구 집단, 매스미디어(mass media) 등이다. 그리고 성년이 된 후 사회 활동을 하게 되면서 정치 참여를 통하여 성숙된다.

정치체제는 공동체 구성원의 직간접 참여로 작동한다. 공동체 구성원들이 정치체제가 요구하는 일정한 역할을 담당해주어야 그 정치체제는 정상적으로 작동하는데 그렇게 하기 위해서는 정치체제의 기본 이념, 규범 체계, 정치조직 등에 대하여 구성원들이 이해하고 따라 주도록 만들어야 한다. 그래서 여러 행태로 정부는 공동체 구성원들이 현존 체제를 지지하는 성향을 갖도록 정치사회화 시키기 위하여 노력한다.

가장 대표적인 정치사회화 도구가 학교 교육이다. 그래서 모든 국가는 최소한의 교육을 의무화하고 있다. 우리나라의 경우 초등학교 및 중학교 교육은 모든 국민이 의무적으로 이수하여야 하는 헌법상의 의무로 규정하고 있다. 국민으로서의 최소한의 지식과 기본 가치관을 습득하여야 국민으로서의 책임을 다할 수 있기 때문이다. 한동안 우리나라에서는 초등학교를 국민학교라 불렀다. 초등학교는 국민이 교육을 받을 수 있는 권리 행사로 다니는 학교가 아니라 국민이 되기 위해서는 반드시 다녀야 하는 의무 교육 기관이기 때문이다.

사회 교육도 중요하다. 매스미디어가 발달되어 공동체 구성원이 거의 모두 신문이나 TV를 통하여 세상 돌아가는 것을 알게 되고 각종 지식과 가치관을 접하게 됨에 따라 모든 국가는 매스미디어를 통하여 국민적 소양을 갖추도록 국민을 교육하고 있다.

전체주의 국가에서는 가치의 절대성을 내세우고 있으므로 국가가 내세우는 기본 가치를 주입하여 모든 국민이 같은 생각, 같은 가치관을 가지도록 하기 위하여 철저하게 정치사회화 과정을 통제하고 있다. 나치스 독일에서는 유치원 단계에서부터 전교육 과정을 통하여 나치즘의 절대 가치를 체계적으로 주입시켰다. 그리고 문화혁명기의 중국에서는 전국적인 정치 운동을 펴서 모든 중국 국민을 마오이즘이라는 교조적 정치사상을 내면화한 '이상적 사회주의 인간'으로 개조하는 작업을 펼치기도 했다.

오늘날 북한 정권은 한발 더 나아가서 국경을 폐쇄하고 외부로부터 들어오는 모든 뉴스와 정보를 차단하여 정부의 사상 교육에 방해되는 다른 생각에 국민들이 접촉할 수 없도록 극단적인 폐쇄적 정책을 시도하고 있다. 이러한 정치사회화 작업을 통하여 전국민이 현존 지배체제에 순응하는 정치문화를 가지도록 만들고 있다.

4. 정치문화와 민주주의

민주주의는 시민의 정치다. 주권자인 시민이 투표를 통하여 정치를 담당할 사람을 선출하고 요구와 지지를 통하여 정부의 정책을 유도하고 정부의 권위를 보장해줌으로써 정치체제가 정상 작동하게 만든다. 이러한 시민들이 정치에 무관심하거나 정부에 무리한 요구를 하거나 국가의 규범질서를 존중하지 않게 되면 민주주의 정치는 정상 작동이 불가능하다.

시민이라 함은 자기 행위의 의미를 알고 자기 행위에 대하여 책임을 질 수 있는 국민을 말한다. 국민 중의 대다수가 주권자로서의 자각을 하고 있는 시민인 사회에서는 민주주의가 정상적으로 작동할 수 있으나 민주정치 원리를 제대로 이해하지 못하고 주권자로서의 자각이 되어 있지 않고 자기의 행위에 책임을 지려하지 않는 국민이 대다수인 사회에서는 민주정치체제가 제대로 작동할 수 없다. 민주주의 정치체제는 성숙된 민주시민 의식을 갖춘 시민, 민주정치체제의 작동 원리를 이해하는 시민이 대다수를 차지하는 참여형 정치문화가 자리 잡힌 사회에서 작동할 수 있는 정치체제다.

편협된 하위 정치문화를 가진 다양한 집단이 공존하는 사회에서는 설득과 타협으로 공동체의 합의된 의사를 만들어 낼 수 없다. 또한 수동적인 신민형 정치문화가 지배적인 사회에서는 민주주의 정치가 대중영합주의(populism)에 휩쓸려 합리적인 국가 의사를 도출해 낼 수 없다. 그리고 주권자인 국민의 정부 감시가 제대로 이루어질 수 없어 민주정치가 전제정치로 전락하는 것을 막을 수 없게 된다. 성숙된 민주시민 의식을 갖춘 국민과 참여형 정치문화가 자리 잡힌 사회라는 조건이 갖추어져야만 민주주의 정치체제는 제 기능을 발휘할 수 있게 된다.

의도적, 체계적 정치사회화 노력은 교조적 전체주의 정치체제의 유지를 위한 수단으로 흔히 펼쳐지지만 안정적인 민주정치체제 운영을 위해서도 절대적으로 필요하다. 사회 구성원 각자가 주권자로서의 자아 인식이 확고해야 다양한 정치 참여를 통하여 민주 정부의 통치권의 정당성을 보장해주는 지지를 마련해 줄 수 있으며, 이러한 시민 정신은 오직 체계적 정치사회화를 통해서만 만들어질 수 있다. 서로 다른 의견을 가진 사람들과의 공존 필요성을 인정하는 상대주의적 가치관, 타협을 통하여 합의를 도출해 나가는 민주적 의사결정 과정을 존중하는 민주정신 등은 교육을 통하여서만 배양될 수 있다.

제8장

정치체제의 변화와 개혁

정치 시스템은 특정 기능을 수행하는 역할(role)들이 서로 연계되어 함께 시스템 전체가 목적으로 하는 일을 해나가는 유기체 같은 체제이다. 이 시스템은 각각의 역할을 담당할 사람들을 충원하고 그들 서로간의 역할 관계를 조정하고 시스템 환경과 교섭하면서 일을 해나간다. 또한 국민의 요구를 받아들여 정책으로 전환시켜 이를 실천해 나가면서 공동체의 질서를 유지해 나간다.

정치 시스템은 비유하자면 거대한 함정 같은 것이다. 함정은 추진력을 만드는 엔진, 방향을 통제하는 장치, 방향을 찾는 장치, 군함인 경우는 전투할 수 있는 함포 …… 등등이 서로 연계되어 맡은 바 임무를 수행하는 물건이다. 함정을 운영하려면 각개 기능 장치들을 조작할 전문 인력을 배치해야 하며, 필요한 연료도 확보하여 실어야 하고, 기상과 바다의 상태라는 외부 환경에 대응할 수 있는 함장의 판단이 있어야 한다.

정치 시스템은 유기체처럼 생로병사를 겪는다. 함정은 고장이 날 수도 있고 부품이 낡아 제 기능을 못하게 되기도 하고 장치 간의 연계가 제대로 되지 않아 함정의 안전에 위험을 자초하기도 하며 책임감과 능력이 부족한 함장의 잘못된 판단에 파도에 휩쓸려 침몰할 수도 있다. 정치 시스템도 마찬가지다. 출발할 때는 공동체의 기본 이념에 충실하게 모든 기능 담당자가 맡은 바를 충실히 이행하면서 공동체 이익을 최대한으로 충족시키는 공기(公器)로 작동하나 세월이 흐르면서 담당자들이 공익보다 사익(私益)을 앞세우는 행위로 공동체질서 유지라는 시스템 목적에 어긋나게 작동되게 되면서 공동체 구성원의 저항을 받게 된다. 그리고 시간의 흐름 속에서 달라져가는 내외 환경 변화에 적응하지 못하게 된다.

정치 시스템은 일반 유기체처럼 자구(自救) 노력을 한다. 새로운 요구에 대응할 기능을 추가하고 새로운 기능을 담당할 수 있는 능력을 갖춘 사람을 충원하고 기능 간 관계를 새로 재조정하면서 시스템이 이루고자 했던 가치 실현을 더 충실히 할 수 있도록 자체 정비를 해나간다. 이것이 개혁(reform)이다.

개혁은 주어진 시스템 내의 기능 간의 균형(equilibrium)을 필요에 맞추어 재조정하는 작업이다. 그러나 균형 변화로 시스템이 맡은 바 임무를 수행할 수 없을 정도의 외부 충격이 오면 시스템 자체를 바꾸어야 한다. 이것이 시스템 변화(system change)이다. 정치 시스템에서 자체 노력으로 시스템 내부 균형을 재조정하여 새로운 환경에서도 작동할 수 있게 하는 자구 노력을 경장(更張)이라 하고 시스템 자체를 바꾸는 결단을 혁명이라고 한다.

이 장에서는 정치 시스템의 변화를 필요로 하는 요인, 그리고 이를 개선하려는 개혁 노력 등을 설명한다.

1. 정치체제의 변화 요인

정치체제도 유기체처럼 시간이 흐르면 기관들이 노쇠하여 제 기능을 못하게 되고 버려두면 붕괴된다. 정치체제는 반대로 각 기관이 점차로 더 높은 수준의 기능을 발휘하고 기관 간의 협력과 통제 등의 관계도 긴밀해지게 되면 주어진 임무를 설계했던 것 이상으로 해나갈 수도 있다. 정치체제의 생로병사와 같은 변화를 일으키는 주요 요인을 내부 환경 변화와 외부 환경 변화로 나누어 살펴본다.

1) 시스템 내부 환경 변화

혁명 등으로 새로 탄생한 정치체제는 강한 생명력을 발산한다. 혁명을 통하여 이루고자 했던 목표에 대한 체제 창설 요원들의 열의가 아주 높아 정치체제에 참여하는 사람들은 일치단결하여 정치체제가 생산해내려는 공공선(公共善) 창출에 헌신한다. 그 결과 그 체제는 훌륭히 주어진 임무를 수행해 나간다. 그러나 세월이 흐르면서 체제 기구를 이루는 각 역할의 담당자들의 의식이 해이해져서 공동체질서 유지 임무의 장치라는 공기(公器)인 정치체제를 자기 이익(私益) 증대의 수단으로 이용하려 하게 된다. 이러한 시스템 내부의 긴장 이완으로 시스템의 능률이 떨어지는 것을 개선 혹은 개혁하지 않은 상태로 내버려두면 시스템은 붕괴하게 된다.

2) 시스템 외부 환경 변화

정치체제가 설계되었을 때의 사회 환경, 국제 환경이 흐르는 시간 속에서 변하게 되면 정치체제도 이에 대응하기 위하여 자기 변신을 해나가게 된다. 이러한 자발적 자기 변신이 성공적으로 이루어지면 시스템은 진화(evolution)해 나가게 된다. 그러나 외부 충격을 소화하지 못하면 시스템은 붕괴한다.

민주정치체제의 외부 환경 변화 중 가장 중요한 것은 주권자인 국민들의 요구 변화다. 과학기술이 발전하면 생산기술이 향상되고 이에 따라 생산양식이 달라지고 이에 따라 생활양식이 변하고 바뀐 생활양식은 국민들의 정부에 대한 요구 내용을 변화시킨다. 의식주를 걱정하는 국민이 대다수이던 시대에는 물질적 생활여건 향상을 최우선으로 해결해줄 것을 요구하던 국민들이 어느 정도 풍족해지면 자유의 증대, 인권 보장에 더 역점을 두고 정부의 조처를 요구하게 되고 정치체제는 새로운 요구를 수용할 수 있도록 체제를 개선해야 하는데 개선 작업이 원활하지 못하면 시스템 교체의 압력을 받게 된다.

전쟁 등 국제사회에서 오는 충격도 정치 시스템에게는 큰 도전이 된다. 외국의 침략으로부터 공동체를 지키기 위해서는 자원 배분에서 안보에 비중을 더 두어야 하는데 제한된 자원의 분배 과정에서 상대적으로 소홀한 대접을 받게 되는 국민의 특정 계층이나 집단이 이에 강하게 저항하게 되면 정치 시스템은 위협을 받게 된다.

2. 진화와 개혁

정치 시스템은 시스템의 유지를 위하여 내외 환경으로부터의 도전에 대응하여 자체 시스템 개선 작업을 부단히 해나간다. 행정 개혁, 국방 개혁, 경제 구조 개혁 등 모든 영역에서 제도 개선, 규범 개정, 정책 조정 등을 해나간다. 이러한 개혁 노력이 성공적으로 이루어지면 시스템은 진화해 나가면서 잔존한다.

부분적 개혁으로 도전을 극복하지 못할 경우에 시스템 자체를 고치는 혁명에 준하는 파격적 개혁을 시도하는 경우도 있다. 이것을 경장(更張)이라 한다.

경장이란 시대 흐름 속에서 이완된 정치 시스템의 창설 목적 수호 정신을 다시 확인하고 이에 맞도록 시스템을 혁명적으로 재조정하는 결단을 말한다. 활에 시위를 걸어서 오래두면 줄이 늘어나 탄력을 잃게 되는데 이때 활을 제대로 쓰려면 줄을 다시(更) 당겨서 팽팽하게(張) 매어야 한다. 이에 비유해서 체제의 근본적 개혁을 하는 것을 경장이라고 한다.

율곡(栗谷 李珥) 선생은 임진왜란이 일어나기 10년 전에 정부에 과감한 경장을 제의하였다. 조선 왕조가 개국한지 200년이 지나면서 정치 시스템의 운영에 참가하는 공무원들의 의식이 해이해져서 공기(公器)로 만들어 놓은 통치 시스템을 사익(私益)을 앞세워 운영하는 사태를 지적하고 왕조 출범 초기의 정신으로 되돌아가 기강을 바로 잡는 경장을 하지 않으면 정치 시스템의 붕괴가 있을 수 있다고 진단하고 경장을 제안했다. 그러나 그 제안은 받아들여지지 않았고 일본의 침략이라는 외부 충격 앞에서 시스템 붕괴의 비극을 맞이했었다.

성공한 경장도 있다. 1986년 고르바초프(Mikhail Gorbachev) 소련 공산당 서기장은 제27차 소련공산당대회에서 소련 정치체제의 근본 개혁을 내용으로 하는 페레스트로이카(Perestroika: 개혁)와 외부 세계에 소련을 개방하는 글라스노스트(Glasnost: 개방)를 천명하였다. 지배정당인 소련 공산당의 경장 결단으로 소련 연방은 해체되고 연방 내의 러시아 공화국을 모체로 새로운 주권 국가로 러시아 공화국을 창설하였다. 러시아 공화국은 다원주의를 수용한 다당제의 민주공화국으로 구소련의 1당지배의 전체주의-전제주의 정치체제를 버리고 새로 출발한 국가다. 그 변혁은 혁명이었으나 스스로 단행했다는 점에서 경장으로 분류한다.

정치 시스템이 시대 환경에 맞지 않게 될 때 스스로 시스템 내의 여러 요소 간의 균형을 고쳐 나가는 균형 변환(equilibrium change)을 해나가면 시스템은 진화를 거쳐 계속 잔존하나 균형 변환에서 실패하면 체제 자체가 붕괴하고 다른 체제로 대체되는 체제 변환(system change)을 맞이하게 된다.

3. 혁명과 체제 교체

헌정질서 자체가 붕괴되고 새 질서가 창설되는 변화를 혁명(revolution)이라 한다. 군주제가 공화정으로 바뀐다거나 전체주의 국가 이념이 다원주의 민주주의로 바뀌는 변화, 그리고 정치 이념은 그대로이나 정치 기구와 역할담당 인원 교체가 외부의 힘에 의하여 변경되는 경우 등이 혁명이다. 헌법에서 허용된 절차에 따른 변혁의 경우 적법 절차에 따라 변혁하는 경우에는 혁명이라고 하지 않고 경장이라고 하지만 그 변혁이 힘에 의하여 법 테두리를 벗어나 일어나면 혁명이라 한다. 혁명은 초법적인 정치 시스템 개혁이라고 할 수 있다.

혁명의 주체가 국가의 폭력을 행사하는 기관인 군이고 군이 무력을 앞세워 초법적으로 헌정질서를 정지시키고 새로운 정치체제를 창설할 때 이를 군사혁명, 즉 쿠데타(coup d'état)라 한다. 그리고 시민이 주도하여 정치체제 변혁을 가져올 경우에는 시민혁명이라고 부른다.

대한민국은 건국 이래 두 번의 군사쿠데타를 겪었다. 1961년의 5.16 군사쿠데타와 1979년의 12.12 군사쿠데타가 그것이다. 5.16 군사쿠데타의 경우는 군대의 일부세력이 무력으로 합법 정부를 해체하고 헌법을 정지시킨 후 군사 정부를 수립하여 이 정부의 주도로 새로운 헌법을 만들어 제3공화국을 탄생시켰다. 12.12 군사쿠데타의 경우에도 마찬가지로 군대의 일부세력이 무력으로 제4공화국의 기능을 정지시키고 군사 정부에 해당하는 국가보위위원회를 출범시켜 정치 시스템을 장악하고 새로운 헌법을 만들어 제5공화국을 출범시켰다.

4.19 학생의거를 혁명으로 분류하는 학자도 많으나 4.19 자체는 혁명이 아니다. 학생의거로 촉발된 정치 변혁이 일어났으나 이를 계기로 대통령이 스스로 하야하고 이어서 여당이던 자유당이 선거에서 참패하고 야당이 집권하면서 새로 집권한 민주당에 의하여 적법 절차로 헌법 개정을 단행하고 새로운 의원내각제 정부를 구성하였으므로 이 변혁을 혁명으로 분류하기는 어렵다.

정치체제의 기본 요소인 기본 이념이 거부되고 규범체계가 무너지고 체제 운영의 핵심 조직인 정부가 해체되면 정치체제는 붕괴된다. 혁명으로 새로운 정부로 교체되는 경우 구체제는 소멸하게 되고 전쟁에서 패전하고 승전국이 점령 상태에서 새로운 정치체제를 창설하면 역시 기존 체제는 붕괴된다.

정치체제 붕괴와 구분되어야 할 정치 변혁이 있다. 통치자가 절대적 통치권을 행사하는 전제주의 국가에서 통치자의 비합법적인 강제 교체가 있을 경우 혁명이라고 보는가 하는 문제가 있으나 체제 특성이 유지되는 한 이런 변혁은 지도자 교체(leadership change)라는 정변으로 보고 혁명으로 보지 않는다. 1당지배체제 국가에서 지배정당이 붕괴되는 경우에도 역시 정권 교체(regime change)라고 보고 혁명으로 보지는 않는다. 체제 정체성이 바뀌는 변화가 타력에 의하여 일어날 때만 체제 교체(system change)로 보고 혁명으로 간주한다.

4. 정치발전

한때 한국정치 학계에서는 정치발전(political development)이란 주제가 연구 중심에 있었던 적이 있었다. 한국정치 학계에 가장 큰 영향을 주어온 미국 정치학에서 정치발전에 대한 관심이 쏠려 있었기 때문이다. 미국 정치학을 앞에서 이끌던 알몬드(Gabriel Almond), 앱터(David Apter), 도이치(Karl Deutsch), 헌팅턴(Samuel P. Huntington), 존슨(Chalmers Johnson) 등의 거장들이 모두 정치발전에 대한 주요한 저작들을 내어 놓았었다.

세 가지 이유에서 정치발전이 주요 연구 주제로 등장했었다. 첫째는 근대화(modernization)와 관련하여서다. 르네상스 이후 서구 사회에서는 자연과학이 비약적으로 발전하면서 과학기술이 인간의 삶의 양식을 크게 변화시키는 산업혁명을 가져왔다. 생산양식의 변화로 사회 구조의 변화가 일어나고 이에 따라 사회 제도도 급변했다. 인간의 삶의 질도 비약적으로 높아졌고 공동체 구성원들의 정부에 대한 요구도 달라졌고 그 결과로 정치체제의 변혁이 뒤따랐다. 이러한 변화를 설명하고 나아가서는 관리하기 위해서 이런 흐름의 방향에 대하여 관심을 가지기 시작했다. 이렇게 변해가는 것을 '발전'이라 본다면 그 끝은 어디일까 하는 생각이 들기 시작한 것이다. '발전'은 '더 나은 곳을 지향한 변화'이고 지금까지 못했던 것을 새로이 하게 되는 것이어야 한다면 그 변화 흐름이 흘러가는 곳을 알아야 하고 그것이 더 좋은 것이라면 이를 정당화해야 했다.

　이러한 역사적 배경에서 불편했고 부족하고 모자랐던 과거와 모두가 나아진 오늘을 대비하고 과거의 상태가 오늘의 상태로 되는 것을 '근대화'로 규정하였다. 그래서 근대화는 숙명적으로 이루어지게 되고 또 이루어야 할 상태로 되는 것이라는 인식이 정치학에도 영향을 주어 후진국 (underdeveloped nation)이 발전된 나라(developed nation)로 변화하는 정치발전에 관심을 가지기 시작했다. 이런 사상에는 다윈의 진화론 (evolution theory)이 크게 영향을 주었다. 원시 시대의 단순한 생물체가 오늘의 인간과 같은 고등 동물로 한 방향으로 변화해 온 것은 대자연의 섭리라는 믿음이 사회과학에도 영향을 미친 것이다.

　둘째는 근대화에 앞선 서구 국가들의 자부심이 작용했다고 본다. 서구를 제외한 모든 나라는 이미 서구 국가들이 지나왔던 옛날에 머물러있다고 보고 이들 국가들이 서구 국가처럼 되는 것이 근대화이고 서구 국가의 정치체제와 같은 것을 가지게 되는 것을 정치발전으로 본 것이다. 16세기에 시작된 서구 국가들의 식민지 확장 정책에 의해 식민 국가들은 새로 식민지로 지배하게 된 국가들의 정치체제에 대한 관심을 갖게 되고 이들 식민지 국가를 서구 국가처럼 개조하는 데 관심을 가지게 됨에 따라 정치발전이 주목을 받게 된 것이다.

　셋째로 제2차 세계대전 이후 식민지 해방이 급속히 진행되면서 신생 국가들이 대거 국제사회의 행위자로 참가하게 되면서 이러한 신생 국가들의 정치행태에 대한 관심이 높아지게 되었다. 역사와 정치문화가 다른 다양한 국가들의 정치체제도 모두 하나의 분석 틀에 넣을 수 있는 '보편적 정치학'의 수립이 필요해졌고 이 과정에서 신생국들의 정치 변화가 선진국의 정치체제로 접근하는 과정을 정치발전으로 규정하고 이를 분석하기 시작한 것이 정치발전 개념이 정치학의 주요 연구 과제로 등장한 배경이다.

제2차 세계대전 종전 직후부터 시작된 정치발전에 대한 경험적 연구와 이론적 연구에 힘입어 정치학은 보편적 사회과학으로 자리 잡게 되었다. 20세기 전반까지는 미국의 대학에 정치학과가 없었다. 대개 'department of government'와 이와 유사한 학과만이 있었다. 정부의 기능을 연구하고 정부 조직, 행정 절차 등을 연구하는 학과로 존재했었다. 그러나 1960년대부터 점차로 이러한 학과는 department of political science로 개편되기 시작하였다. 정치학이 사회과학의 일부로 '과학'이 된 것이다. 이 과정에서 비교정치학, 정치발전론 등이 비약적으로 발전했다.

21세기에 들어서면서 '정치발전'은 변화하고 있다. 문명 발전이 한 방향으로의 진행(unidirectional process)이라고 보기 어렵다는 것을 깨닫기 시작했다. 과거 정치발전의 틀에서는 민주화(democratization)가 발전의 주요 척도로 간주되었었는데 서구식 민주주의 자체를 목표로 하지 않는 정치 변혁을 추구하는 나라들이 많이 생겨났기 때문이다. 20세기에 서구 선진국에 등장했던 나치스 독일이나 파시스트 이탈리아, 레닌주의 1당지배의 소련의 정치체제를 정치발전의 후퇴로 볼 것인가 아니면 새로운 방향으로의 발전으로 볼 것인가는 보는 사람의 가치관에 따라 달라지는 상대적 평가 대상이 되기 때문이다. 그래서 이제 '정치발전'은 서서히 '정치체제 변화'라는 가치중립적 개념으로 대체되고 있다.

이 절에서는 그동안 정치학에서 논했던 정치발전 개념을 소개한 후 정치발전을 '민주화'라는 의도적 정치 변화에 한정하여 간단히 논한다.

1) 정치발전의 개념 정의

전통적인 정치발전 개념은 '서구 선진국 정치체제 속성에 근접해가는 과정'이라고 요약할 수 있다. 우선 근대 국가의 정치체제는 공동체의 정치질서를 통합관리하는 지위에 있다. 국가의 정치체제는 공동체의 질서를 관리하는 국내 유일 체제로서 공동체 구성원 모두와 공간적으로 국가 영토 모두를 대상으로 하는 시스템이어야 한다. 관할범위가 전 인구, 전 영역에 미치는 대표성이 정치발전 측정의 하나의 기준이 된다. 공동체를 통합관리(integration)하는 정도가 정치발전 수준의 한 가지 척도다.

다음은 체제가 정해진 임무를 수행하기 위한 모든 역할과 역할 간의 연계를 갖추어야 한다. 제도화(institutionalization)의 정도가 또 하나의 정치발전의 척도가 된다.

국민의 이익표출, 이익통합, 정책 작성, 정책 실천의 정치 시스템의 전 기능을 수행해 나갈 수 있는 제도적 장치가 완성되어야 발전된 정치체제라 한다.

정치체제는 주권자의 의지를 정확히 대표하여 운영하여야 한다. 주권자의 의지의 반영 정도(accountability)가 또 하나의 기준이 된다. 민주국가의 경우 주권자인 국민의 동등한 참여권이 보장되고 국민의 의사가 정확히 정치체제에 투입되는 장치가 마련되어야 발전된 정치로 본다. 그리고 끝으로 정치체제가 정해진 임무를 효율적으로 실천해 나가서 성과(performance)를 낼 때 정치발전이 이루어졌다고 본다.

공동체질서의 관장 정도, 제도화 수준, 주권자의 의지와의 밀착 정도, 그리고 주어진 임무의 수행 능력 수준 등을 요소로 평가되는 정치체제의 진화를 정치발전이라 한다.

2) 민주화와 정치발전

공동체 구성원의 삶의 질을 높이기 위하여 공동체질서를 관리하는 것이 정치체제라고 한다면 공동체 구성원의 공동체에 대한 기대와 관련한 만족도의 증대를 정치발전의 기준으로 삼아야 한다. 주권재민의 원리를 기본 이념으로 하는 민주주의 정치체제에서는 주권자인 국민의 삶의 가치를 보장하는 국민의 기본 인권의 보장, 동등한 정치참여권의 보장, 그리고 국민의 안전과 안정된 생활 유지에 필요한 서비스의 제공 등이 민주정치체제의 발전 척도가 된다.

국민의 의사를 왜곡시키지 않고 반영할 수 있게 하는 선거 제도, 다양한 국민의 의사를 정책안으로 통합할 수 있는 복수 정당, 정책 작성, 정책 실천을 원활하게 할 수 있는 효율적 정부 기구 등이 민주정치의 발전을 측정하는 변수들이 되며 국민의 기본권 보장 수준이 핵심 변수가 된다.

현실에서는 Freedom House 등에서 민주화 정도를 측정하는 political freedom index가 민주화 정도를 나타내는 지표로 많이 사용된다.

3) 정치발전의 상대성

시대 환경이 바뀌면 사람들이 공동체에 요구하는 내용이 변한다. 안전(security)을 최우선시하는 시대가 있었고, 복지(welfare)의 보장을 더 요구하는 때도 있었고, 정치적 자유(freedom)를 모든 것에 앞세울 때도 있었다. 정치체제가 이러한 국민의 기대에 맞추어 가며 탄력성 있게 대응하는 수준이 발전 수준이라고 보아야 한다. 생존을 위협받는 어려운 경제 환경에서 정치적 자유를 보장해준다고 발전된 선진 정치체제라고 할 수는 없다. 내분이 심하여서 내전 상태에 들어가 있는 국가에서 특정 집단의 이익만 보장해주는 정치체제라면 역시 발전된 정치체제라 할 수 없다. 공동체질서의 통합관리 능력, 공동체의 안전 확보 능력, 체제 안전성 유지 능력, 국민의 의사 반영 수준 등이 정치발전의 가치중립적인 계량 척도가 될 것이다.

【제1부 참고문헌】

✛ 정치학개론

1) 서울대학교 정치학과 교수 공저. 『정치학의 이해』. 서울: 박영사, 2002.
   국내에서 출판된 대표적 표준 정치학 입문서다. 각 장마다 참고문헌 소개를 상세히 붙였다.

2) 이극찬. 『정치학』 6정판. 서울: 법문사, 1999.
   국내 학계의 대표적 정치학 개론서이다. 정치학이 무엇을 다루는 학문인지부터 설명하고 정치학의 주요 연구 대상인 정치권력, 정치의식, 정치문화, 정치과정, 정치 기구, 정치 이념, 정치발전, 국가, 국제정치 등을 모두 다루고 있다. 책 뒤에 영어로 된 주요 정치학 개론서 목록을 싣고 있다.

3) Austin Ranny. *Governing: An Introduction to Political Science*. 6th edition. 1993의 한국어 번역판. 『현대정치학』. 서울: 을유문화사, 1994.
   미국에서 가장 많이 사용되고 있는 정치학 개론서로 정치체제 해설과 더불어 주요 정치 이데올로기, 정치과정, 정부 구조, 주요 공공 정책과 국제정치체제까지 모두 18장에 걸쳐 상세히 소개하고 있다. 뒤편에 정리해놓은 참고 도서 목록은 영어로 된 정치학 관련 교과서를 거의 전부 망라하고 있다.

✛ 정치이론

1) 최 명·김용호 공저. 『비교정치학서설』. 서울: 법문사, 1979.
   구조기능주의 시각에서 정치체제를 해설한 사실상의 정치학개론이다. 어려운 개념을 쉽게 풀이한 책이어서 대학 초급 학년생도 쉽게 정치학을 이해할 수 있는 길잡이 책으로 추천한다.
   정치체제 이론체계에 관해서는 이 책 한 권만 읽으면 충분하다. Gabriel Almond를 중심으로 미국 학계에서 발전시켜온 정치체제 이론 틀을 이해하기 쉽게 잘 해설해주고 있다.

2) Gabriel A. Almond & G. Bingham Powell, Jr. *Comparative Politics: A Developmental Approach*. Boston: Little, Brown, 1966.
가장 대표적인 비교정치이론 교과서다. 직접 영어로 읽어 용어에 친숙해지고 싶은 학생이라면 이 책을 읽기를 권한다.

✛ 정치 이념

1) F. M. Watkins 저 · 이홍구 역. 『근대정치사상사』. 서울: 을유문화사, 1973.
자유주의, 보수주의, 민족주의, 사회주의, 사회민주주의, 공산주의, 파시즘과 나치즘 등 지난 200년 동안 등장했던 주요 정치사상에 대하여 간결하게, 그러나 깊이 있게 다룬 책이다.

2) Carl Cohen. *Four System*. New York: Random House, 1982.
민주주의, 사회민주주의, 파시즘, 공산주의 등을 친절하게 해설해 놓은 책이다. 사상사를 전공하지 않을 일반 정치학도라면 거론되는 중요 정치사상을 이해하기 위해서 이 책만 읽어도 된다.

✛ 정치문화

1) 한배호 · 어수영 공저. 『한국정치문화』. 서울: 법문사, 1987.

2) 한배호. 『한국정치문화와 민주정치』. 서울: 법문사, 2003.

이 두 책은 한국정치학계에 계량적 정치 연구 방법을 도입한 저자가 직접 1,500명의 표본을 추출하여 실시한 면접조사 결과를 각종 통계 기법과 factor analysis 등의 분석 기법을 활용하여 한국 정치문화를 분석한 책이다. 특히 두 번째 책은 1997년의 대통령 선거 결과와 연계분석하여 정치문화와 선거 행태간의 관계를 밝혀낸 의미 있는 책이다. 계량분석 기법의 유용성을 이해하는데 도움이 되는 책이다.

제2부

한국정치

제 9 장 한국정치 발전사
제10장 한국정치체제
제11장 북한정치

개 요

대한민국은 우리 민족이 역사상 처음으로 세운 자유민주주의공화국이다. 2천
년 동안 이어져 온 절대군주제의 왕국을 개화기의 지식인들은 19세기 말 서구
열강의 아시아 진출에 자극받아 근대적 정치체제로 전환하려는 노력을 펴 조선
왕조를 대한제국으로 개편하고 근대 국가의 정치체제를 갖추려고 시도하였다.
그러나 대한제국은 외부 충격을 이겨 내지 못하고 1910년 국가 주권을 잃고 일본
제국의 식민지로 전락하였다. 식민지 상태는 제2차 세계대전에서 일본 제국이
패망하면서 종결되고 한국은 승전국 미국과 구소련의 군정 기간을 거쳐 1948년
국제연합의 결의로 독립국가로 다시 태어났다. 미군점령지역이던 남한에서는
1948년 5월 국제연합(UN) 감시하에 자유, 보통, 평등 선거를 통하여 제헌의회를
구성하였으며 이 의회에서 대한민국 헌법을 제정함으로써 같은 해 8월 15일 민
주공화국 대한민국이 탄생하였다.

대한민국은 주권재민의 자유민주주의 이념을 국가 기본 이념으로 하는 근대적
자유민주 정치체제를 갖춘 공화국으로 출발하였다. 대한민국은 주권재민의 원칙
과 국민의 기본 인권, 모든 국민의 동등한 정치참여권을 헌법으로 보장하는 민주
공화국으로 의회, 행정부, 사법부 간의 3권분립의 대통령 중심제의 정부 구조를
갖추었으며 법치주의의 제원칙도 채택했다. 대한민국은 전(全) 한반도를 영토로,
전 한국인을 국민으로 하는 한반도의 유일 합법 정부로 국제연합에서 승인받은
단일 주권 국가로 출범했으나 구소련군 점령 지역에서의 선거가 불가능하여 현재
의 북한 지역에 대한 실질적 주권 행사가 유보되었으며, 북한 지역에 수립된 조
선민주주의인민공화국과 잠정적으로 공존하는 상태를 현재까지 유지하고 있다.

　제2부에서는 제1부에서 다룬 정치학의 기본 틀에 맞추어 대한민국과 북한의 정치체제를 간략하게 소개한다.

　제9장에서는 현재의 대한민국의 뿌리를 이해하기 위하여 조선 왕국과 대한제국의 근대화 노력을 간단히 다룬다. 당시의 국내외 정치 환경과 이에 대응하여 체제개혁을 모색하던 정치인들의 역사 인식과 정치 근대화 노력에 초점을 맞추어 다룰 것이다. 이어서 대한민국의 건국과 제1공화국에서 제6공화국으로 이어지는 정치사를 정리한다.

　제10장에서는 한국정치체제의 특성을 지배 이념, 정부 조직으로 나누어 다룬다. 대한민국은 건국 당시부터 오늘에 이르기까지 자유민주주의를 기본 이념으로 해온 공화국 형태를 지켜왔다. 60년의 헌정사에서 민주주의가 왜곡되고 자유주의가 위협 받았던 때가 있었으나 자유민주주의 공화국의 기본 틀은 항시 지켜졌다. 그러나 두 번의 쿠데타와 유신체제라는 반민주적 정치 운영을 겪어 민주주의 정치사에 오점을 남겼다.

　대한민국은 대통령 중심의 3권분립 체제를 갖춘 정부 조직을 가지고 출발하였으나, 1960년 4.19 직후 출범한 제2공화국 시기에는 내각책임제를 채택했었고, 1961년 5.16 혁명 이후 출범한 후 다시 대통령책임제로 개헌했었다. 이것이 제3공화국이다. 제4공화국 시대에는 유신체제라는 강력한 대통령을 둔 준전제정치 체제로 체제 전환을 했었으며, 〈12.12〉라는 제2의 쿠데타를 거쳐 출범한 제5공화국과 〈6.29〉를 거쳐 세워진 제6공화국은 다시 대통령 중심 체제로 고쳐졌다.

　현재의 제6공화국의 정부 조직은 대통령책임제의 기본 틀에 의원내각제적 요소를 가미한 절충식 체제라 할 수 있다.

　한 나라의 정치체제가 안정되게 유지되고 시대 환경에 맞추어 발전해 나가기 위해서는 기구, 제도, 규범체계 등의 잘 짜여진 구조와 더불어 이런 구조가 정상적으로 작동할 수 있도록 만들어주는 구성원들의 지지가 뒷받침되어야 한다. 아무리 좋은 선진국의 발전된 구조를 수용하여 구축해 놓았다 하더라도 국내외의 정치 환경이 우호적이 아니면 정치체제는 안정을 잃게 된다.

　대한민국의 자유민주주의 정치체제는 단합된 국민적 지지를 확보하지 못해서 반세기에 걸친 진통을 겪으며 발전해왔다. 북한의 전체주의-전제주의 정권의 끊임없는 도전과 정치공세 앞에서 국민들이 이념적으로 분열되어 민주정치체제를 단합된 힘으로 지지하지 못하였고 여기에 지방형, 신민형 정치문화가 혼란을 보탬으로써 여러 번의 정치 변혁을 겪었다. 그러나 반세기 동안의 민주시민 교육과 지속적 경제발전 속에서 성숙된 국민들의 자긍심이 정치 환경을 바꾸어 놓음으로써 대한민국은 국제사회에서 인정받는 선진 민주국가로 안착하였다.

　정치체제 평가는 정치 환경과의 관계를 염두에 두고 입체적으로 행하여야 한다. 한국의 민주주의 정치체제 발전사도 이런 시각에서 분석하여야 한다.

　제11장에서는 북한정치를 간략히 다룬다. 북한은 21세기 국제사회에 남은 유일한 신정체제의 전체주의-전제정치체제를 갖추고 있다. 그리고 북한은 왕조와 같은 통치자의 세습체제를 고수하고 있다.

　북한은 제2차 세계대전 종결 과정에서 북한을 점령한 구소련이 소련의 소비에트체제를 모형으로 만든 전형적인 '점령공산국가'로 출범하였다. 조선민주주의인민공화국은 조선노동당이 지배하는 마르크스-레닌주의를 국시로 하는 인민민주주의 공화국으로 탄생하였다.

북한은 그러나 1950년대 구소련에서 시작된 탈스탈린주의 개혁 운동과 중국 공산당의 독자적 공산체제로의 변혁에 자극받아 1972년 노동당의 주체사상을 국시로 하는 독자적 1당지배체제로 전제정치를 더욱 강화하였다. 또한 1992년에 헌법을 개정하여 국방위원회를 사실상의 최고 통치 기구로 하는 특이한 통치 체제를 채택하였다.

북한은 군이 실질적으로 통치권을 행사하는 '선군정치(先軍政治)'를 이념화하여 1998년의 개정헌법에서 명문화하였다. 또한 2009년에는 국방위원장이 국가 최고 통치권자임을 밝히는 헌법 개정을 단행하였다.

북한정치체제는 주체사상과 선군사상을 국가 이념으로 규정하고(헌법 제3조) 조선로동당의 영도 밑에 모든 활동을 진행하는 당지배국가(제11조)이며 근로인민에게만 주권을 부여하는 계급 국가이고(제4조) 인민 계급의 반동 계급에 대한 독재를 실시하는 인민민주주의 독재국가이다(제12조).

통치 구조로는 아직도 형식상 소비에트 통치 구조 원형을 고수하고 있으나 사실상 인민군이 통치하는 군지배체제를 갖추고 있다. 헌법상 최고 주권 기관은 최고 소비에트에 해당되는 최고인민회의(제87조)이나 헌법상 최고 국방지도 기관으로 규정된 국방위원회가 통치권을 장악하고 있으며, 국방위원회의 수장인 제1위원장(사망한 김정일이 영원한 위원장이어서 김정은의 호칭을 제1위원장으로 했다)이 인민공화국의 최고 영도자(제100조)이다.

북한정치체제의 특성을 요약하면 통치권의 타당 근거를 김일성의 초인간적 권위에 두는 종교 국가라는 점과 그 후손이 김일성의 권위를 내세워 통치하는 세습 군주적 제도를 갖추었다는 점, 그리고 근로대중의 계급 독재를 국시로 하는 계급 국가라는 점, 인민군이 통치권을 행사하는 군사 국가라는 점을 들 수 있다.

조선민주주의인민공화국은 공화국도 아니고 민주주의 국가도 아니다. 북한정치는 한국정치의 이해를 위한 비교 대상이라는 점에서 연구해야 하고 또한 통일을 대비하여 정치질서 통합의 참고자료가 될 것이므로 그 특성을 알아두어야 한다. 그리고 같은 시기에 채택된 두 가지 서로 다른 정치질서가 남북한 사회를 얼마나 다른 사회로 만들었는가를 비교함으로써 정치질서의 중요성을 깨닫는 데도 도움이 된다는 점에서 깊이 주목해야 할 것이다.

제9장

한국정치 발전사

1. 조선왕국과 대한제국의 근대화 노력

대한민국은 한국 국민이 만든 최초의 민주공화국이다. 유럽에서 그리스의 도시 국가들이 역사에 등장하던 2,500년 전쯤 한반도와 중국 동북지방에 걸쳐 부족연맹 형태의 고조선 왕국이 있었다고 중국의 사서(史書)에 기록되어 있다. 그 뒤를 이은 고구려, 백제, 신라왕조 시대의 국가는 중국의 왕조체제를 모방한 전제군주제 형태를 갖춘 국가들이었으며 10세기에 등장한 고려는 좀 더 잘 정비된 정부 형태를 갖춘 절대군주제의 왕국이었다.

1392년에 창설된 조선(朝鮮)국은 당시의 어느 국가와 비교해도 손색이 없는 잘 갖추어진 통치체제를 가진 군주국이었다. 조선은 유교의 가치 실현을 국가질서의 지도 이념으로 하는 절대군주국으로 경국대전(經國大

典) 등 국가 통치의 기본 틀을 규정한 규범체계와 잘 정비된 행정, 사법체제를 갖추었고 중앙 정부와 지방정부의 조직, 공무원 충원제도, 군정(軍政), 군령(軍令)체제를 완비한 군대까지 갖춘 근대적 군주 국가였다. 유럽의 영국, 네덜란드, 프랑스 등의 식민제국들과 미국 등이 아시아로 진출하던 17세기부터 19세기에 조선 왕국은 이들 국가의 통치체제를 연구하여 많은 제도를 수용하는 근대화에 착수하였으나 구체제에 친숙한 일부 지식층의 저항과 기득권을 지키려는 정치 세력들의 개혁 거부로 큰 진전을 보지 못했다. 1897년에는 당시의 유럽 제국들의 입헌군주체제를 본뜬 대한제국(大韓帝國)을 출범시켰으나 10여 년 만에 일본제국에 의하여 강제 병합되면서 주체적으로 시도했던 정치 근대화 노력은 실패했다.

18세기까지는 세계 거의 모든 국가들이 군주가 통치권을 행사하는 전제주의 정치체제를 가지고 있었다. 유럽 국가는 물론 아시아도 마찬가지였다. 18세기에 들어서면서 서유럽 사회에서 시민혁명이 시작되면서 범세계적인 정치체제 개혁이 이루어지기 시작하였다. 르네상스의 물결 속에서 시민들의 국민적 권리 의식이 높아졌고 또한 산업혁명으로 시민들의 공동체 내의 지위가 향상되면서 시민의 기본인권보장 투쟁이라 할 시민혁명이 여러 나라에서 일어나기 시작했다. 1789년의 프랑스대혁명, 1776년의 미국의 독립 투쟁 등으로 시작된 시민혁명으로 약 200년간 세계 거의 모든 국가에서 군주정치체제는 차례로 허물어지고 대부분의 국가가 민주공화국으로 다시 태어났다.

서유럽의 정치에서 고립되어 있던 조선 왕국은 19세기에 이르러서 자체적으로 정치 개혁을 시도했었으나 성공하지 못했다. 서구 문물을 접한 '깨인 선비'들이 시도했던 정치 개혁, 사회 개혁, 경제 개혁은 수구 세력의 저항과 시민적 자각이 미흡했던 국민들의 소극적 지지로 성과를 내지 못했다. 1868년에 시도했던 대원군 주도의 세제, 전제, 정부 조직 개혁, 1873년의 고종의 개혁, 개화파의 입헌군주제 추진 운동, 1884년의 갑신

정변, 그 뒤를 이은 1894년의 갑오경장 등은 모두 국민들의 통일된 개혁 의지가 형성되지 못해 실패했다. 마지막 시도로 고종이 시도했던 정치 변혁이라 할 대한제국 출범도 뜻대로 진행되지 않았다. 열강의 개입을 이겨내지 못했기 때문이었다.

대한제국은 조선왕조체제를 왕권을 강화한 근대적 전제정치체제로 전환하려던 노력의 산물이었다. 1897년 조선 왕국을 해체하고 대한제국이라는 새로운 국가를 선포하고 1899년 최초의 헌법인 대한국제(大韓國制)를 제정하고 왕(王)에서 황제(皇帝)로 명칭을 바꾼 고종황제가 착수했던 광무개혁(光武改革)은 개혁을 추진할 세력도 힘도 갖추지 못해 실패하였다. 절대군주제를 입헌군주제로 개혁하려던 독립협회가 만민공동회를 열어 국민운동을 벌여 왕권을 제한하는 입헌군주제로 전환하는 시민혁명을 시도했었으나 뜻을 이루지 못했고, 1907년 근대적인 상비군으로 만들었던 대한제국군이 일본군에 의해 해산당하면서 대한제국은 사실상 주권 국가로서의 지위를 잃었고, 1910년 일본에 의하여 일본 제국에 강제 편입되면서 소멸하였다.

2. 대한민국 건국에서 제6공화국까지

일본 식민지로 35년 동안 지내던 한국 국민은 제2차 세계대전의 승전국이던 미국과 소련에 의하여 분할점령 당한 국토에서 새로운 독립국가를 세우기 위하여 최선의 노력을 다하였다. 소련군 점령 아래서 북한 땅에는 「조선민주주의인민공화국」이라는 소련식 소비에트체제의 정부가 세워졌고 북위 38도 이남의 미국 점령군 지역에서 한국 국민은 국제연합(UN)의

결정에 따라 '국제연합 한국임시위원회'의 감시 아래 선거를 통하여 제헌국회를 만들어내고 이 국회에서 헌법을 제정하고 대통령을 선출하여 1948년 8월 15일 민주공화국인 대한민국을 세웠다.

대한민국은 건국 3년이 되던 1950년 6월 25일 북한의 무력침략을 받아 위기를 맞이하였으나 국민들의 헌신적 투쟁과 국제연합 여러 국가들의 군사, 경제지원으로 대한민국을 지켜냈다. 1953년 7월 27일 6.25 전쟁은 휴전 상태에 들어섰고 남북한의 두 정부는 각각 체제 정비와 전쟁 피해 복구, 경제 건설에 나섰다. 백만 명 이상의 인명 피해와 초토화된 국토, 빈곤과 정치 혼란, 수백만 명의 피난민 등의 어려운 환경에서 대한민국은 역경을 이겨내고 반세기 만에 민주화와 산업화를 동시에 이룬 성공한 탈개발도상국가가 되었다.

1) 대한민국의 건국

한국은 제2차 세계대전에서 일본을 패퇴시킨 승전국에 의하여 1945년 8월 15일 일본의 식민 지배에서 해방되었다. 종전에 앞서 미국, 영국, 중화민국 등 3개국 정상이 가졌던 카이로회담(Cairo Summit, 1943.12.1)에서의 합의로 연합군은 한국을 '적절한 절차를 거쳐(in due course)' 새로운 국가로 독립시키기로 합의하였다. 이 합의는 미국, 영국, 소련 정상들이 가졌던 얄타회담(Yalta Summit, 1945.2.12)에서 재확인 되었고 독일이 항복한 후 열린 포츠담회담(Potsdam Summit, 1945.7.17)에서 다시 확인 되었다.

태평양 지역에서 제2차 세계대전은 1945년 8월 15일 일본이 항복함에 따라 종결되었으며 전투 종결을 위해 연합국이 합의하여 작성한 미국 정부의 일반 명령 제1호가 연합군사령부에 9월 2일 하달되었다. 이 명령에 의하여 한반도에서 일본군 항복을 받기 위하여 북위 38도선을 경계로 북쪽에는 소련군이 그리고 남쪽에는 미군이 진주하였다. 미군은 9월 2일 남한 지역 점령군 사령부를 설치하고 미국군의 군정(軍政)을 시작하였다. 북한 지역에는 8월 15일부터 소련군의 군정이 시작되어 한반도는 미국과 소련군 점령 지역으로 양분되었다.

카이로회담, 얄타회담, 그리고 포츠담회담에서 합의한 한국의 새로운 국가 창설 방안을 협의하기 위하여 열었던 모스크바 3상회의(미·영·소 외무장관회의, 1945.12.26)에서 승전 3개국은 한반도에 하나의 임시정부를 세우고 5년 이내의 신탁통치 기간을 거쳐 한국을 독립국가로 출범시키기로 결정하였다. 이 결정에 대하여 조선공산당, 조선인민당 등은 코민테른(국제 공산당 연합)의 결정에 따라 신탁통치를 찬성하였으나 이승만(李承晩) 등이 영도하던 우익 민족주의 진영에서는 강하게 반대하였으며, 임시정부 수립 절차를 논의하려던 미·소공동위원회에서 임시정부 수립에 참여할 정당 결정 등에서 미국과 소련이 합의를 이루지 못함으로써 임시정부수립계획은 차질을 빚었다. 두 차례에 걸친 미·소공동위원회가 합의를 도출하지 못하자 미국은 한국 독립문제를 국제연합으로 이관하였다 (1947.9.17). 국제연합은 국제연합 한국임시위원단을 구성하여 국제연합 감시하에 인구비례에 의한 보통, 평등, 비밀, 자유 투표로 국회의원을 선출하여 헌법을 제정하고 독립국가를 창설한다는 결의안을 채택하였고 (1947.11.14), 이후 실제 작업에 착수하였다.

국제연합의 독립국가 창설 작업은 소련 점령군이 국제연합 임시위원회의 북한 내의 활동을 거부함으로써 북한 지역에서의 선거 자체가 불가능하게 되었고, 국제연합은 1948년 초 다시 회의를 열어 '선거 가능 지역에서의 선거'를 우선 실시하기로 결의하였고, 북한 지역에서 선출할 100명의 의석을 비워둔 채 1948년 5월 10일 총선을 실시하여 남한만의 단독 국회를 구성하였다.

이 국회는 제주 4.3 폭동으로 선거가 불가능했던 제주도의 2개 선거구를 제외한 198개 선거구에서 당선된 의원으로 구성되었으며, 국회는 개원 즉시 헌법 제정에 착수하여 7월 17일 헌법안을 의결하고 이를 반포하였다. 이 헌법에 따라 국회에서 대통령을 선출하여(초대 대통령 이승만) 정부를 구성하고 1948년 8월 15일 대한민국의 건국을 선포하였다. 대한제국 멸망 이후 38년 만에 한국민은 주권 국가인 민주공화국 대한민국을 건국하였다.

대한민국은 1948년 말까지 50개국 이상의 국가의 국가승인을 받았으며 1948년 12월 12일 국제연합 제3차 총회는 동 정부가 한국에 있어서의 유일한 합법 정부(This is the only such government in Korea)임을 확인하는 결의를 했다. 그리고 총회는 모든 회원국에 대한민국과 수교할 것을 건의한다고 결의에서 밝혔다.

〈참고자료 4〉 대한민국 건국과 국제연합

미국과 소련이 분할점령을 종식시키고 한국을 독립시키기 위하여 소집했던 미·소공동위원회가 결렬됨에 따라 미국은 1947년 9월 17일 한국 독립문제를 제2차 국제연합 총회에 제기하였다. 국제연합 총회는 11월 14일 유엔한국임시위원단을 한국에 파견하고 동 위원회 감시하에 선거를 실시하여 국회를 구성하고 정부를 수립하도록 하는 결의안을 찬성 43, 반대 4, 기권 6표로 결의하였다(총회결의 제112호 II). 1948년 1월 12일 서울에 도착한 위원단은 소련군 사령관의 거부로 북한 지역에 들어가지 못했다. 이에 따라 총회는 1948년 2월 26일 '위원단의 접근이 가능한 지역에서라도 선거를 실시할 것'을 31 대 2(기권 2)로 결의하였다(총회결의 제583호 A).

위원단 감시하에 1948년 5월 10일 남한 지역에서 선거를 실시하여 제헌국회의원 198명을 선출하여 대한민국이 그해 8월 15일 수립되었다. 위원단은 6월 25일 "이 선거는 위원단의 접근이 가능하였고 전 한국의 3분의 2의 인구가 거주하는 지역에서 유권자의 95%가 참가한 투표로 유권자들의 자유의사의 유효한 표시"라고 결의문을 채택하고, 10월 8일 최종 보고서를 총회에 보고하였다. 국제연합은 12월 12일 제3차 총회에서 총회결의 195호(Ⅲ)를 48 대 6(기권1)으로 채택하고 이 결의에서 "전 한국 국민의 대다수가 거주하고 있고 임시위원단이 감시할 수 있었던 지역에 효과적인 통치력과 관할권을 가진 합법 정부(대한민국정부)가 수립되었으며, 동 정부가 한국에 있어서의 유일한 합법 정부(This is the only such government in Korea)"라고 선언하였다. 같은 결의에서 총회는 위의 선언에 유의하여 대한민국 정부와 수교할 것을 모든 회원국에 건의한다고 덧붙였다(동 결의 9항).

이 결의는 대한민국의 관할권이 전 한반도에 미친다는 것을 밝히는 것이 아니라, 한반도에는 대한민국만이 합법정부로 존재한다는 뜻을 밝혀 북한에 세워진 조선민주주의인민공화국은 '합법정부'가 아니라는 것을 함축하고 있는 결의이다.

※ 외교부, 『한국외교 30년: 1948-1978』(1979) 참조.

2) 정치변혁 약사

대한민국은 민주정치체제를 정착시키는 국가건설 과정에서 많은 정치변혁을 거쳤다. 1948년에 출범한 최초의 체제는 6.25 전쟁이 진행 중이던 1952년에 대통령 직선제를 채택하는 등의 헌법 개정을 거치면서도 10년 이상 존속하였다. 그러나 집권당의 부패, 선거부정 등으로 국민의 저항을 받아 1960년 4월 19일 발생한 학생들의 반정부 시위로 붕괴하였다. 4.19 학생의거로 이승만(李承晩) 대통령이 4월 26일 하야하고 자유당 정부가 해체됨에 따라 과도정부가 들어섰다. 허정(許政)과도정부가 들어선 후 약 4개월간 몇 번의 책임자 교체가 있었으나 이 과도정부의 주도로 동년 6월 15일 제1공화국 헌법을 개정하고 새로 총선을 치르고 8월 13일 새로운 내각책임제 정부가 발족함으로써 제2공화국 시대가 시작되었다. 그러나 제2공화국은 1년도 채 못 되어 1961년 5월 16일 군사쿠데타로 무너졌다.

혁명정부는 헌법 개정에 착수하여 다음 해 12월에 대통령책임제, 단원제를 골간으로 하는 새로운 헌법을 국민투표를 거쳐 채택하고 1963년 10월 대통령 선거와 국회의원 선거를 통해 새 공화국을 출범시켰다. 이것이 제3공화국이다. 1963년 12월 17에 취임한 박정희(朴正熙) 대통령의 두 번 임기가 끝나가던 1969년에 여당이던 민주공화당이 박정희 대통령의 3선 출마를 가능하게 하는 헌법 개정을 추진하여 많은 저항을 받았으나 1971년 3선 개헌을 매듭짓고 박정희 대통령이 제7대 대통령으로 다시 취임하였다. 그러나 민주주의 회복을 위한 범국민적 저항에 부딪혀 정부는 1972년 10월 17일 비상계엄을 선포하고 헌법 개정에 착수하여 동년 11월 21일 〈유신헌법〉을 채택하여 통일주체국민회의에서 6년 임기로 대통령을 선출하는 간접선거제도를 도입하여 이 헌법에 따라 박정희가 다시 대통령에 취임하고 유신체제(維新體制)라는 전제정치체제를 운영하였다. 이 체제를 제4공화국 체제라 부른다. 1978년 박정희 대통령은 다시 대통령에 취임하여 유신 제2기를 시작하였으나 국민들의 저항이 더욱 거세졌고 그 와중에서 1979년 10월 26일 측근에 의하여 박 대통령이 암살당하는 10.26 사태로 제4공화국은 끝났다. 10.26의 혼란 속에서 군보안사령관이던 전두환(全斗煥) 소장이 〈12.12〉라는 군사쿠데타를 감행하여 정권을 장악하자 비상계엄하에서 전국적 시민 저항운동이 벌어졌고 다음해 5월 18일 광주에서 진압군과 시민 간의 무장 충돌로 발전하여 〈광주 5.18 시민혁명〉으로 확대되었다. 그러나 전두환 장군은 1980년 8월 16일 박정희 대통령을 승계한 최규하(崔圭夏) 대통령을 하야시키고 9월 1일 제11대 대통령에 취임하였다. 이어서 동년 10월 다시 헌법을 개정하여 통일주체국민회의에서 간접선거로 7년 단임제 대통령을 선출하도록 하고 새 헌법에 따라 선거를 하고 1981년 3월 3일 전두환 장군이 제12대 대통령으로 취임하였다. 이것이 제5공화국이다.

1987년은 한국정치 민주화의 분수령이 되는 해이다. 제5공화국은 출범부터 거센 국민 저항을 겪었다. 대통령직선제로 개헌할 것을 요구하는 국민 저항은 1981년부터 6년간 지속되었으며 1987년 4월 전두환 대통령의 개헌 유보 성명에 자극받은 국민들은 강력한 시위를 벌였고, 이는 〈6월 항쟁〉으로 발전하여 정부는 이에 굴복하여 결국 6월 29일 6.29 선언을 발표하고 5년 단임의 대통령직선제를 수용하였다. 새 헌법은 10월 27일 국민투표로 확정되었고, 제5공화국은 막을 내렸다.

새 헌법에 따라 1987년 12월 16일 노태우(盧泰愚) 후보가 대통령에 직선으로 선출되었고, 1988년 2월 25일 정식 취임함으로써 제6공화국이 시작되었다. 그 이후 민주정치체제는 안정되고 선거에 의하여 1992년 김영삼(金泳三) 대통령 선출, 1997년 김대중(金大中) 대통령 선출, 2002년 노무현(盧武鉉) 대통령 선출, 2007년 이명박(李明博) 대통령 선출, 그리고 2012년 박근혜(朴槿惠) 대통령이 선출되면서 대한민국의 민주정치체제는 완전히 자리 잡았다.

3) 40년에 걸친 민주화 투쟁

1948년 대한민국 건국으로 출범한 한국의 민주주의 정치체제는 40년 동안 끊임없는 국민의 투쟁과 두 번에 걸친 군사쿠데타를 겪으면서 다듬어져서 1987년에 아홉 번째 개헌을 끝으로 안정되었다. 그러나 남북한 체제 경쟁, 6.25 전란 등의 외부 환경의 도전과, 빈곤·지역갈등·계층 간의 갈등 등의 내부 환경의 어려움을 이겨내고 역사상 한 번도 경험해보지 못한 생소한 민주주의 정치체제를 반세기 내에 뿌리 내리게 했다는 점에서 한국민은 높은 자긍심을 가지고 있다.

1948년 대한민국이 출범할 때는 국회에서 대통령을 선출하는 특이한 대통령중심제를 정부 형태로 선택하였으나 2년 뒤에 벌어진 6.25 전쟁으로 혼란이 극심해진 상태에서 대통령의 권한을 강화하고 정부의 통제력을 높이기 위하여 전쟁 중이던 1952년에 대통령 직선제를 채택하는 헌법 개정이 있었다. 그리고 3년간의 전쟁이 휴전으로 전투가 종결된 후 질서 회복과 전쟁 피해 복구를 시작하던 1954년에, 이승만 초대 대통령의 연임의 길을 열어두기 위한 또 한 번의 개헌이 있었다.

1960년 선거에서 집권 여당이던 자유당(自由黨)이 국민의 지지를 받지 못하는 상황에서 집권 연장을 하기 위하여 공권력을 동원한 부정 선거를 감행하자 국민의 과격한 저항 운동이 일어났으며 동년 4월 19일 전국의 학생들이 재선거를 요구하는 강력한 반정부 시위를 벌이자 이승만 대통령이 대통령직을 사임하고 집권 여당이 붕괴되는 사태에 이르렀다. 이 사태 수습 과정에서 제1야당이던 민주당(民主黨)이 중심이 되어 내각책임제를 채택한 제3차 개헌을 단행하고 새로 총선거를 실시하여 윤보선(尹潽善) 대통령과 장 면(張 勉) 국무총리로 구성된 새로운 정부를 세웠다. 이 정부를 통칭 제2공화국이라 부른다. 제2공화국 정부는 국민의 자유 신장 요구를 수용하기 위하여 1960년 11월 다시 제4차 개헌을 단행하는 등 민주주의체제 발전을 위해 노력하였으나 혼란은 수습되지 않았다.

정부의 규제를 대폭 완화하고 국민의 자유를 극대화한 제2공화국 체제에서는 사회질서가 통제하기 어려울 정도로 무너졌고 이러한 사태를 바로잡는다는 명분으로 1961년 5월 16일 국군의 일부가 무장 혁명을 감행하여 제2공화국은 붕괴되었다. 혁명군은 국회를 해산하고 국가재건최고회의를 창설하여 입법권을 행사하는 군사 정부를 세웠으며 1년의 준비 기간을 거쳐 1962년 대통령책임제의 새로운 헌법을 채택하였다. 이것이 제5차 개헌이다. 이 개헌을 통하여 내각책임제, 민의원-참의원으로 구성된

양원제 국회, 지방자치제 등을 채택했던 지배 구조를 대통령제, 단원제 국회, 지방자치를 유보한 중앙집권제를 갖춘 지배 구조로 개편하였다. 이 헌법에 따라 1963년 12월 17일 새로 박정희(朴正熙) 대통령을 선출함으로써 제3공화국이 출범하였다.

제3공화국 정부는 과감한 산업화 정책으로 국민들이 절대빈곤의 상태를 벗어나 최소한의 자족 생활을 누릴 수 있도록 만드는 등 큰 경제성과를 거두었으나 국민의 기본권을 제한하는 강력한 정치 규제로 인하여 민주주의를 후퇴시켰다. 더구나 박정희 대통령의 3선을 가능하도록 하기 위하여 헌법에서 2선까지로 제한한 연임금지 조항을 고치기 위해 1969년 제6차 개헌을 단행함으로써, 이후 국민들의 '반독재 투쟁'은 격화되었다. 1971년 대선에서 박정희 대통령은 3선에 성공하였으나 국민의 지지도는 크게 떨어졌다.

박정희 대통령은 국민의 지지를 잃고는 강력한 지도력을 발휘할 수 없다는 것을 깨닫고 '국력의 조직화와 능률화'를 내세우고 북한과의 통일 협상을 힘있게 전개할 수 있도록 단합된 국가 의지를 만든다는 명분으로 1인지배체제를 보장하는 새로운 권력 지배 구조를 만들기로 하였다. 1972년 10월 17일 정부는 계엄령을 선포하고 국회를 해산하고 비상국무회의가 국회 기능을 대행하게 하는 비상사태 속에서 제7차 개헌을 단행하였다.

1972년 11월 21일 국민투표로 이른바 유신헌법(維新憲法)을 채택하게 함으로써 사실상 대한민국에서의 민주주의는 기능이 정지되었다. 대통령 임기를 6년으로 연장하고 중임 제한을 철폐하고 통일주체국민회의라는 선거인단을 뽑아 이 회의에서 대통령을 선출하게 하였으며, 대통령은 긴급조치권을 행사하여 국민의 기본권도 제한할 수 있도록 허용하였고 국회 의석의 3분의 1은 대통령이 사실상 선임할 수 있도록 해놓았다. 유신헌법으로 대한민국의 정치체제는 1인지배의 준 전제정치체제로 전락하였다.

유신체제는 1979년 10월 26일 박정희 대통령이 측근에 의하여 암살당하는 사태로 인하여 종식되었다. 박 대통령 서거로 조성된 긴급 사태를 수습하기 위하여 계엄이 선포되었고 사태 수습을 담당했던 군부가 12월 12일 군사쿠데타를 감행함으로써 유신 정부는 사실상 붕괴되었다. 혁명군은 형식상 존재하던 최규하(崔圭夏) 대통령 정부의 기능을 정지시키고 신 군부가 정권을 주도하였다. 1980년 5월 17일 신 군부는 계엄을 전국으로 확대하고 국회와 정당을 해체시켰으며 5월 31일에 〈국가보위비상대책위원회(국보위)〉를 발족시키고 이어 10월 27일에 〈국가보위입법회의〉를 창설하여 국회 기능을 하도록 만들었다. 신 군부는 이에 앞서 8월 16일 최규하 대통령을 퇴임시키고 유신체제 때의 국민회의 선거를 통하여 동년 9월 1일 전두환 장군을 대통령으로 선출하였다. 이어 10월에 제8차 개헌을 단행하여 7년 단임제 대통령을 간접선거로 선출하는 헌법을 만들고 이 헌법에 따라 1981년 2월 25일 대통령선거인단회의에서 전두환 대통령이 선출됨으로써 제5공화국이 시작되었다.

제5공화국은 1987년까지 존속하였다. 민주주의체제 복원을 주장하는 전국적인 국민 항쟁(6월 항쟁)으로 더 이상 외형만 민주주의체제인 전제 정치체제를 유지할 수 없음을 인정하고 여당의 노태우(盧泰愚) 대표가 대통령 직선제를 수용하는 새로운 헌법을 제정할 것을 약속하는 〈6.29 선언〉을 발표함으로써 제5공화국은 사실상 끝나게 되었다. 이 선언에 따라 만들어진 5년 단임의 대통령 직선제를 규정한 새 헌법이 1987년 10월 27일 국민투표로 확정됨에 따라 제6공화국의 길이 열렸다.

1987년 12월 16일에 실시된 대통령 선거에서 노태우 대표가 대통령에 당선되고 1988년 2월 25일 대통령에 취임함으로써 지금까지 지속되고 있는 제6공화국이 탄생하였다.

1987년 헌법이 마련된 이후 한국의 민주주의는 안정되었다. 1993년에 김영삼 대통령, 1998년 김대중 대통령, 2003년에 노무현 대통령, 2008년에 이명박 대통령, 그리고 2013년에 박근혜 대통령이 공정한 선거로 무리 없이 선출되어 취임함으로써 평화적 정권 교체가 이루어져 오면서 민주헌정질서는 자리를 잡았다.

3. 민주주의 이념의 정착과정

대한민국은 자유민주주의를 기본 이념으로 헌법에 명시하고 출범한 민주공화국이었지만 민주주의 이념이 현실 정치에서 기본 이념으로 정착하는 과정은 순탄하지 않았다. 민주주의 전통이 없었던 정치문화, 민주정치체제 운영 경험을 가진 정치인의 부재, 주권자인 국민들의 정치적 자각의 미숙, 국민의 다양한 의사를 정돈하여 표출할 수 있는 발전된 정당의 부재 등으로 민주정치체제가 정상적으로 작동할 수 있는 여건이 갖추어지지 못한 상태에서 채택된 정치체제여서 출범부터 순탄하게 운영될 수 없었다. 그러나 가장 큰 장애는 냉전체제라는 국제환경과 냉전이 가져온 남북분단이었다. 냉전은 세계질서를 양분하는 자유민주주의 진영과 공산주의 진영 간의 대결이라는 역사상 최초의 이념적 전쟁이었으며 그 냉전의 결과로 분단된 남북한의 대결은 이념적 전쟁으로 이어졌고 신생 대한민국의 국내정치에서도 타협이 어려운 사상 대결이 벌어졌다.

민주주의는 다양성을 서로 존중하면서 의견을 달리하는 집단 간에 타협을 통하여 하나의 국가 의사를 결정해내는 '다양성을 하나로 만드는 기술(e pluribus unum)'이다. 타협이 어려운 이념 갈등으로 국민이 나누어진 상태에서 민주주의 정치체제는 순탄하게 작동할 수 없었다. 대한민국의 민주주의는 처음부터 이러한 어려운 환경에서 시작되었다.

민주주의 정치체제는 '교육받은 중산층'이 주도하는 정치체제다. 자기 행위의 의미를 알고 자기 행위에 책임을 지는 시민의 정치가 민주주의 정치인데 공동체 구성원의 대부분이 이러한 시민 의식을 가지지 못했을 때는 정치 지도자들의 선전선동에 현혹되어 주체적 의사결정을 하지 못하게 된다. 인구의 90%가 문맹이던 해방 당시의 한국사회에서 국민들이 주권자로서의 책임을 자각한 정치 참여를 기대하기는 어려웠었다.

대한민국 건국 후 최초의 도전은 공산전체주의의 도전이었다. 분단된 북한에 소련 점령군에 의해 공산전체주의-전제주의 정부가 세워지고 이 정부가 한국정치에 직접 개입하여 사상전을 벌이기 시작하면서 자유민주주의를 표방한 대한민국의 정치체제는 심각한 사상적 도전을 받았다. 대한민국 자체를 부정하고 프롤레타리아 계급 독재를 표방하는 공산 국가를 세우려는 집단의 도전은 민주정치체제가 규정하는 '다양한 의견의 타협을 통한 의사결정'이라는 절차로는 소화할 수 없었다. 이러한 상황에서 한국 정치는 정치가 아닌 사상 전쟁이라는 비정치적 체제 수호 투쟁으로 전개되었다.

대한민국 건국 후 2년 만에 겪은 6.25 전쟁은 한국의 정치 환경을 최악의 상태로 만들었다. 공산군 점령하에서 노출된 북한 공산정권 지지 세력과 대한민국 수호 세력 간의 유혈 투쟁은 휴전 이후에도 연장되어 사상 투쟁은 오랫동안 지속되었다.

전쟁 중에 창설된 집권 여당이던 자유당(自由黨)은 대한민국의 민주주의 수호를 명분으로 비민주적 통치를 강화하였고 자유당의 반민주적 통치에 저항하던 민주주의 세력을 탄압하였다. 집권 세력과 민주주의 회복을 요구하던 민중들과의 대결은 1960년 4월 4.19 학생의거로 정점에 달했다.

4.19 학생의거로 촉발된 국민들의 민주 투쟁은 다음 해인 1961년 5월 16일에 일어난 군사쿠데타로 억압되었으나 1964년 한일국교정상화를 합의한 한일 협정에 반대하는 대규모 저항 운동으로 벌어진 〈6.3 사태〉를

계기로 계속 확대되었다. 정부의 민주화 투쟁 탄압은 더욱 강화되었고 1972년 12월에는 집권 여당이 민주 헌정을 정지시키는 유신(維新)을 단행함으로써 한국정치는 유신체제라는 준전제정치(準專制政治) 시대로 들어섰다.12) 유신체제하에서의 끊임없는 민주 투쟁으로 국민들의 정치적 자각, 민주 의식의 고양(高揚)이라는 역설적 사태가 전개되어 1979년에는 대통령 측근에 의한 대통령 암살이라는 〈10.26 사태〉에 이르렀다. 이어서 사태 수습을 명분으로 등장한 신군부(新軍部) 세력에 의한 제2의 쿠데타가 12월 12일에 일어나 정치적 혼란은 더 심화되었다. 신군부 세력은 1981년 헌법을 개정하고 이 헌법에 의하여 전두환 장군을 대통령으로 선출하였다. 1980년대에 들어서서 더욱 격화된 국민들의 민주화 투쟁으로 1987년에 이르러서는 유신체제를 더 이상 유지할 수 없는 한계점에 도달하여 여당의 대표가 국민의 민주화 요구를 수용하는 이른바 6.29 선언을 발표하고 유신체제를 종식시키는 개헌에 착수하였다. 1987년의 정변(政變)으로 새로운 민주주의 헌법이 채택되고 이를 계기로 대한민국은 정상적인 자유민주주의 국가로 재탄생하였다.

민주주의 정치체제는 체제를 이끌어갈 민주주의 정치 이념의 정착과 정치체제를 운영할 구조 조직의 정비로 완성된다. 한국정치체제에서 민주주의 이념이 국가 운영의 기본 이념으로 정착하게 된 과정을 정치, 사회, 문화적 환경 요소 변화와 연계하여 정리하여 본다.

이한빈(李漢彬) 교수는 다른 신생 독립국과 달리 한국사회에서 민주주의 이념이 빠른 시일 내에 확고하게 자리 잡게 된 배경으로 사회 구성에서의 계급 구조의 붕괴, 교육혁명, 그리고 6.25 전쟁을 통하여 급격히 성장한 군대로부터 배운 선진적 조직관리 운영체제 도입 등을 꼽았다. 이한

---

12) 유신(維新)이란 용어는 옛 중국 역사책 『춘추(春秋)』에 실려 있던 "주나라는 비록 오래된 나라이나 천명은 더욱 새롭다(周雖舊邦 其命維新)"는 말에서 따온 것으로 나라의 틀은 그대로 두면서 체제를 과감하게 개혁한다는 뜻을 담고 있다.

빈 교수의 주장을 중심으로 한국에서의 민주주의 이념 정착과정을 간단히
정리한다.

1) 평등 사회의 등장

조선 시대까지의 한국사회는 양반, 중인, 상민, 천민의 신분으로 분화된
계급 사회였다. 계급 간의 수직 이동이 허용되지 않은 경직된 신분 사회
였다. 이러한 불평등의 사회 구조가 지속되었다면 공동체 구성원 모두에
게 동등한 정치참여권을 인정하는 현대 민주주의 사상은 국가 이념으로
정착하기 어려웠을 것이다.

18세기경부터 전래된 서구의 사상에 힘입어 진보적 학자들에 의하여
만민평등사상이 한국사회에도 도입되었으나 조선 왕조 말기까지도 절대
군주제가 지속되는 환경에서 계급 타파는 이루어질 수 없었다. 18세기의
개화된 군주인 영조(英祖), 정조(正祖) 등에 의하여 모든 계층의 국가 구
성원을 똑같은 민인(民人)으로 본다는 사상이 천명되고 민인이 곧 국가라
는 민위군천(民爲君天) 사상, 그리고 민이 곧 국가라는 민국(民國)이라는
생각이 개진되기도 하였다. 그렇지만 어디까지나 일군만민(一君萬民), 즉
성군(聖君)이 다스리는 개명된 왕국이라는 뜻이 더 강하였고 신분 타파의
사회통합 정책으로까지 발전하지는 못했었다.

한국사회에서 신분에 의한 계급이 타파된 것은 일본 식민통치, 농지개
혁, 6.25 전쟁, 교육혁명이라는 특이한 여건 때문이었다. 17세기 말에서
19세기 중엽까지 약 150년간 한국사회에서는 산업 구조 변경 등으로 계급
의 재구성이 일어나 사회 구성원의 약 10%이던 양반 계층이 70%로 늘어
나고 대신 상민(常民)은 약 50%에서 30%로 줄어들었으며 40%에 육박하
던 노비 계층은 사실상 소멸(약 1.5%)하였다. 그러나 일본 식민통치가

시작되던 20세기 초에도 양반-상민의 구분은 엄격했었다. 일본 식민통치가 시작되면서 양반과 상민은 '식민지 백성'으로 동반 하락하여 계급 구분이 무의미해지면서 1차적으로 사회 내 신분체제는 붕괴되기 시작하였다.

대한민국 건국과 더불어 단행된 농지개혁은 양반 계급을 몰락시킨 결정적 계기가 되었다. 이승만 초대 대통령은 대한민국 출범과 동시에 농지개혁을 입안하여 단행하였다. 양반의 경제적 기반이던 농지를, 소작인으로 양반에 종속되었던 상민에게 분배해줌으로써 계급 차이가 사실상 없어졌다. 보유 농지 3정보(약 3ha) 이상의 농지를 국가가 강제로 매수하여 (地價證券이라는 국채로 구입) 농민에게 3ha 한도로 매각(나중에 채무를 모두 탕감)한 농지개혁은 한국사회 내의 계급 구조 타파에 가장 크게 기여한 정치적 결단이었다.

6.25 전쟁으로 부산 부근 일부 국토를 제외한 전국토가 북한군의 점령으로 초토화되었다. 그 결과로 한국 국민 모두가 동시에 '빈한한 시민'으로 전락하여 신분의 구분이 없어져 버렸다. 신생 대한민국은 또한 다른 어떤 신생 국가에서도 이루지 못한 교육혁명을 단행하여 90%에 이르던 국민의 문맹률을 10년 내에 사실상 0%로 바꾸어 놓았다. 초등학교 교육을 의무 교육으로 법으로 정하고 6년간 무상으로 전국민을 교육시켰으며 중고등학교를 증설하고 대학들을 신설(해방 당시 전국에 1개 대학교 존재)하여 고등교육도 도입하였다. 전쟁을 수행하면서, 그리고 전후복구의 어려운 환경 속에서 교육 확대를 강행하여 4.19 학생의거가 일어났던 1960년에는 대학교 재학생이 8만 명에 이르렀다.

자유민주주의를 건국이념으로 출범한 대한민국은 각급 학교 교육을 통하여 민주주의를 전국민에게 학습시켰으며 그 결과로 한국민은 다른 어떤 신생국 국민보다도 강한 민주주의 의식을 갖게 되었다. 또한 과감한 유학 정책으로 미국에서 교육받고 귀국한 신세대 지식인들은 대학, 언론 기관 등에서 민주주의 사상을 보급하는 데 앞장섰었다.

이러한 여러 가지 요소가 복합하여 1960년대에 들어서서는 한국사회는 계급 없는 평등 사회로 변하였고 주권자인 국민들의 민주주의 가치에 대한 인식 수준이 높아져서 민주주의 이념이 사회 보편 가치로 정착하게 되었다.

2) 개인 자유와 국가 발전 간의 가치 충돌

비약적인 국민의 민주주의 의식 수준 향상에도 불구하고 민주주의 정치체제가 쉽게 정착하지 못했던 것은 개인 자유 수호와 국가체제 수호라는 두 가지 가치관이 충돌하였기 때문이다.

민주주의 정치체제의 존립 목적은 구성원 개개인의 정치적 자유의 보장, 고른 복지와 동등한 정치참여권의 보장 등 개인 행복 증대에 있다. 그러나 이러한 모든 보장은 민주정치체제 자체가 건강하게 존속할 수 있어야만 가능하다. 정치체제가 붕괴되면 그 체제가 보장하려는 모든 가치가 사라진다. 개인 자유 보장이라는 개개인의 이익과 외부의 도전으로부터 국가의 민주적 정치체제를 수호하여야 하는 집단적 이익을 어떻게 조화시키는가 하는 문제에서 대한민국의 헌정사는 굴곡이 많은 길을 걸어왔다.

대한민국은 분단국가로 출발하였다. 국토의 반을 지배하는 북한의 반민주적 정부와 처음부터 갈등하면서 존재해왔다. 자유민주주의를 통치 이념으로 하는 하나의 통일된 대한민국을 만들겠다는 대한민국과, 프롤레타리아 계급 독재의 전체주의-전제주의체제를 전한반도에 실시하겠다는 북한 정권 간의 대결은 타협을 통하여 해결할 수 없는 '모순 관계'의 대결이었다. 이념이 서로 상극하기 때문에 어느 일방의 승리 아니면 해결될 수 없는 타협 불가능의 대결이었다. 이러한 대결로 대한민국은 건국 초부터 지금까지 북한 정권으로부터 위협을 받고 있다. 그리고 그 위협은 대한민국 자체의 존속을 위협하는 것이어서 어떤 희생을 감수하고서라도 이겨내야 하는 위협이었다.

개인 자유의 보장과 대한민국의 민주체제 수호라는 조화하기 어려운 가치의 충돌에서 대한민국은 끊임없는 내부 갈등을 겪어 왔다.

1960년의 4.19 학생의거는 민주주의 가치 수호를 위한 투쟁이었다. 그 결과로 탄생한 제2공화국은 국민의 자유를 최대한으로 보장하는 민주국가였으나 또한 국가체제 수호를 할 능력을 갖추지 못한 가장 허약한 국가였다. 5.16 군사쿠데타는 개인 자유를 제약하면서 국가의 집단적 가치를 지키자는 주장을 앞세워 행해진 '반민주적' 거사였다. 5.16 군사쿠데타로 출범한 제3공화국은 산업화의 기틀을 다지고 대한민국을 강한 나라로 만드는 데는 크게 기여했으나 한국의 민주주의를 후퇴시켰다는 비난을 피할 수 없었다. 비민주적 전제 통치가 18년간 지속되면서 국민의 저항은 인내심의 한계를 넘어 폭발하여 10.26 사태라는 비극적 정변을 가져왔다. 이어서 다시 감행된 12.12 군사쿠데타로 등장한 제5공화국도 대한민국 체제 수호에는 크게 기여했으나 민주주의를 후퇴시킨 반동 정권이라는 비난을 받았다. 이러한 가치 충돌의 험난한 국내 사상 투쟁을 겪으면서 한국 국민의 민주주의 의식은 성숙되어왔으며 1987년 개헌 이후 다섯 번의 대통령 선거를 모범적으로 치르면서 한국의 민주주의를 정착시켰다.

3) 정치적 자유와 경제적 정의

한국정치 발전 과정에서 사회 분열을 일으켜 발전을 가로 막아온 이념 투쟁 중 하나는 개인의 자유와 공공복지 증대 요구와의 갈등이었다. 그리고 이 갈등은 앞으로의 한국의 민주정치 발전을 위해서도 꼭 극복해 나가야 한다.

개인 자유를 극대화하기 위해서는 정부의 통제, 간섭을 최소화해야 한다. 그러나 경쟁에서 탈락한 경제적 약자들의 복지 수준을 높이기 위해서는 정부가 개인의 경제 활동에 개입하여야 하고 간섭하여야 한다. 소득이 충분하지 않은 국민에게 정부가 무상으로 여러 가지 복지 혜택을 마련해주기 위해서는 경제 활동을 하는 국민들에게서 많은 세금을 징수해야 한다. 그리고 정부의 기능을 확대하여 많은 복지 관련 봉사를 해야 하며 이를 위해서 또 더 많은 세금을 거두어야 한다. 세금이 높아지면 개인의 경제 활동은 위축되고 공동체의 다른 구성원에게 혜택을 주기 위해 나의 자유를 제약 받는데 대하여 일을 열심히 해서 소득을 창출한 구성원들이 불만을 가지게 된다. 즉 경제 활동을 포함한 개인의 자유를 보장해주면 정부가 복지 서비스를 할 재원을 얻을 수 없고 정부가 복지 공급을 확대하기 위하여 세금을 높이면 경제 활동을 하는 국민의 고유한 자유를 제약해야 한다.

이러한 모순에 대하여 국가마다 다른 대응을 해오고 있다. 자본주의 시장경제를 존중하는 민주주의 국가에서는 '기회의 균등'을 정부가 마련해주는데 그치고 결과적으로 생겨나는 빈부 격차의 심화는 경제적 패자(敗者)의 책임으로 간주하게 된다. 노동력을 갖지 못한 소수의 빈한한 구성원에게 최소한의 지원을 해주는 것으로 정부의 책임을 한정하는 방식이다. 이와 반대로 사회주의 국가에서는 '함께 일하고 함께 소비하는 사회'라는 강한 공동체 의식을 앞세워 '능력에 따라 일하고 필요에 따라 소비하는 사회'를 지향하는 공산주의적 대응을 지향하게 된다.

대한민국 건국 당시의 한국사회에는 강한 민주사회주의적 사상을 내세우는 정치 세력이 영향력을 크게 행사했었다. 건국 당시의 헌법에는 사회주의 국가 헌법으로 인식할 수 있을 정도로 다양한 사회주의적 규제가 포함되어 있었다. 철도, 전기, 석탄, 텅스텐, 조선, 해운, 관광, 무역은 모두 정부가 직접 운영하는 공기업의 업종으로 규정하고 공사(公社)를 만들어 운영하도록 규정하였다. 농사를 직접 짓지 않는 국민의 농지 소유도 금지하였고 금융 기관도 사실상 정부가 관장하였다. 그러나 이러한 강한 사회주의적 규제는 기업 활동의 효율성 증대로 빠른 경제 성장을 추구하려는 정책이 정부에 의해서 채택되면서 몇 차례의 헌법 개정을 거쳐 완화되어 왔다. 정부 기업의 민영화가 계속되어 점차로 사기업 중심의 시장경제체제가 자리 잡아 왔다. 그러나 이러한 경제적 자유의 증대로 빈익빈 부익부의 현상이 심화되어 사회적 약자가 크게 늘어났고 이에 대응하기 위하여 의료보험, 생활보험, 실업보험, 육아 보조, 학비 보조 등등의 정부의 사회복지 서비스가 확대되어 왔다. 그 재원을 확보하기 위한 증세 정책이 선거 때마다의 중요한 쟁점으로 되어 정당 간의 정책 대결을 심화시켜 가고 있다.

개인 자유 보장과 공동체 구성원의 공생(共生)을 보장한다는 집단이익 확보와의 충돌은 과학기술이 빠른 속도로 발전하는 21세기적 시대 상황에서는 더욱 심각해지고 있다. IT기술의 비약적 발전으로 생산 과정의 자동화가 급진전되면서 교육 수준이 높고 잘 훈련된 중산층 실업자가 늘어나면서 시장경제체제를 운영하는 선진 산업사회부터 심각한 사회 분열 현상이 일어나고 있다. 2011년에 터져 나온 미국에서의 '월가를 점령하자(Occupy Wall Street)'는 대중저항운동은 그들이 내세운 구호인 '1% 대 99%'가 상징하듯 빈부 격차가 사회질서를 붕괴시킬 수 있는 상태에 이르렀음을 보여준다. 생산 수단을 가진 부유층은 적은 인원을 고용하고도 더 많은 이익을 창출하게 되고 대부분의 산업 종사자들은 실업자로 전락하게 되는 이러한 흐름을 더 이상 개인 자유 보장이라는 명분으로 방치할 수 없게 되었다. 이런 현상은 유럽에서도 똑같이 벌어지고 있다. 그리스, 이탈리아, 프랑스, 스페인 등에서도 중산층 붕괴와 이들의 체제 저항은 격렬해지고 있다.

민주정치는 중산층이 주도하는 정치인데 중산층이 붕괴하면 민주정치 자체가 작동을 할 수 없게 된다. 작은 정부로 개인 자유를 극대화하려던 자유주의 이념은 다시 큰 정부가 나서서 경제질서를 집단적 가치 실현을 위해 관리해 나가게 해야 한다는 사회민주주의 이념과의 투쟁에서 열세를 면하기 어렵게 되어 가고 있다. 개인 자유와 공동체의 집단적 가치 보호는 주어진 환경에 맞추어 지속적으로 새로운 균형점을 찾아 조정해 나가야 할 민주정치의 숙명적 과제이다.

공동체 구성원들의 고른 복지 보장이라는 경제 정의 실현 과제와 개인의 경제적 자유의 보장이라는 과제를 조화시켜 나가는 이념 차원의 투쟁은 한국정치의 민주 발전 과정에서 앞으로도 계속 중요한 불안정 요소로 남을 것이다.

4. 민주정치의 제도화과정

민주정치가 안정적으로 운영되기 위해서는 정치 시스템을 구성하는 기구와 제도, 규범 등이 갖추어져야 한다. 그리고 정치 시스템 작동을 원활하게 하는 외곽 단체의 발달, 정치 시스템 내의 각 역할을 담당할 수준 높은 관료 등의 인적 자원을 확보해야 한다.

근대 국가를 운영해본 경험이 없는 상태에서 선진 민주국가의 정치제도를 도입하여 운영을 시작한 한국의 초기 민주주의 정치체제는 많은 문제를 안고 있었다. 국회의원 등 선출직 공무원을 선출하는 선거를 경험해보지 않은 상태에서 국민들이 처음으로 선거에 참여함으로써 많은 혼란이 있었으며, 국민의 낮은 민주 의식을 악용하여 선거 결과를 조작하려는 정치인들의 부정이 민주정치제도 자체를 위협하기도 하였다. 1960년의 4.19 학생의거도 같은 해 3월 15일에 실시된 국회의원 및 대통령 선거에서 집권 여당이던 자유당이 부정을 저질러 국민의 분노를 샀기 때문에 일어난 정변이었다.

정부 운영에 참가해본 공무원이 거의 없었던 상태에서 정부를 수립한 후에도 능력을 갖춘 공무원을 확보하지 못하여 정부 기구가 제대로 작동하기 어려웠다. 건국 이후 과감히 전개한 교육혁명으로 정치 충원의 어려움은 점차 완화되었으나 상당 기간 전문 인력 부족은 민주정치 발전의 걸림돌이 되었었다. 다행히 급속히 현대화한 군이 행정 발전에 크게 기여함으로써 한국은 다른 신생 독립국가보다도 민주정치체제의 제도화에서 어려움을 덜 수 있었다. 건국 2년 만에 발발한 6.25 전쟁으로 군의 규모가 커지고 거대한 현대식 군 조직을 효율적으로 운영하기 위하여 많은 장병들을 선진 미국군에 위탁하여 훈련을 받게 함으로써 앞선 행정 능력을 갖춘 인재를 빠른 시간 내에 확보할 수 있었다. 군에서 쌓은 경험을 정부의 일반 행정 부서에 도입함으로써 정부의 다양한 행정 업무의 현대화에 큰 도움을 얻을 수 있었다.

건국 후 반세기 동안 한국사회의 빠른 발전이 정치 제도화에 크게 기여하여 한국 민주정치체제는 규범, 기구, 제도, 충원 등 모든 시스템 운영 여건은 다 갖출 수 있었다. 특히 1987년의 정치 개혁으로 왜곡되었던 정치제도가 정상화되면서 한국 민주정치제도는 선진 민주국가와 같은 수준의 제도화 수준을 유지하게 되었다.

그러나 한국 민주정치는 새로운 도전을 받고 있다. 민주정치 운영의 핵심인 정당이 아직도 제 기능을 하지 못하고 있어 빠르게 변하는 시대 환경에서 나라 안팎에서 닥치는 도전에 정부가 탄력적으로 대처해 나가지 못하고 있다.

민주정치체제에서 정당은 주권자인 국민의 요구를 정책으로 전환시키는 핵심적 역할을 담당하는 공익단체다. 헌법의 테두리 안에서 국가 공동체의 발전에 기여하는 국민들의 다양한 요구를 대변하여 정책에 반영하는 정치 기구다. 공동체의 안전을 해치고 헌법 정신을 훼손하는 이기적 집단의 사익(私益)을 대변한다든가 무지한 대중의 무분별한 주장에 영합하는 사당(私黨)이 되어서는 안 된다. 민주 시민으로서의 기초 소양과 성숙된 참여 의식을 갖추지 못한 국민들의 요구를 정제된 국민의사로 다듬어 국정에 반영하는 지도적 역할을 할 수 있는 정당이 되어야 민주정치 발전에 기여하는 공당(公黨)으로서의 권위를 가지게 된다.

한국 민주정치 발전에서 이제 남은 과제는 정당정치의 안착이다. 국정의 책임을 성실히 수행할 수 있는 국민의 신뢰를 받을 수 있는 수권정당들이 자리 잡을 때 한국 민주정치의 제도화는 완성된다.

제**10**장

한국정치체제

제1부에서 해설한 정치학의 틀에 맞추어 현실 한국정치체제를 1987년 10월 29일에 개정·채택된 10번째 헌법을 바탕으로 해설한다. 다른 나라와 같은 점, 다른 점을 중심으로 헌법에 담겨 있는 체제 기본 이념과 정부형태, 그리고 정치 시스템의 단계별 하위 체제 중에서 정치 참여, 이익집약, 다원성 보장 장치들을 살펴본다. 여기에 더하여 한국의 정치문화의 특색을 정리하여 정치체제가 작동하는 환경을 살펴본다.

1. 자유민주주의 기본 이념

대한민국은 한국민이 만든 역사상 최초의 민주공화국이다. 그리고 이 공화국의 기본 틀을 규정한 헌법은 대한민국 건국 당시의 한국민이 공유했던 보편적 시대정신을 반영하여 자유민주주의를 기본 이념으로 하여 기초하였다. 이 헌법 정신은 1948년 제헌 때부터 40년이 지난 제10차 개정 헌법 채택 때까지 그대로 이어지고 있다.

자유민주주의 정치 이념은 주권재민의 원칙에서 출발한다. 공동체를 구성하는 개개인이 정치 주체이고 정치 공동체인 국가는 구성원들이 만들어낸 조직체라는 믿음이 주권재민의 사상이다. 따라서 주권자인 국민과 국가와의 관계에서 국민의 의사가 국가의 집단 의지에 앞서야 한다. 이러한 국가가 민주공화국이다. 대한민국은 헌법 제1조에서 "대한민국은 민주공화국이다"라고 밝히고 있으며 헌법 전문에서 "자유민주적 기본질서"가 대한민국의 정치 운영의 기본 이념임을 분명히 하고 있다. 따라서 대한민국의 정치체제의 구성, 운영에서 자유민주주의 가치는 지도 이념이 된다. 그리고 이 가치 실현을 위한 규범적 합의인 자유민주주의적 규정들은 대한민국의 모든 법규의 정당성의 근거가 되는 근본 규범(Grundnorm)으로 작용한다.

1) 기본권 보장

자유민주주의적 가치 보호를 위한 기본적인 규범들은 헌법 제2장에 '국민의 권리와 의무'로 나열되어 있다.

첫째는 평등권이다. 모든 국민은 법 앞에 평등하며, 누구든지 성별,

종교, 사회적 신분으로 차별받지 않는다는 것을 헌법 제11조에 규정하고
있다.

둘째는 국민의 기본적 인권 보장이다. 기본 인권이라 함은 누구도 이를
제한할 수 없음을 말한다. 헌법 조항으로 기본 인권을 규정한 것은 공동
체질서에 어긋나는 권한 행사에 대한 규제 이외에는 법률로도 제한할 수
없음을 뜻한다. 헌법 제10조에서 포괄적으로 국가가 기본권 보장 의무가
있음을 규정하고 있는데 "모든 국민은 인간으로서의 존엄과 가치를 가지
며 행복을 추구할 권리를 가진다. 국가는 개인이 가지는 불가침의 인권을
보장할 의무를 진다"고 규정하고 있다. 그리고 제12조 이하 39조까지 기
본권의 내용과 국민의 의무, 그리고 기본권 제한의 조건 등을 나열하고
있다.

기본권의 내용으로 우선 신체의 자유를 규정하고 있다(제12조). 누구든
지 법원의 영장 없이는 체포, 구금당하지 않는다는 인신보호 원칙(habeas
corpus)을 밝혀 국가의 자의적인 인권 유린을 금지하고 있다. 그 밖에
국민의 거주이전의 자유(제14조), 직업선택의 자유(제15조), 주거의 자유
(제16조), 사생활의 비밀보장(제17조), 통신의 자유(제18조), 양심의 자유
(제19조), 종교의 자유(제20조), 언론출판의 자유와 집회결사의 자유(제
21조), 학문과 예술의 자유(제22조) 등이 나열되어 있다. 그리고 재산권
(제23조), 선거권(제24조), 공무담임권(제25조), 법률에 의한 재판을 받을
권리(제27조), 교육을 받을 권리(제31조), 근로의 권리(제32조), 근로자의
단체교섭권(제33조), 건강과 쾌적한 환경의 보장(제35조) 등의 파생적인
인권도 헌법에 규정하고 있다.

국민은 기본권을 보장받을 권리가 있지만 또한 공동체 유지를 위한 납
세의 의무(38조), 국방의 의무(제39조)도 져야 한다. 그리고 기본 인권도
국가안전보장, 질서유지, 공공복리 수호 등의 공동체 자체의 보호에 필요
할 때는 제한할 수 있음을 규정하고 있다(제37조).

한 나라의 정치체제가 자유민주공화국인가 아닌가를 구분하는 기준은
바로 개인의 기본 인권 보장과 정치참여권을 헌법에 규정하여 보장하는가
여부이다. 대한민국은 기본권에 대한 보장을 헌법으로 보장하는 자유민주
주의 공화국이다.

2) 법치주의

질서는 약속이다. 구성원 간의 약속이 지켜질 때 질서가 자리 잡는다.
공동체 구성원들이 지켜야 할 약속을 규범화해 놓은 것이 법률이다. 정치
체제는 각 구성원의 임무를 규정한 법률로 구성된다.

헌법으로 자유민주주의 이념의 여러 가치들을 규정해 놓아도 이를 지
키지 않으면 무의미해진다. 민주정치질서는 법에 따라 규정된 민주적 가
치가 지켜져야 작동한다. 법치주의는 곧 민주주의 이념의 실현을 보장하
는 기본 조건이다.

헌법에 보장된 기본권도 공동체 집단 가치의 수호를 위하여 제한될 수
밖에 없다. 공동체 자체가 붕괴하면 구성원의 기본권 자체도 무의미해지
기 때문이다. 그래서 재산권 행사는 공공복리에 적합하도록 규정하고(제
23조) 국민의 모든 권리는 국가안전보장, 질서유지 등을 위해서는 제한할
수 있도록 헌법에 규정하고 있다(제37조). 그러나 이러한 제한을 정부가
자의적으로 실시하면 기본권은 헌법에 규정되어 있음에도 불구하고 침해
될 수 있다. 그래서 이 제한에 "법률에 의하여"라는 조건을 달았다. 그리
고 신체의 자유 등 다른 기본권도 제한할 때는 반드시 법률에 의하도록
규정하고 있다. 이렇게 법률로만 규제가 가능하도록 한 원칙을 법치주의
원칙이라고 한다. 이러한 법치주의는 자유민주주의 기본 이념의 가장 소
중한 보장 장치가 된다.

3) 헌법 가치의 적극적 보장 장치

민주주의 헌법에서는 헌법 가치의 수호를 위한 적극적 보장 장치도 마련하고 있다. 대한민국 헌법에서는 정당(政黨)의 목적이나 활동이 민주적 기본질서에 위배될 때는 정부가 이러한 정당의 해산을 헌법재판소에 제소하여 헌법재판소의 심판을 받아 해산시킬 수 있게 규정하고 있다(제8조).

헌법적 가치의 수호를 위한 적극적 보장 장치로 대한민국 헌법은 헌법재판소를 설치운영하도록 규정하고 있다. 의회, 행정부, 법원 등의 정부기관이 업무를 수행하는 과정에서 헌법 정신에 위배되는 행위를 하는 경우에 이를 심판하여 제재할 수 있는 기관으로 헌법재판소를 두고 있다.

헌법재판소는 대한민국 정치질서의 기본이 되는 자유민주 기본 이념을 수호하는 기관이다. 모든 법률과 행정부의 행위가 자유민주주의 기본 이념에 위배되는가를 심판하고, 시대정신, 국민적 합의 등의 원초적 가치를 반영하여 정치체제를 운영하고 있는지를 판단하는 기본질서 수호의 책임을 헌법재판소가 지고 있다. 최고 법원인 대법원이 법률과 행정부의 행위의 적법성을 판정하는 최고 권위의 기관이라면 헌법재판소는 정치체제의 기초가 되는 근본이념에 정부의 행위가 부합하는가를 판정하는 즉, 정당성을 판정하는 최고 권위의 기관이라고 할 수 있다.

〈참고자료 5〉 한국사회에서의 보수

정치 이념을 다루는 언론 매체의 기사에서 가장 자주 거론되는 개념이 보수와 진보인데 그 뜻이 다양하여 많은 사람들이 혼란스러워한다. 간단히 한국사회에서 사용하고 있는 보수와 진보 개념을 정리한다.

✛ 정치 이념으로서의 보수주의

정치 이념으로서의 보수주의(conservatism)는 버크(Edmund Burke)가 프랑스혁명을 비판하면서 대응 이념으로 정리하여 내어 놓은 이념에 뿌리를 두고 있다. 버크는 프랑스혁명 직후인 1790년에 출간한 ≪프랑스혁명에 관한 성찰≫에서 프랑스혁명이 내세운 이념적 주장들을 낱낱이 비판하면서 전통 중시의 정치체제를 수호하는 이념적 주장을 폈다. 그는 전통주의, 도덕주의, 공동체주의, 엘리트주의를 옹호하고 질서, 도덕, 종교, 문화, 교양, 관습, 권위를 존중하여야 한다고 주장했다.

절대군주 지배의 구체제를 타도하고 인민을 해방하여 모든 인민이 자유와 평등을 누리는 인민 자율질서를 창출하겠다던 프랑스혁명이 인민의 이름을 앞세운 폭압적 전제정치로 전락하였다고 버크는 주장하면서 오랜 역사적 경험을 반영하는 각국 고유의 문화전통에 맞는 질서를 보전하는 것이 바람직하다고 하였다. 기존질서의 '보전'이라는 주장에서 보수주의라는 용어가 탄생하였다.

영국의 입헌군주제와 군주의 시혜로 보장되는 시민의 권리 등을 옹호하는 버크의 초기 보수주의 이념은 당연히 자유주의와 평등주의, 주권재민 사상 등을 부정하는 이념이었으나 시대 흐름에 따라 지키려는 '전통' 자체가 진화하면서 '보수'하려는 가치가 변해 왔다. 특히 사회주의, 공산주의의 도전이 심화된 20세기에 들어서서는 개인 자유, 기본 인권을 옹호하는 반사회주의 사상으로 변화했다. 개인의 자유, 자유시장경제체제를 옹호하고 정부의 과도한 복지 정책을 반대하는 사상으로 보수주의는 진화해 왔다.

21세기 서구 사회에서는 복지 확대를 주장하는 사회주의적 체제 개혁 세력에 반대하고 개인 자유를 존중하고 정부의 경제적 개입을 제한하는 사상 정향을 지칭하는 용어로 되었다.

✛ 한국에서의 보수와 진보

한국의 보수는 조선왕조 때의 정치질서를 지키려는 사람들이 아니고 1948년 대한민국 건국 때의 국시(國是)인 자유민주주의 정치체제를 지키려는 사람들이다. 한국의 보수는 북한의 도전과 한국사회 내의 친북 세력에 대응하여 대한민국의 자유민주주의, 시장경제체제를 옹호하는 사상 성향을 가진 사람들이다. 그리고 '보수'하려는 이념도 정제된 것이 아니고 공산주의, 사회주의 도전에서 '현재'를 지키려는 감성적 정향에 머물러 있다.

한국의 보수는 사회주의 성향의 지식인들이 그들의 사상 정향을 '진보'라고 부르면서 이와 차별화하기 위해 붙인 이름이다. 한국 보수의 이념 정향을 요약하면 자유주의, 민주주의, 민족주의, 경제적 자유주의, 국제주의라 할 수 있고 가치 정향으로는 질서 존중, 법치 존중, 안정 지향, 엘리트주의, 도덕주의를 들 수 있다. 그리고 한국 보수는 대척점에 있다고 보는 '진보'에 대하여 좌파 사회주의 세력, 시대착오적 평등주의 주창자, 친북한 세력, 자유민주주의 거부 세력이라고 인식하고 있다.

한국사회에서 사용하고 있는 '보수'와 '진보'는 한국사회의 특유한 용어이고 정치학 일반에서 논하는 보수주의 및 진보주의 개념과는 같지 않다.

✛ 좌익과 우익

학술용어는 아니나 국민의 사상 성향을 지칭하는 용어로 좌익(The Left Wing)과 우익(The Right Wing)이란 용어가 자주 등장한다. 일반으로 현존질서를 지키려는 사람들을 우익이라고 부르고, 현존질서를 과격하게 개혁하자는 사람들을 좌익이라고 한다. 한국의 현실에서는 대한민국의 자유민주주의 체제를 수호하려는 사람들을 우익이라 부르고, 사회주의로의 개혁, 나아가서 북한 정권에 동조하며 인민민주주의체제를 옹호, 도입하려는 사람들을 좌익이라 한다.

✛ 참고문헌

F. M. 왓킨스 저·이홍구 역. 『근대정치사상사』. 서울: 을유문화사, 1973의 제4장.
로버트 니스벳 저·강정인 역. 『보수주의』. 서울: 이후, 2007.
이상우. "한국의 보수." 『신아세아』 제14권 4호(2007년 겨울호). pp.5-21.

김병욱 등 공저. 『한국의 보수주의』. 서울: 인간사랑, 1999.
한반도선진화재단·한국미래학회·좋은정책포럼 공편. 『보수와 진보
  의 대화와 상생』. 서울: 나남, 2010.

2. 대통령책임제의 정부 형태

대한민국은 정부 형태로 대통령책임제를 택하고 있다. 민주주의 국가
의 정부 형태에는 입법, 행정, 사법 기관을 독립시키고 상호견제 시키는
3권분립 체제에 기초한 대통령책임제와 의회 중심의 내각책임제의 두 가
지가 있다. 두 가지 모두 각 나라의 정치 환경의 특성에 맞추어 만들어진
역사적 산물이다. 그리고 각각 장단점을 가지고 있다.

민주주의 정치체제는 역사적으로 강한 정부로부터 국민의 기본권을 보
호하려는 노력에서 만들어진 체제이다. 정부 권력을 견제하는데 중점을
두고 정부를 구성하게 되면서 피지배자인 국민이 지배자인 정부를 통제하
는데 유리한 의회 중심의 내각책임제를 선호하게 되었었다. 국민이 선출
한 의원으로 의회를 구성하고 의회가 행정을 담당하는 위원회 격으로 행
정부를 조직하게 하면 국민의 정부 통제가 효율적으로 이루어질 수 있기
때문에 의원내각제를 선호했었다. 특히 절대군주가 전제적 통치를 해오던
군주국 역사 속에서 시민혁명을 통하여 국민이 주권을 되찾아 온 나라에
서 의원내각제를 선호하였다. 대표적인 예가 영국이다.

이에 비해 정부의 효율적 기능에 중점을 두고 정부를 구성하려 할 때는
행정부의 권위를 강화하고 그 기능을 원활하게 수행하게 하기 위해서 의

회의 견제를 덜 받는 독립적 행정부를 선호하게 된다. 그래서 의회와 별도로 국민이 직접 선출한 대통령에게 행정을 담당하게 하는 대통령책임제가 등장하였다. 그러나 강력한 힘을 가진 행정부가 자칫 국민의 기본권을 침해할 가능성이 있어 이를 견제하기 위하여 의회와 사법부의 견제를 받도록 하는 장치를 마련하였다. 이런 과정에서 발달한 정부 형태가 입법권을 행사하는 의회와 행정권을 행사하는 행정부, 그리고 법치주의 원칙을 지키기 위하여 의회와 행정부의 권력 행사의 적법성을 감시하는 사법부를 독립 기관으로 분립시키고 상호견제하게 하는 3권분립 구조의 정부 형태를 고안하게 되었으며 그렇게 탄생한 것이 대통령책임제이다.

대한민국은 의원내각제적 요소가 가미된 대통령책임제를 정부 형태로 채택하고 있다. 정부의 3 기관의 구성과 운영, 그리고 상호 관계에 대하여 간단히 해설한다.

1) 국회

국회는 국민의 보통, 평등, 직접, 비밀선거에 의하여 선출된 국회의원으로 구성된다(제41조). 그리고 이 국회가 모든 입법권을 행사한다. 또한 국회는 대통령의 국무총리 임명에 동의권을 가지고 행정부를 견제할 수 있도록 하였으며 제(86조), 국가의 예산을 심의하여 확정하는 권한을 보유하고(제54조), 정부의 조약 비준에 대한 동의권을 가지고 있으며(제60조), 국정을 감사하고(제61조), 국무총리 또는 국무위원의 해임을 대통령에게 건의할 수 있다(제63조).

국회의 핵심 권한은 입법권이다(제40조). 법률은 국회에서 발의되고 논의되며 국회에서 의결하면 법률이 된다. 다만 국회의 입법권에 대하여 행정부의 견제가 가능하도록 행정부에도 법률을 제출할 수 있는 권한을 부여하고 있으며(제52조), 국회에서 의결된 법률 안을 대통령이 공표하여야 법률로서 확정되게 하였다(제53조 1항). 그리고 대통령이 법률 안에 대하여 이의를 제시하여 국회에 재의를 요구할 수 있게 하였다. 대통령의 재의 요구가 있을 때는 국회에서 재적의원 과반수의 출석과 출석의원 3분의 2 이상의 찬성으로 의결하여야 법률로 확정된다(제53조 2항).

2) 대통령과 행정부

우리 헌법에서 행정권은 대통령을 수반으로 하는 행정부가 행사하도록 규정하고 있다(제66조). 이 점에서 의회의 의원이 행정부를 운영하는 의원책임제와 다르다. 의원책임제는 국민이 선임한 의회의원이 국민의 의사를 대표한다는 논리에 따라 의원이 직접 행정을 담당하게 하고 있으나 대통령책임제를 채택한 한국에서는 국회와 대통령 간의 상호견제로 정부의 권한 남용을 방지하려는 3권분립 체제의 정신에 따라 행정권은 대통령에게 부여하고 있다.

대통령은 행정부의 수장일 뿐 아니라 국가원수로서 외국에 대하여 국가를 대표한다(제66조 1항). 그리고 국가의 독립, 영토의 보전, 헌법의 수호 등의 책임을 지도록 했으며(제66조 2항), 국군통수권도 행사하도록 하고 있다(제74조).

대통령은 국민의 보통, 평등, 직접 비밀선거에 의하여 선출한다(제67조). 그리고 임기는 5년이고 연임은 허용하지 않고 있다(제70조).

대통령은 국가비상사태가 발생하면 계엄을 선포할 수 있고(제77조 1항), 행정부의 모든 공무원을 임면한다(제78조). 그리고 대통령은 법률에서 위임받은 범위 내에서 법률과 같은 효력을 가지는 대통령령을 발할 수 있다(제75조).

행정부는 행정 각부를 통할하는 국무총리, 국무위원, 그리고 국무위원 중에서 행정 각부의 장을 맡는 장관과 각급 공무원으로 구성된다.

3) 법원

사법권은 법관으로 구성된 법원에 속한다(제101조). 모든 국민은 법관에 의한 재판을 받을 권리를 기본권으로 가지고 있으며(제27조), 이에 따라 재판을 할 법관으로 법원을 구성하여 사법권을 전담하도록 하고 있다. 사법권의 독립은 의원책임제 정부나 대통령책임제 정부에서나 모두 보장하고 있다.

법원은 대법원과 각급 법원(고등법원, 지방법원)으로 구성된다. 현재 한국의 법원은 지방법원, 고등법원, 대법원으로 구성되고 3심제를 채택하고 있어 지방법원의 제1심 재판 후 고등법원에 상소할 수 있으며, 이에 불복할 때는 다시 대법원에 상소할 수 있도록 하고 있다. 행정부를 상대로 하는 송사인 경우, 재판의 전심절차로 행정 심판을 할 수 있으며 이를 담당하기 위하여 행정법원을 두고 있고, 군사 재판을 담당하도록 군사법원을 설치운영하고 있다.

법률이 헌법에 위반되는지 여부가 재판의 전제가 될 경우 법률의 위헌 여부를 심판하기 위하여 헌법재판소를 별도로 두고 있다. 헌법재판소는 법원에 속하지 않는 독립된 정부 기구이다.

헌법재판소는 법률의 위헌 여부를 심판하는 일 이외에 대통령을 포함한 고위 공직자의 탄핵 심판, 정당의 해산 심판, 국가 기관 간의 권한쟁의 심판 등을 담당한다(제111조).

헌법재판소는 국가 정체성을 수호하는 최고 기관으로 의회, 행정부, 법원의 헌법 정신을 위배한 활동을 규제하고 정당이 헌법 정신을 해치는 활동을 할 경우에는 해산을 명할 수 있는 권한을 가진다.

3. 민주적 정치과정

민주주의 정치의 정상적 작동 여부는 국가의 의사결정 과정에 주권자인 국민의 뜻이 얼마나 잘 반영되는가에 있다. 주권재민의 민주주의정치체제에서는 주권자인 국민이 치자(治者)이면서 동시에 피치자(被治者)이므로 치자와 피치자를 효과적으로 일치시키는 정치과정이 아주 중요하다.

주권자인 국민의 요구는 정책안으로 표출되고 표출된 의사는 논의할 수 있는 형태로 다듬어져 집적되어 제시되어야 한다. 집적되어 제시된 국민의 의사는 국민을 대표하는 의회, 또는 관련 정부 기관에서 논의를 거쳐 국가 의사인 정책으로 선택되고, 선택된 정책은 정부에 의하여 시행하게 된다. 이 모든 과정이 민주정신에 맞도록 합법적으로 이루어지면 치자와 피치자가 연결되는 '국민의 자율적 의사결정' 절차가 끝나게 된다.

한국은 이 모든 과정을 헌법으로 보장하고 있고 실제로도 잘 지켜지고 있어 이제 국제사회에서도 '완전 민주국가'로 인정하고 있다(인텔리전스 유닛의 민주주의 지수 서열에서 2011년 세계 167개국 중 22위로 완전 민주국가 25개국에 포함).

정치과정을 최 명-김용호 교수의 《비교정치학서설》에서 제시한 틀에 맞추어 단계별로 간단히 해설한다.[13]

---

13) 최 명·김용호 공저, 『비교정치학서설』 전정판(서울: 법문사, 2003).

1) 이익표출

　민주정치에서는 주권자인 국민이 개인적으로 또는 집단으로 정치적 요구를 하는 데서 정치과정이 시작된다. 이것을 이익표출(利益表出: interest articulation)이라 한다.

　이익표출은 정부의 정치적 결정을 요구하는 것이므로 정책적 결정을 할 수 있도록 제시되어야 한다. 그래서 일반적으로 개인보다는 같은 요구를 하려는 사람들이 집단으로 제시한다. 공동 이익을 가진 사람들의 임의 조직인 비정부 조직(Non-governmental Organization)들이 이익표출의 창구가 된다. 이러한 이익집단은 집단의 활동과 관련하여 이익표출을 담당하나 때로는 이익표출을 위하여 새로 조직되는 수도 있다. 이익집단은 정당과 달라서 정치적 책임을 지는 조직이 아니다. 이익집단은 조직 정도에 따라 비결사적 집단, 제도적 집단, 결사적 집단으로 구분하나 이익표출을 위한 집단이라는 점에서는 마찬가지다.

　민주화된 한국에는 다양한 이익집단이 있다. 특수 지역 또는 특정 직업 등과 관련된 소규모의 이익집단도 많고, 노동조합 등 전국 규모의 잘 조직된 이익집단도 있다. 특별히 법률로 규제하고 있는 국가 정체성을 해치는 집단 이외에는 헌법에 보장된 기본권인 집회(集會)·결사(結社)의 자유에 따라 자유롭게 이익집단을 만들 수 있어 다양한 이익집단이 생기고 소멸하고 있다.

2) 이익집약

　표출된 이익이 국가 정책으로 반영되도록 하기 위해서는 정책안으로 다듬어져야 한다. 기존 정책에 대한 대안(代案)이든 새로운 정책이 되든 의회에서 논의될 수 있도록 정책안으로 제시되어야 한다. 이렇게 이익을 정책안으로 묶는 일을 이익집약(利益集約: interest aggregation)이라고 한다. 민주정치에서 이익집약은 정당이 주로 담당한다. 가령 노동자의 이익을 대변하기 위해서는 노동자를 위한 정당을 만들어 관련된 집단 이익을 정책안으로 집약하여 대변한다.

정당(政黨: political party)은 이념이나 집단 이익을 공유하는 국민들이 집단 이익을 국가 정책에 반영하기 위하여, 그리고 나아가서 정권을 장악하기 위하여 만든 결사체이다.

민주정치에서는 정당은 입법권을 행사하는 의회에 참여할 수 있도록 대표를 의원으로 만들고, 행정부의 선거직에 대표를 당선시켜 추구하는 이념이나 이익을 국가 정책으로 만드는 것을 목표로 직접 정치에 참여하는 정치 집단이다. 권력 확보를 위하여 존재한다는 뜻에서 일반적인 이익집단과 구분된다.

민주정치에서는 이념의 실천을 목적으로 하는 이념 정당, 지역 이익을 대변하는 정당, 계급 이익을 추구하는 정당, 특정 직업을 가진 사람들의 이익을 추구하는 정당 등 다양한 성격의 정당들이 등장한다.

정당은 여러 가지 기준으로 분류할 수 있으나 기존의 질서를 지키려는 정당을 보수적 정당, 질서의 개혁을 목표로 하는 진보적 정당으로 나누고, 그 밖에 노동당 등 직업군 또는 계층의 이익을 추구하는 특수 정당과 민주주의 수호 등의 보편적 정당으로 나누기도 한다.

민주주의를 표방하고 건국된 대한민국의 정치는 다양한 정당이 주역이 되어 정치를 해 온 정당 민주주의의 전통을 가지고 있다. 대한민국 건국을 주도했던 한국민주당, 한국을 공산화할 것을 목표로 했던 남조선로동당, 인민민주주의를 추구했던 조선신민당, 그리고 한국전쟁 중에 탄생한 자유당 등 무수한 정당이 건국 초기부터 등장해서 한때 수십 개의 정당이 난립한 적도 있었다. 그러나 6.25 전쟁 이후 1960년 4월 학생의거까지는 여당이던 자유당과 야당이던 민주당의 양대 정당이 정치를 주도하던 시기였다. 그리고 4.19 학생의거로 자유당 지배의 제1공화국이 붕괴된 이후에는 무수한 정당이 출현하였다가 1961년 5.16 군사쿠데타 이후에는 혁명주체가 창설한 민주공화당과 정치 민주화를 앞세운 민주당의 양대 정당체제가 자리 잡았었다.

박정희 장군이 주도한 5.16 군사쿠데타는 민주주의를 앞세운 보수, 진보, 혁신 정당들이 벌이던 정치적 혼란을 극복한다는 명분을 내세워 일으켰다. 이는 대한민국의 자유민주주의 기본 틀은 유지하면서도 국민의 언론, 집회, 결사의 자유라는 기본권을 제한하는 전제적 통치 시스템을 구축하고 정부 주도의 경제발전을 추구하는 것을 명분으로 내세웠다. 쿠데타 주도세력은 1963년 군사 정권을 종식하고 민정을 새로 시작하기 위해 헌법을 고치고 새 헌법에 따른 국회의원 선거와 대통령 선거를 실시하였다. 새로 출범한 제3공화국은 그들 주도세력이 만든 민주공화당(1963.2.26 창당)을 앞세워 18년간 대한민국을 통치하였다. 이 시기에 민주주의를 회복하는 것을 투쟁 목표로 하는 민주 정당으로 제2공화국을 주도하던 구 민주당 계열의 민정당 및 민주당 등이 합당하여 민중당으로 재정비되고(1965.5.3), 다시 구 민주당의 일부가 구성했던 신한당을 합쳐 신민당을 출범시켜(1967.2.7) 제1야당으로 여당인 민주공화당을 견제하면서 민주화 투쟁을 지속했다.

한국의 민주주의는 1972년 12월 박정희 대통령의 주도로 또 한번의 정치혁명을 단행함으로써 위기에 들어섰다. 새로 헌법을 개정하여 출범시킨 유신체제(維新體制)는 국회 기능을 약화시키고 대통령의 권한을 극대화하여 대통령의 강력한 전제주의적 통치를 가능하게 만든 체제다.

제4공화국으로 부르는 유신체제에서는 대통령의 직선제를 폐지하고 대신 〈통일주체국민회의〉라는 대통령 선거인단을 만들어 대통령을 선출하게 하였고 국회의원의 3분의 1은 대통령이 추천, 통일주체국민회의의 동

의를 얻어 임명하게 하였다. 유신체제는 국회 기능을 사실상 마비시킨 대
통령 전제통치체제라 할 수 있다. 또한 유신체제에서는 국민의 기본권인
언론, 집회, 결사의 자유를 법률로 제한할 수 있도록 만들었다. 즉 대통령
의 결심으로 언제든지 제한할 수 있도록 되어 있었고 실제로 '국가보위에
관한 특별조치법' 등으로 철저히 통제하였다.

유신체제는 국민의 정치 참여 기구인 국회의 권한과 기능을 축소하고
정당의 이익집약 기능을 억제하고, 국민의 이익표출 장치의 가장 중요한
통로인 언론을 통제하고 국민의 집회권과 결사권을 제약한 대신 대통령의
권한 및 지위를 극대화한 체제였다. 이는 민주정치와는 거리가 먼 1인
전제정치체제에 가까운 체제였다.

이러한 유신체제에 대하여 국민의 저항은 점차로 강해졌으며 국민의
70% 이상이 반대 투쟁에 나섰다. 유신체제가 지속된 7년간(1972.12.27~
1979.10.26) 총 209회에 걸친 국민의 저항운동이 벌어졌었다(윤형섭,
p.97).

유신체제에 대한 국민의 저항은 1979년에 들어서서 더욱 격심해졌고
'부마사태'라는 민중봉기 수준의 투쟁으로 발전하였으며 이런 와중에
1979년 10월 26일 박정희 대통령이 시해되고 유신체제는 붕괴되었다.

대통령 시해 이후 계엄령이 선포되고 계엄하에서 군이 정치체제를 통
제하는 과정에서 국군보안사령관 전두환 소장이 주동한 군사쿠데타가
1979년 12월 12일 일어나 한국의 민주주의는 또 한번의 시련을 겪게 되
었다. 전두환 소장의 계엄사령부는 1980년 5월 17일 계엄을 전국적으로
확대하고 국회와 정당을 해산시켰으며, 동년 5월 31일 '국가보위비상대책
위원회'를 발족시키고 10월 27일에는 '국가보위입법회의'를 만들어 국회
의 기능을 대신하게 하였다.

이러한 전두환 군부세력의 반민주적 행태에 저항하여 1980년 5월 18일
에는 광주항쟁이 시작되었고 국민의 저항은 전국적으로 확대되었다.

전두환 소장은 1980년 9월 1일 기존의 통일주체국민회의를 소집하여 본인을 대통령으로 선출시키고 헌법 개정에 착수하여 동년 10월 7일 7년 임기의 단임 대통령제를 포함한 새로운 헌법을 채택하여 제5공화국을 출범시켰다.

전두환 군부세력의 주체는 새로운 헌법에 따라 정치를 주도하기 위하여 1981년 1월 15일 민주정의당을 창당하였으며, 이에 대응하여 1월 23일에는 민주화 투쟁을 벌이던 정치인들이 새로 한국국민당을 창당하여 맞섰다.

1985년에는 제5공화국 출범을 전후하여 정치활동을 금지 당했던 정치인들이 해금되면서 이들의 주도로 신한민주당이 창당되었으며, 곧 이은 선거에서 국민의 지지를 받아 제1야당이 되어 여당이던 민주공화당과 맞서는 양당체제를 만들어 내었다.

한국정치는 1987년 6월의 〈6월 항쟁〉을 계기로 파행적인 행보를 끝내고 민주주의체제를 확립하는 단초를 이루게 되었다. 그해 초부터 격화된 범국민적 민주항쟁은 6월에 이르러 최고조에 달했고 비상조치 없이는 진정시킬 수 없는 상태에 이르렀다. 이러한 상황에서 여당이던 민주정의당의 노태우 대표가 국민의 대통령직선제를 포함한 민주화 요구를 받아들인다는 6.29 선언을 발표함으로써 정치는 새로운 국면으로 전환되었다. 이어진 여야 정당의 개헌 협상이 결실을 맺어 그해 10월 27일 5년제 단임의 대통령직선제를 핵심으로 하는 새 헌법이 국민투표로 확정되어 40년에 걸친 국민의 민주화 투쟁은 민주정치제도의 확립이라는 결실을 거두게 되었다.

새 헌법에 따라 이루어진 1987년 12월 16일의 직선제로 노태우 대통령이 선출됨으로써 대한민국의 이른바 제6공화국 시대가 시작되었다. 그 이후 매 5년마다 선거로 대통령을 차례로 선출하면서 평화적 정권 교체가 이루어져 오늘의 민주화된 정치체제가 완성되었다.

민주정치체제가 안정화되면서 정당들의 이익집약 기능도 정상화 되어

한국정치는 정당정치로 발전되어 왔고, 정당들의 이합집산을 거쳐 2013
년 현재 보수 정당인 새누리당(1997년 민주자유당이 이름을 바꾼 신한국
당과 민주당이 합쳐서 생겨난 한나라당이 2012년 2월 13일 개명한 당)과
민주당(1995년 평화민주당, 통일민주당 등이 합쳐서 만들어진 새정치국
민회의 후신)의 양당제가 정착하였다. 이념적으로는 민주당이 사회주
의적 성향을 가진 진보적 정치 세력을 흡수하여 대변하고 있어 보수-진보
의 이익을 각각 대표하게 되었다. 다만 기성 정당에 대한 불만을 가진
국민들의 요구를 반영하는 제3의 정당의 출현 가능성이 높아져서 정당의
이합집산이 다시 전개될 개연성이 커지고 있다.

민주정치는 정당정치이고 정당이 다양한 국민의 요구를 반영하는 이익
집약의 기능을 제대로 대표할 수 있어야 원활하게 운영된다. 아직까지도
한국의 정당들은 정책 정당으로 발전하지 못하고 다양한 파벌의 집합체적
성격을 벗지 못하고 있어 정당 자체가 안정화되어 있지 않아 민주주의
정치의 안정화에 기여하지 못하고 있다. 한국정치 민주화의 과제는 성숙
한 정당을 만들어내는 것이라 생각한다.

3) 정책 작성

민주국가에서 주권자인 국민의 요구는 정부에 의하여 수용되어 정책에
반영되어야 치자(治者)와 피치자(被治者)가 하나가 되는 권력 순환이 완
성된다. 그래서 정책 작성(政策作成: policy making)은 민주정치의 핵심
적 과정이 된다. 정책으로 반영되지 않은 국민의 요구란 의미가 없기 때
문이다.

민주국가에서 정책은 입법부에서의 타협을 거쳐 작성되면 행정부에서
집행한다. 행정부에 법률로 위임된 사항에 대해서는 행정부가 정책을 입

안-집행을 모두 행한다.

　정책 작성 과정에서 국민의 요구가 제대로 반영되게 하기 위해서는 정책 작성 절차에 대한 규칙을 민주적으로 만들어야 한다. 정책 작성 권한을 중앙 정부가 모두 가질 것인가 아니면 지방정부에 일부를 위임할 것인가도 결정해야 하고, 의회와 행정부 간의 권한 배분도 사전에 결정해두어야 한다. 주권자인 국민의 의사를 억압하는 정부 권력을 의회, 행정부, 사법부에 분산시키고 서로 견제하게 함으로써 누구도 독점 못하게 하려는 목적으로 3권분립을 시도하고 있다. 이렇게 채택한 3권분립 체제에서는 입법부에서 결정한 법안에 대하여 대통령이 거부권을 행사하여 단순과반수가 넘는 지지를 얻도록 하여(보통 3분의 2 이상의 지지로 재결의) 입법부의 독선을 막고 있으며, 또한 의회가 정부의 정책 추진에 필요한 예산의 심의권을 행사하여 정부의 독주를 견제하고 있다.

　의회가 행정부 정책 집행의 합법성 여부를 감사하는 국정감사권도 행정부의 독주를 견제하기 위하여 만든 장치이다. 그 밖에 행정재판제도, 헌법재판제도도 의회와 행정부가 국민의 기본권을 해치지 못하게 하기 위하여 채택된 제도다.

　한국정치체제도 이러한 민주주의 수호를 위한 다양한 정책 작성-집행 과정 규제 장치를 마련하고 있다. 한국정치체제는 대통령중심제의 3권분립 체제를 채택하고 있어 국회와 행정부 간의 상호견제 장치를 다양하게 갖추고 있다. 그러나 국민의 의사를 좀 더 존중하기 위하여 일부 민주국가에서 채택하고 있는 국회의원 주민소환제 등은 채택하고 있지 않다.

　민주정치과정에서 가장 중요한 정책 작성에서 국민의사의 반영 못지않게 중요한 행정 효율성을 높이기 위해서는 정당, 국회, 그리고 행정 각부의 공무 담당자들의 민주 의식과 전문성, 위공(爲公)의 정신 등이 높은 수준으로 유지되어야 하는데 한국정치에서는 아직도 국정을 담당하고 있는 이들의 의식과 전문성이 국민이 기대하는 수준에 미치지 못하고 있어

'성숙된 민주주의'로 평가를 받지 못하고 있다. 성숙된 민주주의로 나아가
는 정치발전 과제로 국회의원, 행정 공무원의 수준을 높이는 정치 충원
제도의 개선이 과제로 지적되고 있다.

4. 정치 참여, 정치사회화와 정치문화

민주정치는 시민의 정치이다. 공동체 구성원의 대다수가 자기의 정치
행위에 책임을 지는 성숙된 주권자로서의 정치의식을 가졌을 때라야 제대
로 작동하는 정치체제다. 다수의 무책임한 구성원들이 선거를 통하여 공
동체의 공익을 해치는 사익(私益)을 앞세우는 요구를 하게 되면 민주정치
는 정상으로 작동하지 못한다. 특히 정치인들이 무책임한 선거인들을 선
동선전으로 끌어 모아 정치에 참여하게 되면 그 민주정치는 대중영합주의
(大衆迎合主義: populism)로 전락하게 된다. 제2차 세계대전 이후에 새
로운 주권 국가로 탄생한 100여 개의 신생 독립국들 대부분은 민주국가로
출발했으나 대부분 대중영합주의에 부딪혀 극도의 정치 혼란을 겪었다.
민주정치는 주권자인 국민이 정치적 주체로 높은 공공의식을 가지고
정치에 참여할 때라야 작동할 수 있는 정치체제다. 초기 민주주의 정치체
제에서는 공동체 구성원 중의 일부인 특정 계급에 속하는 엘리트만이 참
여하는 제한된 민주주의 정치여서 크게 문제되지 않았지만 만민평등 사상
이 보편화하면서 모든 공동체 구성원이 등가참여(等價參與)의 권리를 누
리는 민주정치체제로 발전하면서 국민의 정치 참여 '능력'이 문제가 되기
시작하였다.
정치 참여는 국민 개개인의 주권자로서의 자각이 있어야 가능하다. 그

리고 그 자각은 민주정치체제 작동 원리에 대한 지식, 주권자의 권리의무에 대한 지식이 바탕이 된다. 이러한 지식에 정치에 대한 관심이 보태져야 하고 나아가서 주권자로서의 책임의식이 생겨나야 비로소 민주시민으로서의 주체적 정치 참여가 가능해진다.

정치의식과 참여의식, 그리고 정치에 대한 기초 지식은 교육을 통해서만 생겨난다. 그 교육이 제도화된 학교 교육이든 다양한 사회 교육이든 배워야 얻어진다. 그리고 삶의 양식(樣式)의 축적이라 할 문화전통에서 체질화되어야 한다. 그래서 민주정치에서는 국민들이 정치 지식과 정치적 관심, 그리고 정치적 가치 선택 정향 등을 갖게 되는 과정인 정치 참여와 정치문화 전통이 중시된다. 바른 민주정치의 운영 조건을 갖추기 위한 준비에 필요하기 때문이다.

1) 정치 참여

정치 참여(政治參與: political participation)는 주권자인 국민들이 정치 담당자들에게 국민으로서의 요구를 제시하고 특정 정치인, 정당에 대한 지지를 표시하거나 선거를 통하여 공직 담당자를 선출하고 혹은 직접 공직을 담당함으로써 정치활동에 참가는 일련의 행위를 모두 포함하는 개념이다.

정치 참여의 수준은 개인의 지식, 성향, 관심의 정도, 가치관 등에 따라 다르며 연령 변화에 따라 변하고 또한 사회정치적 환경에 따라 달라지기도 한다. 어떤 국민은 선거에 참여하는 것 이외에는 참여하지 않는가 하면 어떤 국민은 여론 조성에 앞장서고 정당에 가입하며 공직에 직접 참여하는 등 적극적으로 참여하기도 한다.

한국은 국민의 전반적인 교육 수준이 높고 정치가 국민 생활에 미치는 영향이 커서 민주국가 중에서도 정치 참여 수준이 높은 편이다. 특히 남북 분단이라는 특수한 환경에서 정부의 이념 정향이 국가 명운을 좌우하는 상황이어서 국민들의 정치 참여 의식이 아주 높다. 그 결과로 한국 국민의 선거 투표율은 다른 민주국가들보다 높다.

한국은 1945년 일본 식민지배에서 해방되면서 공산주의 종주국이던 구소련과 미국에 의하여 남북한으로 분할되어 점령되었으며 3년간의 군정을 겪었다. 그리고 군정 종식 후 1948년에 북한 땅에는 마르크스-레닌주의를 국시로 하는 조선민주주의인민공화국이, 그리고 남한 땅에는 자유민주주의를 국시로 하는 대한민국이 건국되었다. 이러한 특수 상황에서 한국정치는 처음부터 치열한 이념 투쟁을 겪었다. 한국사회 내에서 벌어진 한국의 자유민주주의를 수호하려는 국민과 북한의 공산주의를 선호하는 일부 국민들 간의 이념 갈등은 모든 다른 정책에 대한 논의를 뒤덮을 만큼 심각해서 사실상 한국정치를 지배해왔다. 그 결과로 분단 시대의 한국 민주주의는 '참여를 통한 이념 전쟁'에 휩쓸려온 셈이다.

1987년의 민주항쟁으로 민주정치가 정상화된 이후부터 한국의 민주정치는 점차로 정상화되었지만 그래도 정치 참여의 주된 관심은 대한민국의 자유민주주의 기본 이념을 수호하는 데 쏠려 있어 선거에서도 다른 쟁점은 소외되어 왔었다.

참여는 여러 가지 형태로 행해진다. 선거가 있을 때 투표에 참가하는 것이 가장 보편적인 참여일 수 있지만 이와 함께 반대 시위, 집회 참석, 공직 출마 등 다양한 참여의 방식이 있다. 참여에는 법이 허용하는 것과 법이 금지하고 있는 것이 있다. 합법적 참여가 활성화된 사회에서 민주주의 정치는 제대로 작동한다.

2) 정치사회화

정치 참여는 정치체제에 대한 이해, 정치체제와 자기와의 관계를 알고 자기의 정치에 대한 생각이 정해져야 가능하다. 이러한 지식, 가치 정향은 어떻게 형성되는가? 배워야 알게 된다. 정치사회화(政治社會化: political socialization)는 개인이 정치적 태도와 정치 행동의 양식을 터득하게 되는 과정을 말한다.

군주나 지도자가 모든 정치적 결단을 하고 일반 국민은 정해진 대로, 시키는 대로 행동하는 전제정치체제와 달리 주권자인 국민이 국가의사를 결정하는 민주정치체제에서는 국민이 정치적 식견을 갖추어야 체제가 작동한다. 그리고 국민이 성숙된 정치적 주체 의식을 갖추어야 성숙된 민주정치가 자리 잡는다. 그래서 민주정치체제에서는 정치사회화가 정치체제 운영의 핵심적 요소가 된다.

정치사회화는 주어진 시대 환경 속에서 그 사회에 보편화되어 있는 정치문화 속에서 이루어지며 더 적극적으로는 국민을 정치적 주체로 교육하는 체계적 교육으로 만들어진다.

정치사회화는 평생에 걸쳐 이루어진다. 태어나서 부모와 접촉하면서 언어를 배우는 유년기에 서서히 자아(自我)가 형성되고, 해도 되는 것과 해서는 안 되는 것에 대한 최소한의 사회생활 적응 방법이 터득되고, 유치원에서 시작되어 대학까지 계속되는 학교 교육을 통하여 체계적으로 가치관, 행동 양식, 정치적 태도, 다양한 정책에 대한 견해 등을 배우게 된다. 그리고 사회생활을 해가면서 접촉하는 사람들과의 교류에서 배운다.

대중 통신 수단이 발달된 현대에는 방송, 영화, 신문, 인터넷 등 전자매체 등의 매체를 통하여 이루어지는 정치사회화도 중요한 역할을 한다. 정치사회화는 이러한 여러 과정을 통하여 이루어지는 종합적 교육 과정이라 할 수 있다.

가장 중요한 정치사회화의 기구를 열거해 본다.

(1) 가정

인간은 사회적 동물이라 한다. 사람은 혼자서 살 수 없다. 태어나서도 오랫동안 부모의 보살핌이 없이는 생존 자체가 불가능한 존재다. 인간의 사회화의 출발은 가정생활에서 시작되는 것은 피할 수 없는 조건이다.

사람들은 부모와의 관계 속에서 나와 타인 간의 관계에 대한 1차적 지식을 얻게 된다. 그리고 가정이라는 단위 구성체 속의 질서에서 그 가정의 가치관, 행동양식 등을 배운다. 가정은 그런 뜻에서 가장 중요한 정치 사회화 기구라 할 수 있다.

러시아에서 볼셰비키혁명이 성공한 후 혁명 지도자들은 개인보다 공동체(콤뮨: commune)를 앞세우는 생각을 가진 새로운 인간형으로 인민들을 재교육시키기 위하여 가정을 해체하기로 결정했었다. 가정이 봉건 시대의 가치관을 주입하는 기능을 하기 때문에 새로운 공산체제에 적합한 공민(公民)으로 국민들을 키우기 위해서는 가정을 해체하여야 한다고 생각했기 때문이다. 오웰(George Owell)의 《동물농장》, 《소설 1984년》, 그리고 헉슬리(Aldous L. Huxley)의 《멋진 신세계》에서 그려낸 가공할 미래 세계의 모습에서도 개인을 가정에서 떼어내는 무서운 장면이 소개되고 있는데 공산혁명에서 가정의 정치사회화 기능의 중요성을 얼마나 중시했는지를 보여주고 있다.

가정은 당대 사회의 보편적 가치관, 그리고 국가에 대한 기대와 견해를 갖추게 하는 가장 중요한 정치사회화의 기구다.

(2) 학교

학교는 개인을 사회화시키기 위하여 만든 기구이다. 사람들은 학교에서 기초적인 가치관을 갖게 되며 사회질서에 대한 이해를 하게 된다. 특히 민주정치체제에서는 민주시민의 기본 소양을 부여하기 위해서 학교를 국가가 관리한다. 학교 교육 중에서 가장 기본이 되는 사회화 과정이라 할 수 있는 초등 교육은 그래서 민주주의 국가에서는 모든 국민이 의무적으로 이수하도록 헌법 사항으로 규정하고(교육의 의무) 그 비용을 국가가 전액 부담하는 무상 교육으로 실시하고 있다. 한국에서도 초등학교 6년과 중학교 3년은 모든 국민이 의무적으로 이수하도록 하고 있다. 그리고 담당 교원의 선정, 교과 과목의 제정 등 초·중등 교육의 관리는 중앙 정부에서 직접 담당하고 있다.

(3) 직장

현대 사회에서 개인은 평생 직업을 가지고 살게 된다. 크고 작은 기업, 자영기업, 공공기관 등 개인은 이러한 직장에서 매일 동료들과 더불어 일하고 생활한다. 그런 뜻에서 직장은 아주 중요한 정치사회화 교육 기능을 하게 된다. 동료와의 교류를 통하여 정보를 얻고, 지식을 전수받고, 가치관을 전달 받는다. 동료들과의 교류에서 사회를 지배하는 보편적 가치관도 알게 된다.

민주정치체제에서 직장이 담당하는 정치사회화 기능은 아주 중요하다. 개인 기업에 종사하는 사람과 대규모 직장에서 일하는 사람 간의 정치사회화 정도 차는 엄청나게 크다. 농업 중심 사회와 공업화된 사회의 국민들의 정치 정향이 크게 다른 것은 바로 동료에 의한 교육의 차이 때문이다.

(4) 매스미디어

20세기에 비약적으로 발전한 인쇄 문화와 전자매체, 영상매체 등으로 사회 구성원은 모두 '같은 정보, 견해, 지식'을 쉽게 공유하게 된다. 이러한 매체에 대한 접촉으로 가치관을 공유하는 집단이 쉽게 형성되고 주로 접하는 매체의 성격에 따라 특정한 가치관과 정치 정향을 가지는 집단들이 다양하게 나타나 정치에 큰 영향을 끼치고 있다.

매스미디어는 전사회 구성원에 보편적 가치관과 정치 정향을 동시적으로 파급시켜 공동체 구성원의 단합에 기여하기도 하나 경쟁적인 매체들의 의도적 노력으로 특정 가치관, 이념, 정책 선호를 편파적으로 보급시켜 나감으로써 사회를 분열시키고 파편화 시키는 결과를 가져오기도 한다.

매스미디어는 국민의 기본권인 언론, 출판, 집회의 자유에 기초하여 국민들이 자유롭게 만들고 운영할 수 있어 정치적으로 규제하기 어려우나 민주주의 국가에서도 국가의 '민주주의 기본질서'를 해치는 미디어에 대해서는 법적 규제를 실시하고 있다. 스포츠에서 선수들이 경기장에서는 자기 기량에 따라 자유롭게 움직이게 허용하나 게임 규칙을 어기는 것을 엄격히 규제하는 것과 마찬가지 이유에서다.

21세기 사회 환경에서 새롭게 관심을 가지게 되는 것은 전자통신 기술이 가져온 사회 연결망(SNS: Social Network Service)의 정치사회화 기능이다. 인터넷을 바탕으로 개발된 페이스북(facebook) 등 각종 개인 온라인(on line) 통신망으로 공동체 구성원 모두가 정보의 생산자이면서 동시에 수용자가 되는 시대에는 정보 교류, 의견 교류가 순식간에 범사회적으로 이루어진다. 이러한 사회 환경에서는 정치사회화는 기구(institution) 없이 급속도로 이루어진다.

전자 강국 한국의 경우 이미 SNS에 연결된 인구가 전인구의 반에 육박하고 있어 국민의 정치의식은 어느 나라보다 높아지고 있다. 그러나 정보 생산자의 정체가 밝혀지지 않은 상태에서 이루어지는 무책임한 정보 조작으로 현실과 다른 정치 인식을 가지게 된 유권자가 선거에 등가참여(等價參與)를 하게 됨에 따라 민주정치의 정상적 작동을 저해하는 폐단도 무시할 수 없다.

3) 정치문화

사람이 사회를 이루고 살게 되면 그 사회 나름의 생활양식에 젖게 된다. 이러한 생활양식의 집합을 문화(culture)라 한다. 언어, 습관, 공통가치관 등이 모두 문화의 내용이다. 이러한 특정 사회의 문화 중에서 정치에 관한 인식, 가치 정향, 이념, 행동양식 등을 정치문화(政治文化: political culture)라 한다. 한 나라의 정치질서는 그 사회의 정치문화를 반영하여 이루어지므로 정치문화의 특성을 알아야 그 나라의 정치질서의 운영 실태를 알 수 있게 된다. 똑같은 정치체제도 서로 다른 정치문화를 가진 사회에서는 다르게 운영되기 때문이다.

알몬드(Gabriel A. Almond)는 정치문화를 "한 국가의 국민이 가지고 있는 다양한 정치적 태도, 가치, 감정, 정보의 분포 상태"라고 정의하고 있다. 한 마디로 국민들이 갖고 있는 정치에 대한 주관적 정향이라고 할 수 있다.

정치문화는 오랫동안 반복되는 공동체 내에서의 삶의 축적에서 생겨난 전통적인 문화다. 특정 정치행태에 대한 가치 판단, 특정 정치 현상에 대한 평가 등을 공동체 구성원들이 공유하게 되면 정치문화로 자리 잡게 된다. 정치문화는 인지적(認知的), 평가적(評價的), 감정적(感情的) 정향을 모두 포괄하는 포괄적 개념으로 특정 정치행태에 대한 다양한 반응으로 나타난다. 그래서 표출되기 전까지는 정형화하기 어렵다. 그러나 대략적인 경향성을 바탕으로 분류해 볼 수는 있다. 알몬드와 버바(Sidney Verba) 교수는 반응 대상을 정치체제 일반, 정치체제에 대한 투입, 정치체제의 산출, 자기의 상대적 지위 등으로 구분하고 다시 각 대상에 대한 의지, 감정, 평가적 정향으로 나누어 모두 12가지 모형으로 정치문화를 분류하고 있다. 이 중에서 네 가지 대상 모두에 대하여 특별한 의식을 가지지 않은 원시 부족사회와 같이 정치적 전문화가 되지 않은 사회에서의 공동체 구성원이 가진 정치문화를 '지방형 정치문화(地方型 政治文化: parochial political culture)'라 부르고, 정치체제 일반에 대한 생각과 정치체제의 산출에 대한 관심만을 표하는 비활성화된 순종적 정치문화를 '신민형 정치문화(臣民型 政治文化: subject political culture)'라 이름 붙이고, 네 가지 대상 모두에 관심을 가지고 반응을 보이는 정치문화를 '참여형 정치문화(參與型 政治文化: participant political culture)'라 불렀다.[14] 대체로 민주적 산업국가에서는 사회 구성원 대다수가 참여형 정치문화를 가지게 되고 반대로 신민형 정치문화를 가진 구성원이 대다수인 나라에서 권위주의적 산업국가가 쉽게 자리 잡게 된다.

민주정치체제는 주권자인 국민이 적극적으로 정치에 참여하여야 제 기능을 발휘한다. 따라서 민주주의 정치체제가 정착하기 위해서는 참여형 정치문화를 가진 시민이 공동체 구성원의 주류가 되어야 한다. 민주정치체제 자체에 대하여 긍정적으로 평가하고 정치체제의 투입, 산출에 깊은 관심을 가진 충순(忠順)한 참여형의 정치문화가 민주주의 정치체제 운영에는 가장 적합하다고 할 수 있다.

문제는 정치문화가 이러한 충순한 참여형으로 성숙되지 않는 공동체에 민주정치체제가 강요되었을 때다. 아직 국민의 정치의식이 낮은 상태에 머물러 있는 '지방형 정치문화' 내지는 '신민형 정치문화'가 지배적인 국가에 민주주의 정치체제를 도입하게 되면 문화와 체제 간의 충돌이 일어난다. 국민들을 선동하여 이른바 민주주의 모양만 갖춘 전제정치로 발전하게 되기도 하고 비능률적 정치체제로 전락하게 된다.

한국은 오랫동안 절대군주지배의 전제정치를 유지해온 역사적 전통을 가지고 있다. 그리고 근세 500년간은 유교문화가 지배해온 순종적 신민형 정치문화가 전통으로 자리 잡아온 사회였다. 조선 왕조가 붕괴된 후

---

14) 최 명·김용호의 앞의 책, pp.84-87에서 요약.

35년간은 일본의 강점하에 식민지 시대를 겪으면서 순종적 신민형 정치문화가 지배했었다. 이러한 정치문화 풍토 속에서 1948년 자유민주주의를 기본 이념으로 하는 대한민국의 민주정치체제가 수립되었었다. 이러한 특수 사정으로 대한민국의 민주주의는 정상적으로 기능하기 어려웠다.

〈참고자료 6〉 한국 정치문화의 전통적 요소

한국정치 영역에서 표준적 교과서로 사용되는 교과서의 저자인 김운태 교수가 정리제시한 한국 정치문화 속에 작동하고 있는 전통적 요소를 간추려 소개한다. 현재의 한국 정치문화의 뿌리를 이해하는 데 도움이 된다. 편의에 따라 용어를 조금씩 고치고 각 전통의 함의를 덧붙였다.

1) 공동체적 친화성

오랜 가족주의 공동체 생활에서 형성된 집단 내 성원 간의 친화성이 각별히 높다.
이 특성은 국가 차원의 이념과 같은 공동체에 대한 특정 정향보다는 정감적인 작은 집단 이익에 집착하는 경향을 나타낸다. 한국 정치문화에서 발견되는 '지방형 정치문화'를 설명할 수 있는 요소가 된다.

2) 윤리적 권위주의 전통

샤머니즘적 신비주의와 가부장적 가족주의의 강한 전통 속에서 지배자에 대한 복종 지향적 전통이 강하다.
자기 의사보다 지배자의 판단에 따르는 정치문화 특성을 나타낸다.
이 전통이 한국사회에서 발견되는 강한 '신민형 정치문화' 흐름을 만들었다고 본다.

3) 파벌주의 전통

조선조의 관(官) 지배질서에서 높은 지위를 가진 세력이 모든 이권을 차지하게 됨에 따라 파벌 중심의 경쟁의식이 강하게 지배했다. 이 전통으로 현대 정치에서도 강한 파벌주의가 나타난다. 한국의 정당이 공당(公黨)으로 성장하지 못하고 심각한 파벌 간의 투쟁 마당으로 전락하게 된 것은 이런 전통의 영향 때문이다.

4) 숙명주의

자연의 재해, 지배자의 강한 힘 앞에서 무력한 존재라는 자각에서 운명에 순응하는 숙명주의가 강했다. 이런 성향은 현대 정치 환경에서도 자기주장을 내세우기보다 주어진 조건에 순응하는 신민형 정치문화 특성을 보이고 있다.

5) 계급주의

신분 제도, 특히 조선조의 반상제 속에서 오랫동안 길들여져서 민족공동체 의식보다 계급의식이 강하였다. 그러나 대한민국 건국 후 사회계급 체제가 붕괴되면서 이 전통은 이미 단절되었다.

6) 명분주의

유교적 윤리관이 지배하는 풍토에서 형식화된 계서(階序) 관계에 순응하는 성향이 강했다. 국제관계에서도 사대주의로 나타났다. 이 전통도 현재의 한국 정치문화를 설명하는 데는 큰 도움을 주는 요소가 못 된다. 이미 계서관계가 한국사회에서 사라졌기 때문이다.

7) 민족적 주체의식

민족 단위의 고난을 겪으면서 외부 세력에 대한 민족 단위의 집단 저항 의식이 강했었다. 이것이 강력한 저항 민족주의 정치문화를 만들어냈다. 그러나 한국사회가 선진사회화 되면서 '저항

민족주의' 정서는 약화되고 포용성 높은 국제주의 성향이 높아지고 있다.

8) 정의(正義) 정신

옳은 것에 집착하는 성향으로 국가 위기에 나라에 대한 충(忠)과 싸움에서의 용(勇)이라는 행동 양식으로 나타났다. '위기에 강한 민족성'의 뿌리가 되었다. 이 전통은 오늘의 한국정치 풍토에서는 급격히 약화되고 있다.

김운태 교수가 제시한 위의 8개의 특성은 과장된 부분도 많으나 복잡한 한국인의 의식 구조를 이해하는 데는 많은 도움을 준다. 이러한 문화전통이 현대의 시대 환경 속에서 독특한 한국 정치문화를 형성하고 있다.

❖ 참고문헌

김운태 저. 『한국정치론』 4정판. 서울: 박영사, 1999. pp.216-241.

국민의 민주 의식이 성장하고 참여형 정치문화가 자리 잡기 이전의 제1공화국 시대에는 체제는 민주주의 정치체제였으나 그 운영은 강한 지도자가 전제적으로 운영하는 기형적 민주주의 정치가 행해졌다. 그러나 국민의 교육 수준이 높아지고 민주 의식이 높아지면서 국민들의 민주화 요구가 강해지고 그 결과로 1960년의 4.19 학생의거로 제1공화국은 붕괴되었었다.

1961년의 5.16 군사쿠데타와 그 결과로 탄생한 제3공화국도 역시 민주주의 헌법 체제 아래서 '교도민주주의'에 가까운 준(準) 전제정치가 행해졌다. 그리고 1979년의 10.26 사태와 1980년의 12.12 군사쿠데타 이후에

출범한 제5공화국 시대에는 국민의 민주 의식이 높아진 참여형 정치문화
가 자리 잡았음에도 불구하고 비민주적 전제정치를 강행하여 국민의 강한
저항을 받았고 국민의 단합된 민주항쟁으로 드디어 1987년 민주주의 정
치가 제자리를 잡게 되었다. 그 이후는 체제와 문화가 함께 하는 정상적
민주정치가 유지되고 있다.

2013년 현재 한국의 민주주의는 전 세계의 약 200개 국가 중에서 '완전
민주국가'로 인정받은 25개 국가 중 하나로 평가 받는 안정된 민주국가로
자리 잡았다. 그리고 '참여형 정치문화'가 뒷받침하고 있어 한국의 민주주
의 정치체제는 되돌릴 수 없는 확고한 정치체제로 굳혀졌다.

제11장

북한정치

북한정치체제는 1945년 해방과 동시에 북한에 진주하여 점령군으로 북한 지역에 군정을 실시한 구소련군이 소련식 소비에트체제를 본 따서 만든 정치질서를 기초로 발전해온 마르크스-레닌주의 이념을 내세운 전체주의-전제주의 정치체제에서 출발했다.

1948년 9월 9일에 수립된 조선민주주의인민공화국은 소련식 1당 지배의 소비에트형 전제체제의 원형을 갖추었으나 그 후 중국과 소련 간의 이념 투쟁이 격화되던 1950년대 후반에는 점차 1인 지배의 전제체제로 변형되었으며 김일성(金日成)이 소련파, 연안파, 구 조선공산당파를 제거하고 권력을 완전히 장악한 1970년대 초에는 김일성을 국가주석으로 하는 새로운 헌법을 채택하고 '북한식 1당 지배체제'를 확립하였다.

〈사회주의 헌법〉이라고 부르는 이 헌법에서 김일성은 지배 이념으로 '마르크스-레닌주의의 창조적 적용'이라고 밝힌 '주체사상'을 내세움으로써 북한정치체제는 일반 공산국가의 인민민주주의 형태를 탈피하였다. 북한정치체제는 이때로부터 당 지배의 과두정치가 아닌 수령 1인 지배의 전제정치체제로 전환하였다.

북한은 1992년 4월 9일에 헌법을 고치고 통치 구조를 크게 바꾸었다. 형식상 국가 최고통치기구로 최고인민회의를 남겨두었으나 새로 국방위원회를 창설하여 실질상의 최고 통치기구로 만들었다. 〈국방위원회 헌법〉이라 부르는 이 헌법으로 국방위원장이 사실상의 통치자가 되도록 하였다.

1994년 김일성 사망으로 김정일(金正一)이 권력을 승계하면서 북한정치체제는 인민군이 통치하는 체제로 되었다. 선군정치(先軍政治)를 내세우고 김정일이 인민군 최고사령관과 국방위원장의 직위로 통치하는 '계엄령하의 통치체제'와 같은 군사독재체제가 확립된 셈이다. 그리고 이러한 현실적 변화를 헌법에 반영하기 위하여 1998년 다시 헌법을 고쳐 마르크스-레닌주의가 아닌 김일성 주체사상을 기본 이념으로 하고 실질상 국방위원회가 통치하도록 하였다. 〈김일성헌법〉이라 부르는 이 헌법은 북한을 '위대한 수령 김일성 동지의 사상과 영도를 구현하는' 나라라고 규정하여 북한정치체제를 김일성을 신(神)으로 하는 신정체제(神政體制)로 만들었다. 신정체제(theocracy)란 통치의 권위를 신성(神性)을 가진 초인간적 존재에서 찾는 정치를 말한다. 신은 무오류이고 모든 정의의 기준이 되는 존재이므로 신의 언동은 절대성을 가진다. 북한체제는 김일성을 신으로 하는 전제정치체제다.

북한은 김일성 사망 후 김일성을 '가장 가까이 모시면서 그 뜻을 가장 잘 아는 사람'인 아들 김정일이 '김일성의 이름으로 통치'하는 권력세습을 했으며 2011년 12월 김정일이 사망한 후에는 다시 그 아들 김정은(金正恩)이 같은 논리로 통치권을 승계 받는 3대 세습을 단행하였다.

북한은 2009년에 헌법을 개정하여 지도 이념에서 '공산주의'를 모두 삭제하고 '선군사상'을 추가하고 국방위원장을 인민공화국의 최고 영도자로 헌법에 명시하여 명실공히 국방위원장 통치체제를 확립하였다. 그리고 김정일 사망 후 2012년 4월 13일 다시 헌법을 개정하여 김정일을 '영원한 국방위원장'으로 전문에 밝히고 헌법 명칭 자체를 '김일성-김정일 헌법'으로 고쳤다. 그리고 국방위원장직에 추가하여 '국방위원회 제1위원장'직을 신설하여 김정은이 김정일이 장악했던 통치권을 행사하도록 하였다. 김정일을 '영원한 국방위원장'으로 추대하였기 때문에 불가피하게 취한 조치다.

북한정치체제는 그 유례가 없는 특이한 전제정치체제로 1인 지배의 당과 군이 통치하는 전제주의 국가체제가 되었다.

북한정치체제는 현존하는 어떤 국가에서도 찾아볼 수 없는 특이한 전체주의-전제국가이다. 통치권의 타당 근거를 신격화한 김일성의 권위에 두는 신정체제(神政體制)로 다른 1당독재나 1인 독재체제와 다르다. "위대한 수령 김일성 동지를 공화국의 영원한 주석으로, 위대한 령도자 김정일 동지를 공화국의 영원한 국방위원장으로 높이 모시며 김일성 동지와 김정일 동지의 사상과 업적을 옹호고수하는" 〈김일성-김정일 헌법〉에 따라 통치하는 이름뿐인 공화국이다.

2013년 현재 전 세계에서 유일한 '신정국가'로 존재하는 북한정치체제를 이해하기 위해서는 북한정치체제의 변천 과정, 북한 정권이 내세우고 있는 '주체사상' 및 '선군정치'를 살펴보아야 한다. 그리고 북한정치체제가 디디고 서 있는 소비에트-사회주의 정치체제의 기본 모형과 북한 정권이 물려받은 역사적 유산인 특수한 정치문화를 이해해야 한다.

1. 북한정치체제의 변천

북한정치체제는 1945년 민족해방 과정에서 38도선 이북을 점령한 소련군에 의하여 소련의 공산주의 소비에트 정치체제를 모형으로 만들어진 전형적인 '점령공산체제'에서 출발하였다. 북한 정권은 한반도를 식민지로 통치하던 일본 총독부가 떠난 북한의 빈 공간에 소련 점령군이 '카로(한국계 소련인)'라 부르던 재소 고려인들을 앞세워 만든 정권이다.

해방과 함께 중국의 망명지에서 활동하던 한국임시정부의 요원들 대부분은 38도선 이남의 미군 점령지로 귀환하였고, 국내에서 독립 운동을 하던 인사들도 수도였던 서울로 모여 들어 북한 땅에는 정치 지도자들 중에서 조만식(曺晩植) 선생 등의 소수의 민족 지도자들만 남아 있었다. 그리고 소련군 진주와 더불어 진행된 농지 개혁 등 조처로 재산과 직장을 잃은 '교육 받은 중산층'의 주민들 백만 명 이상이 38도선 이남으로 이주하였다.

해방 전 지하에 잠복했던 '조선공산당'도 서울에서 재건되었고, 중국 공산당과 함께 항일전을 펴던 인사들도 일부만 북한 땅으로 들어갔고 대부분은 서울로 귀국하였다. 이러한 정치 공백을 이용하여 소련 점령군은 소련 극동군 제88정찰여단에 소속된 한국인 장교 중에서 김일성 대위, 최용건, 최 현, 김 일, 강 건, 임춘추, 김 책, 허봉학, 박성철 등을 앞세워 38도선 이북에 새로운 정부를 창건하였다.

갑산파(甲山派)라 부르는 소련군 장교들은 중국 공산당에서 귀환한 무정, 최창익, 김창만, 박일우, 윤공흠 등을 흡수하고 국내에서 활동하던 조선공산당 요원들인 박헌영, 오기섭, 현준혁, 이승엽, 임 화, 이강국 등을 포섭하여 조선로동당을 창당하여 정권의 주도 기구로 만들고 소련군 점령 하에서 북조선임시인민위원회를 만들어(1946년 2월 8일) 임시정부를 구성하였다.

이 정부가 주도하여 1946년 11월 3일 선거를 실시하여 인민회의 대의원을 선출하고 이 인민회의에서 행정부에 해당하는 인민위원회를 구성하여 정부 창설 작업을 마쳤다. 그리고 1948년 2월 8일 인민군을 창설하고 4월 29일 헌법 초안을 채택한 후, 8월 25일 최고인민회의 대의원 선거를 실시하고 9월 9일 '조선민주주의인민공화국'을 수립선포하였다. 초대 내각 수상에 김일성, 부수상에 박헌영, 김 책, 홍명희가 취임하였다.

북한 내에 정치 기반이 없던 김일성 등 갑산파는 토착 공산당을 이끌던 박헌영 등과 소련 교포로 정권 수립에 참가한 허가이·박창식 등의 소련파, 그리고 6.25 전쟁에서 북한 정권을 지켜준 중국의 후원을 받는 김두봉·최창익 등의 연안파 등과 함께 정권을 수립하였다. 그러나 휴전으로 안정을 되찾게 되면서 남한에 뿌리를 두었던 박헌영 등 조선공산당 출신들을 1차로 제거하고, 다시 중소 이념 분쟁으로 중국과 소련의 영향력이 줄어든 때에 소련파와 연안파를 제거하여 김일성 단독 지배체제를 완성하였다.

1956년 8월 30일에 있었던 이른바 '8월 종파사건'에서 시작한 숙청 운동은 로동당 제6차 전당대회가 열렸던 1980년까지 대충 마무리 지었으며 이때부터는 김일성을 신격화한 신정체제(神政體制) 구축 작업이 시작되었다.

정권 수립부터 65년간 변화해온 북한정치체제를 헌법 개정을 중심으로 몇 단계로 나누어 소개한다.

1) 제1기: 과도적 인민민주주의 체제

해방 직후 북한에는 정권을 담당할만한 정치 세력이 없었다. 일본 식민지 통치 아래서 한국인들에게는 정치 참여의 기회가 주어지지 않았기 때문이다. 해방 공간의 정치적 공백 상태에서 다양한 정치 세력들이 정치조직을 만들기 시작하였으나 어느 세력도 정권을 창출할 만한 기반을 갖추지 못했다. 해방과 더불어 귀국하기 시작한 정치 집단들도 식민지 수도였던 서울에 집결하여 북한 지역에는 그나마의 정치 세력도 서울에 본부를 둔 지방 조직으로 재건되고 있었다.

평양에 등장한 중요 정치 세력으로는 민족주의 세력의 정신적 지주였던 조만식 선생을 중심으로 출범한 조선민주당(朝民黨)이 가장 광범위한 지지를 받는 세력이었고 공산주의 세력으로는 서울에 본부를 둔 조선공산당의 북조선분국, 중국 공산당과 함께 항일전을 펴던 최창익(崔昌益) 등이 귀국하여 만든 '조선신민당', 소련 점령군이 군정을 위하여 대동하여 입국한 한국계 소련인들 등이 있었다.

소련 점령군 당국은 이러한 실정을 고려하여 소련 극동군 제88정찰여단에서 근무하던 김일성 대위 등 한국계 장교들을 앞세워 사회주의 계급노선에 동조할 수 있는 모든 세력을 '공산당'이 아닌 '노동당'으로 묶어 노동당 주도의 소련식 소비에트 형태의 정치체제를 만들었다.

이러한 배경에서 조선민주주의인민공화국이 출범하던 1948년 9월의 제1기 정치체제는 인민민주주의를 표방하는 1당지배의 소비에트체제를 갖추게 되었다.

소련식 소비에트체제는 회의체 민주주의 정치체제다. 주권자인 인민이 선출한 대의원으로 구성되는 최고인민회의(supreme soviet)가 주권 기관이 되고 이 회의에서 선출한 내각이 최고 집행기관이 되는 의회민주주의 체제다. 다만 서구의 의회민주주의체제와 다른 것은 지배 정당의 역할이다. 상명하복의 철저한 전제적 구조를 가진 정당이 표면에 나타난 대의기구인 인민회의와 행정부인 인민위원회를 직접 지휘통제한다는 점이다. 이러한 1당지배의 소비에트체제는 그래서 표면상의 의회민주주의 정치체제의 민주주의적 구조와 작동 원칙에도 불구하고 1당지배의 전제주의체제로 분류한다. 구소련의 소비에트체제를 비롯하여 냉전 시대 동유럽의 소련 위성 국가들의 정치체제는 모두 이에 속한다. 그리고 중국의 신민주주의체제도 마찬가지로 중국 공산당 지배의 전제정치체제로 분류한다.

북한의 제1기에 해당하는 인민민주주의체제는 김일성이 노동당 내의 반대파를 모두 제거하고 확실하게 당권을 장악하게 된 1970년 초까지 지속되었다.

2) 제2기: 노동당 지배체제

북한은 1972년 12월 27일 스스로 '사회주의 헌법'이라 부르는 새로운 헌법을 채택하였다.

김일성은 제1기 인민민주주의 헌법체제하에서도 지배 정당인 조선로동당의 책임 비서, 그리고 정부의 최고 권력 지위인 내각 수상직을 겸하고 통치하였으나 조선로동당 내에는 조선공산당 세력과 중국 공산당 출신의 연안파, 그리고 소련에서 소련군과 함께 입국한 한국계 소련인을 지칭하는 소련파 등이 넓게 포진하고 있어 정치적 견제를 받고 있었다. 김일성은 6.25 전쟁을 계기로 조선공산당 계열의 국내 공산주의자들을 제거하고 다시 1956년의 이른바 '8월 종파사건'이라는 정파간 투쟁에서 승리함으로써 연안파, 소련파를 모두 제거하는 데 성공하였다. 그리고 1960년대의 10년간 당지배권을 다지기 위하여 자기와 소련군에서 함께 근무했던 갑산파(甲山派)마저 정리하는 데 성공하여 김일성 1인지도체제를 확립하였다. 김일성 1인지배체제를 헌법화한 것이 1972년의 사회주의 헌법이다.

'주체헌법'이라 부르는 1972년 헌법의 특색은 북한식 1당지배체제를 분명히 한 점이다.

이 헌법은 북한 정권이 맑스-레닌주의 사회주의 국가(제1조), 노동 계급이 지배하는 계급 국가(제2조, 제10조), 그리고 조선로동당의 주체사상을 지도적 지침으로 하는 이념 국가(제4조)임을 분명히 밝히고 있다. 특히 주목할 것은 조선로동당을 정부 위에 둔다는 것을 밝혔다는 점이다. 조선로동당의 주체사상이 국가 통치의 지도적 지침이 된다는 제4조 규정에 따라 정부는 로동당의 '지도'를 받도록 되어 있다.

또 한 가지 특색은 국가 이념을 맑스-레닌주의 국가임을 밝히면서도 이 이념을 북한에 창조적으로 적용한 조선로동당의 주체사상을 지도 이념으로 한다고 선언한 점이다. 주체사상은 중국과 소련 간의 심각한 이념 투쟁이 진행되던 1950년대에 이 투쟁에서 한발 물러나기 위해서 내어 놓은 '사상에서의 주체', '정치에서의 자주', '경제에서의 자립', '국방에서의 자위' 등 네 가지의 정책 노선을 묶어 하나의 이념 체계로 나중에 만들어낸 김일성 사상체계이다. 이러한 주체사상을 인민공화국의 국가 이념으로 내세웠다는 것은 이제 북한은 일반적인 맑스-레닌주의 국가, 소련식 공산 국가가 아니라 독자적인 사회주의 국가임을 밝힌 것이다. 그래서 이 헌법을 '주체헌법'이라고도 부른다.

이 새 헌법으로 김일성의 권력은 절대적이 되었다. 최고인민회의가 형식상 최고 국가기관이지만(제73조), 새로 국가주석직을 창설하여 국가주석이 국가 주권을 대표하고(89조) 국가주석이 국가수반이 되고 중앙 정부인 중앙인민위원회도 주석이 지도하고(제91조), 최고 행정집행기관인 정무원도 주석이 소집하고 지도하게 하고(제92조), 인민군 최고 사령관 및 국방위원회 위원장직도 겸하여 국가의 일체의 무력을 지휘통솔하게 함으로써(93조) 김일성은 형식적으로나 실질적으로나 정치, 행정, 군사의 모든 권력을 가지게 되었다.

3) 제3기: 수령직 세습 준비기

북한은 김일성이 장악한 절대 권력을 세습을 통하여 영구화하기 위한 준비의 일환으로 1992년 다시 헌법을 고쳤다. 김일성은 일찍부터 장자인 김정일에게 권력 승계를 시키기 위한 준비를 이미 끝내고 1972년부터 차례차례로 순서를 밟기 시작했다. 1992년 헌법 개정은 이 작업 결과를 헌법화한 것이다.

우선 1972년 12월 당중앙위원회 제5기 제6차 전원회의에서 승계 원칙을 결정하고 김정일을 1973년 중앙당 선전선동 담당비서, 1974년에 정치국 위원, 그리고 1980년 중앙당 비서, 중앙군사위원회 위원으로 만들어 당내 제2인자의 지위를 굳혀 주었다. 그리고 정부 기관에서도 1990년 최고인민회의 제9기 제1차 전원회의에서 국방위원회 부위원장으로 선출하고 다시 1991년 12월 24일 조선인민군 최고 사령관으로 임명하였다.

이제 남은 순서는 김일성 사후 국가주석으로 선출되는 것인데 그 과정은 김일성 생전에 확실히 할 수 없었다. 그 대안으로 김일성은 헌법을 고쳐 국가주석이 인민군 최고 사령관직과 국방위원직을 자동적으로 겸임하게 된 조항을 삭제하고 김정일을 국방위원장으로 만든 후 국방위원회가 사실상의 정부 기능을 할 수 있도록 만들었다. 이를 위한 개헌이 1992년의 개헌이다.

'국방위원회 헌법'이라고 부를 수 있는 1992년 헌법은 일반 국가에서는 볼 수 없는 특이한 통치 구조를 담고 있다. 국방위원회를 행정부인 중앙인민회의에서 독립시키고 '혁명 성취물의 보위', '사회주의 제도의 보위'라는 포괄적 통치 권한을 기존의 인민군 지휘 기능에 추가하여 실질적으로 정부 기능을 할 수 있도록 만들었다. 이 구도는 김일성 주석과 김정일 국방위원장이 국가통치권을 나누어 가지고 있다가 김일성이 사망하면 주석직을 공석으로 남겨둠으로써 별다른 조치 없이 김정일이 국가통치권을 장악할 수 있도록 한 장치였다. 실제로 1994년 7월 8일 김일성 주석 사망 후 북한에서는 주석을 새로 선출하지 않고 그날부터 김정일이 국방위원장 자격으로 인민공화국을 통치하였다. 이러한 인민군 통치체제는 역사상 선례가 없는 북한만의 특이한 통치체제다.

4) 제4기: 인민군 통치체제

김정일은 조선인민군 최고 사령관 및 국방위원장의 직위로 1994년 이래 인민공화국을 통치하였다. 그러나 이러한 기형적인 상태는 권력 승계의 편의로 택한 것이었다. 그래서 현실에 맞도록 헌법을 고치기로 하였다. 이것이 1998년 '국방위원회 통치헌법'이다.

인민군 최고 사령관이 국가를 통치한다는 것은 전시와 같은 비상 시기의 계엄 사태에서나 가능한 것인데 북한은 이를 평시에도 적용하는 체제로 헌법을 맞춘 것이다. 즉 북한은 '선군정치(先軍政治)'라는 새로운 이념을 다듬어 국가 이념으로 삼고 통치 구조를 이에 맞추었다.

1998년 9월 5일 최고인민회의 제10기 제1차 전원회의에서 개정한 헌법은 헌법 서문에서 아예 이 헌법을 "김일성 동지의 주체적인 국가건설 사상과 국가건설 사업을 법화(法化)한 김일성헌법"이라고 명명하였다.

이 헌법에서 "조선인민공화국은 위대한 김일성 동지의 사상과 영도를 구현한 주체의 사회주의 조국"이라고 규정함으로써 이제 김일성 사상은 북한 통치체제를 규정하는 헌법의 법적 구성 요소가 되었다.

이 헌법에서는 우선 김정일 승계 과정에서 만들어낸 '인민군 지배체제'를 헌법이 규정하는 북한의 통치 구조로 헌법화 하였다. '선군정치'의 새 통치 구조에서 국가주석제는 폐지하였다. 김일성을 헌법 서문에서 '공화국의 영원한 주석'으로 추대하였으므로 주석직을 둘 수 없게 되었기 때문이다. 그리고 최고인민회의를 최고 주권 기관으로 형식적으로 놓아두고 실질적 통치권은 2개의 독립된 정부라 할 수 있는 국방위원회와 내각이 나누어 행사하도록 하였다. 그리고 국방위원회의 소관 업무인 '국방'의 범위를 임의적으로 확대 해석하여 사실상 국가의 통치 행위는 국방위원회가 담당하도록 만들었다. 실제로 이 헌법이 제정되던 날 최고인민회의 상임위원회 위원장인 김영남은 "국방위원장은 나라의 정치, 군사, 경제 역량 총체를 통솔지휘하는 …… 국가의 최고 직책"이라고 분명하게 국방위원장의 권한과 지위를 밝혔다.

국방위원회와 내각은 정부 권한을 나누어 행사하도록 하여 인민군, 인민무력부, 국가안전보위부는 내각에서 떼어 내어 국방위원회에서 직접 지휘통제하고 그 전에 중앙 정부 역할을 하던 중앙인민위원회는 폐지하였고 국가를 대표하는 권한은 최고인민회의 상임위원회 위원장이 갖도록 하였다.

5) 제5기: 선군정치체제

북한은 김정일 1인지배체제가 굳어진 2009년 4월 국방위원장이 국가 통치권자임을 헌법에 밝히기 위하여 다시 헌법을 개정하였다. 내각과 국방위원회가 통치 권력을 나누어 갖도록 헌법에 규정되었으나 사실상 국방위원장이 최고 영도자인 점을 헌법을 고쳐 합법화하기 위해서였다. 그리고 국가대표권, 조약비준폐기권 등 국가원수의 권한도 국방위원장이 모두 실질적으로 행사해 온 것을 헌법을 고쳐 합법화하였다. 이것으로 선군정치는 헌법에 의하여 북한의 공식적인 통치 체제로 현실화되었다.

새 헌법에서는 새로 "국방위원장은 조선민주주의인민공화국의 최고령도자이다"(제100조)라는 조문을 신설하고 "국가의 전반 사업을 지도한다"

(제103조)는 조문도 추가하였다. 그리고 "국방위원장이 전반적 무력의 최고 사령관이 된다"(제102조)는 조문도 신설하였다.

새 헌법에서 눈에 띄는 것 중의 하나는 '공산주의'라는 용어를 모두 배제한 것이다. 과거에는 국가 건설의 목표를 사회주의와 공산주의 건설로 두 이념을 병렬해 왔었으나 새 헌법에서는 공산주의를 제거해 버렸다. 주체사상과의 충돌을 피하기 위하여 취한 조치로 보인다. 공산주의는 "유물론"에 기초한 이념인데 "주체사상"은 "유심론"에 바탕을 둔 전혀 다른 이념으로 이를 의식하여 정리한 것 같다.

6) 제6기: 김정은 통치 시대에 맞춘 체제

2011년 12월 17일 김정일 사망으로 김정일의 제2자인 김정은이 권력을 승계하였다. 김정은은 나이가 어려 승계에 필요한 단계적 학습을 거칠 시간을 갖지 못하였지만 김정일이 사망 직전 2010년에 김정은 승계를 공식화하고 국방위원회 부위원장직을 부여함으로써 승계가 순조롭게 진행될 수 있도록 준비했었다. 통치 구조 자체는 김정은 권력 승계에 문제를 일으키지는 않았으나 김정은의 승계를 정당화 할 수 있는 세습제의 당위성을 부여하기 위하여 김일성에 이어 김정일도 신격화 시킬 필요가 있어 2012년 4월 또 다시 헌법을 개정하였다.

2012년 헌법 개정은 〈헌법서문〉을 고치고 김정일을 '영원한 국방위원장'으로 추대함에 따라 국방위원회 제1위원장을 신설하여 김정은이 김정일의 권한을 승계하도록 하는 개정이었는데 그 헌법서문 개정 내용은 김정일의 신격화가 전부다. 개정된 서문에서 새 헌법은 "위대한 령도자 김정일 동지는 김일성 동지의 사상과 위업을 받들어 우리 공화국을 김일성 동지의 국가로 강화발전시킨 …… 절세의 애국자"라 선언하고 김정일 동지가 김일성 주체사상을 계승발전했음을 찬양하고 "조국을 불패의 정치사상 강국, 핵보유국, 무적의 군사 강국으로 전변시켰다"고 칭송하면서 온 사회를 단결된 '하나의 대가정'으로 전변시켰음을 강조하였다. 그리고 그전의 헌법의 서문에서 김일성의 위업을 열거했던 곳에 모두 '위대한 령도자 김정일 동지'를 추가하여 놓고 끝에 결론으로 "…… 헌법은 김일성-김정일헌법이다"로 헌법 명칭을 고쳤음을 밝혔다.

북한정치체제는 건국 이후 64년 만에 소련식 소비에트체제로부터 김일성을 신격화 해놓은 종교 국가로, 그리고 왕조와 같은 통치자의 세습체제 국가로 변화하였다.

2. 체제 특성

북한정치체제는 통치권의 근거를 이미 사망한 김일성 개인의 권위에 근거한다는 점에서 다른 정치체제와 근본적으로 차이가 있다. 김일성은 살아서는 절대 권력을 가진 국가주석으로, 그리고 사망한 후에는 '공화국의 영원한 주석'으로 헌법에 규정하고 있다. 그리고 헌법은 인민공화국 자체를 김일성 동지의 사상을 구현한 주체의 사회주의 조국이라고 규정하고 있다.

북한정치체제는 주체사상이라고 하는 이념을 국가 통치의 기본 이념으로 하는 이념 국가이다. 북한에서는 교조화된 주체사상이 모든 규범의 타당 근거와 평가 기준이 되는 근본 규범(Grundnorm)이 됨으로 모든 규범이 시대정신에 대한 탄력성을 가질 수 없게 되어 통치체제 자체가 교조적 통치체제로 굳어져 있다. 북한정치를 이해하기 위해서는 주체사상을 이해해야 한다.

북한정치체제는 인민만이 주권을 가지는 인민주권 국가이다. 북한은 계급 국가로 "인민 계급 내에서의 민주주의, 그리고 인민에 의한 반인민 계급에 대한 독재"를 말하는 인민민주전정(人民民主專政)의 국가이다. 이 점에서 모든 국민의 평등권과 등가참여를 원칙으로 하는 주권재민의 자유 민주주의 국가와 다르다.

북한정치체제는 민주집중제를 국가의 정책 결정과 국가 기관의 충원 원칙으로 채택하고 있는 '절대주의' 가치관에 바탕을 둔 비타협의 정치과 정을 특색으로 가지고 있다. 다양한 의견의 타협으로 의사결정을 하고, 가치의 '상대주의'를 바탕으로 하는 자유민주체제와는 이러한 점에서 다르다.

1) 신정체제적 특성

종교와 정치가 구분되지 않았던 원시 시대에는 신의 뜻을 전달한다는 제사장이 신의 권위를 앞세워 세속적인 정치권력을 행사하였다. 그러나 정교 분리(政敎分離)가 이루어진 군주제에서는 세속적 권력을 힘으로 장악한 전제군주가 통치권을 행사하였으며, 전제군주는 통치권을 세습하기도 하고 때로는 피지배 집단의 장들이 선출하기도 하였었다.

근세에 들어와 시민혁명을 거치면서 주권재민의 사상이 보편화된 이후에는 통치권은 주권자인 국민의 위임으로 정당성을 갖는다는 원칙이 일반화 되었다. 국민의 지지가 곧 통치권의 근거가 되게 된 것이다.

소련식 소비에트체제에서도 통치권은 인민의 지지에서 정당성과 합법성을 갖는 것으로 되어 있다. 인민들이 선거로 지역 의회인 소비에트를 구성하고 최고 소비에트인 최고인민회의도 "일반적, 평등적, 직접적 선거

원칙에 의하여 비밀투표로 선거된 대의원들로 구성한다"(제89조). 그러나 북한의 경우는 실질상의 로동당 1당지배체제로서 단일 후보에 대한 찬반 투표로 대의원을 뽑게 되어 인민주권 원칙은 무의미하다.

북한 헌법은 또한 주체사상과 선군사상을 자기 활동의 지도적 지침으로 규정하고 있어(제3조) 이에 벗어난 통치 행위는 허용되지 않는다. 그리고 그 주체사상은 김일성이 창시한 '영생불멸'의 것이어서(헌법서문) 결국 북한의 통치는 신격화된 고칠 수 없는 김일성의 가르침을 따르는 정치, 김일성의 교시를 불멸의 진리로 존중하는 종교적 통치로 굳어졌다.

2) 주체사상

북한은 이념 국가이다. 헌법 제3조에서 인민공화국은 주체사상과 선군 사상을 국가의 활동 지침으로 삼는다고 규정하고 있다.

정치 이데올로기로서의 주체사상은 세 가지 사상적 요소로 구성되어 있다. 첫째는 인간을 '사회적 존재(social being)'로 보는 인간관, 둘째는 근로대중 집단주의, 그리고 셋째는 절대적 엘리트주의에 바탕을 둔 수령 론이다. 그리고 이 세 가지를 모두 관통하는 이론은 '사회정치적 생명체 론'이다.

우선 주체사상에 기초한 인간관은 인간을 각각 자기 완성적 존재로 보는 자유주의적 인간관과 대조되는 인간관으로 사람은 개미나 벌처럼 집단의 하나의 구성원으로 자기가 맡은 역할을 성실히 하는 것에서 존재 의의를 찾는 '사회적 존재'로 본다. 따라서 사회가 개개인에 선행하는 1차적 존재다. 인간은 사회가 건강하게 생명을 유지하여야 자기도 생명을 가지게 된다고 본다. 그리고 인간의 자유는 사회의 자유의 파생적인 것이라고 본다. 또한 개개인은 사회 집단의 주체성을 지켜 창조적으로, 그리고 의식적으로 기여할 때 주체성을 가지게 되며 이러한 주체사상이 역사 발전의 원동력이 된다고 주장한다. 역사 발전의 원동력을 과학기술의 발전·생산력 증대·경제 구조 변화로 이어지는 객관적 물질적 토대에서 찾는 마르크스의 유물변증법과는 정반대의 역사관이다.

근로대중 집단주의는 공동체 이익을 개인 이익에 앞세우는 바른 의식을 가진 근로대중만이 역사 발전의 주체가 될 수 있고, 근로대중의 집합이 근로 계급이며 근로 계급의 자주성, 창의성, 의식성이 역사 발전의 원동력이 된다는 생각이다. 그래서 인민공화국은 근로인민 계급의 반동 계급에 대한 독재를 분명히 하는 계급 노선을 견지하면서 인민민주주의 독재를 강화하여 인민 주권과 사회주의 제도를 지킬 것을 헌법에 규정하고 있다(제12조).

개인이 바른 세계관을 가지고 집단의 자주성, 창조성, 의식성과 자기 개인의 속성을 일치시킬 수 있기 위해서는 바른 지도를 받아야 한다고 주체사상을 내세우는 사람들은 주장한다. 인민 대중이 역사의 주체로서의 지위를 차지하고 역할을 다하자면 반드시 옳은 지도와 대중이 결합되어야 하는데, 옳은 지도는 당의 지도이고 당이 바른 지도를 할 수 있기 위해서는 '혁명의 최고 영도자'인 수령의 뜻을 따라야 한다고 주장한다. 한 마디로 수령의 뜻을 따르는 당이 지도할 때 인민대중은 역사의 주인이 된다는 것이 수령론의 핵심이다.

주체사상은 1인지배를 정당화하기 위해 만든 이론이라고 보면 된다.

3) 민주집중제

자유민주주의 사상체계에서는 인간은 모두 불완전한 피조물(被造物)로 태어났으므로 모두 절대 진리를 알 수 없는 존재라 생각한다. "만인은 동등하게 창조되었다(All men are created equal)"는 민주주의의 출발점이 되는 인간평등사상은 바로 이러한 인간의 한계를 전제하고 있다. 절대 진리를 알지 못하는 인간들이 하나의 결정을 내리기 위해서는 서로 설득하고 타협하여야 한다. 이것이 자유민주주의 정치체제의 작동 원리다. 투표는 타협을 위한 다양한 의견의 분포를 알기 위한 행위이지 절대 진리 발견의 수단은 아니다라고 생각한다. 잘못된 생각은 아무리 많이 보태도 진리가 될 수 없다는 가치의 상대성을 전제하고 있기 때문이다.

북한은 구소련의 소비에트체제에서 내세우는 민주집중제(民主集中制: democratic centralism)를 그대로 수용하고 있다. 민주집중제는 절대 가치 존재에 대한 믿음을 전제로 만들어진 의사결정 방식이다. 투표로 다수가 지지하는 진리를 확인하고 다수가 선택한 것을 진리로 받아들이는 제도다. 민주집중제는 타협이 아닌 절대 진리의 발견을 위하여 투표 제도를 의사결정 방식으로 선택한다.

북한정치체제에서는 조직에서의 민주집중제와 의사결정에서의 민주집중제를 모두 선택하고 있다. 투표에서 다수의 지지를 받은 후보를 선출하는 것이 조직에서의 민주집중제이고, 투표에서 많은 표를 얻은 의견을 진리로 선택하는 방식이 의사결정에서의 민주집중제다.

북한의 정치체제는 외형상으로는 소련식 소비에트체제라는 의회민주주의의 형태를 갖추고 있으나 위에서 열거한 특색을 감안하면 외형과 달리 철저한 1인지배 전제정치체제이고 교조적 신정체제다.

3. 통치 구조

북한 통치 구조는 1당지배의 철저한 전제정치체제이나 외형상으로는 구소련의 소비에트체제를 모형으로 한 의회민주주의 형태를 갖추고 있다. 주권재민의 원칙을 내세우고 주권자인 인민들이 선거로 구성한 최고인민회의가 국가 주권을 행사하고 그 인민회의에서 선출한 국방위원회와 내각이 각각 최고 국방지도 기능과 최고 주권의 행정적 집행 기관이 되도록 되어 있다. 이러한 구조는 영국의 의원내각제와 유사하나 북한의 경우에는 당이 행정부를 전제적으로 통제한다는 점에서 근본적으로 차이가 있다. 더구나 형식상 다당제를 유지하고 있으나 조선로동당을 헌법 기관으로 규정하고 있는 1당지배체제여서 의원내각제와는 전혀 다르다.

북한의 통치체제를 2012년 4월에 채택한 〈김일성-김정일 헌법〉에 따라 간단히 해설한다.

1) 당지배의 통치 구조

헌법 제11조는 인민공화국은 "조선로동당의 영도 밑에 모든 활동을 진행한다"고 규정하고 있다. 북한 정치 구조에서 조선로동당은 일반 국가에서의 정당이 아니라 헌법 기구이다.

조선로동당은 정부 기관의 충원 과정을 지배함으로써 사실상 정부를 지배한다. 각급 선출직의 충원에서는 조선로동당만이 후보를 냄으로써 사실상 당이 임명하는 것과 마찬가지가 된다.

정부의 각급 주요 기구는 조선로동당의 대응 기구(시당과 시의회, 도당과 도의회 …… 전당대회와 최고인민회의가 대등 기구)의 조직원으로 충원하도록 되어 있어 정부 기관은 사실상 조선로동당의 '표면적 조직'에 불과하다. 예를 들어, 시·도당 정부인 인민위원회의 간부는 모두 조선로동당의 시·도당 지부의 간부들이 맡고 있다.

2) 최고인민회의

인민공화국의 최고 주권기관은 최고인민회의이다(제87조). 최고인민회의는 입법권을 행사하며 헌법의 수정권을 가지고 국방위원회 위원과 제1위원장을 선거하며 내각 총리와 각 부처를 책임지는 상(相: 장관)을 선출한다. 그 밖에 예산심의 및 조약의 비준권을 가진다.

최고인민회의 대의원의 임기는 5년이고 선거를 통하여 선출한다. 최고인민회의 휴회 기간 중에는 최고인민회의 상임위원회가 그 권한을 대행하며 최고 주권기관의 기능을 수행한다.

3) 국방위원회와 제1위원장

북한의 실질적 국가수반은 국방위원회 제1위원장이다. 2012년 개정헌법에서 김정일을 '영원한 위원장'으로 선정하였으므로 실질적 위원장은 '제1위원장'으로 호칭하게 된 것이다.

제1위원장은 인민공화국의 최고 영도자이고(제100조) 전반적 무력의 최고 사령관이다. 그리고 국가 전반 사업을 지도하고 중요 조약의 비준권을 가지며 특사권을 행사하고 비상사태와 전시상태 선포권을 가지고 있다(제103조).

국방위원회는 국가 주권의 최고 국방지도 기관으로(제106조), 국가의 중요 정책을 세우고, 무력과 국방건설 사업을 지도하며 장군급의 인사권을 행사한다(제109조).

4) 내각

총리, 부총리, 위원장, 상(相: 장관)들로 구성되는 내각은 '최고 주권의 행정적 집행 기관'이다. 내각은 국방 관련 업무를 제외한 전반적인 행정업무를 모두 관장한다. 그리고 인민공화국 정부를 대표한다.

총리는 최고인민회의에서 선출하며 그 임기는 최고인민회의와 같다. 상(相: 장관)은 총리가 최고인민회의에 임명을 제청한다.

5) 지방인민회의와 지방인민위원회

도, 시, 군에는 각각 인민회의를 두고 있다. 이 인민회의는 의회에 해당되는 기구로 선출직으로 구성되어 있다. 인민회의에서 해당 지방자치단체의 정부인 지방인민위원회를 선출하여 구성한다.

지방인민위원회는 상급 인민위위원회, 내각, 최고인민회의 상임위원회의 지시를 받아 지방 행정을 담당집행하며 해당 지방인민회의에 책임진다.

북한의 행정 구역은 평양직할시, 남포특별시, 나선특별시(나진과 선봉이 통합된 시) 등 3개의 시와 평안남도, 평안북도, 함경남도, 함경북도, 황해남도, 황해북도, 자강도, 양강도, 강원도 등 9개의 도, 그리고 신의주특별행정구, 금강산관광지구, 개성공업지구 등 3개의 특구로 편성되어 있다.

4. 개조된 새로운 정치문화

전체주의-전제정치의 특색은 국민의 의식을 고쳐 지배자가 제시한 정치 이념을 비판 없이 수용하고 따르는 정치문화를 정착시켜 체제를 안정화시키는 정치사회화 노력에 모든 정치력을 집중한다는 점에서 찾을 수 있다. 대표적인 예로 나치스 독일, 구소련, 그리고 개혁·개방 전의 중국 공산체제를 들 수 있다.

이들 전체주의 국가에서는 모든 언론 기관과 사회교육, 학교교육 체제를 통제하면서 조직적으로 자기들이 원하는 교조화된 신민적 정치문화가 자리 잡도록 했다. 이들 국가에서는 지배 정당이 기획하고 정부 조직을 앞세워 선전선동과 의식 교육을 일상화했었다. 특히 중국의 경우는 전 중국 인민을 대상으로 '의식적 차원에서의 혁명'을 뜻하는 '문화대혁명'을 10년간 거국적으로 실시하면서 전 국민을 '이상적 사회주의 인간'으로 개조하는 작업을 했었다. 그리고 이 기간 중에는 이러한 정치의식 개혁 운동에 방해되는 사람, 즉 이미 다른 정치문화에 젖어 있다고 판단되는 지식인과 고등교육을 받았던 사람들을 격리하여 정치문화를 순화시켰다. 공산 캄푸치아에서는 같은 목적으로 인구의 3분의 1을 제거하기도 하였다.

정치를 종교적 수준까지 끌어올린 북한의 전체주의체제, 즉 신정체제에서는 중국이나 다른 공산국가의 정치문화 개혁 작업보다 훨씬 강도가 높은 의식 개조 작업이 진행되었다. 북한 공산화 이전까지 이어져 내려오던 한국의 전통문화, 정신문화는 모두 말살시켰고 새로 전통을 창조하여 대체시켰다. 공산화 이후의 67년간의 시간 속에서 지난 시대의 정치문화에 친숙했던 사회 구성원은 사실상 모두 소멸되었으며 김일성을 신격화시켜 놓은 철저한 전체주의 정치문화로 획일적으로 무장시킨 '김일성 민족(북한 스스로 사용하는 용어)'으로 재탄생한 셈이다.

남북이 분단되던 1945년까지 한국 민족은 동질성이 가장 높은 정신문화 전통을 공유한 집단이었다. 김운태(金雲泰) 교수는 조선 시대의 정치문화 전통의 특성을 여덟 가지로 정리하였다. ① 공동체적 친화성(親和性)과 인본주의 전통, ② 권위주의와 윤리적 권위주의의 전통, ③ 분파성향과 파벌주의, ④ 숙명주의, ⑤ 계급주의, ⑥ 명분주의와 형식주의, ⑦ 민족적 주체 의식 및 ⑧ 정의와 결벽성 등이다(〈참고자료 6〉 참조). 이러한 주장에 대하여 다른 견해를 주장하는 학자들도 많으나 전체주의, 집단주의 정치의식과 권위주의, 계급주의 전통, 그리고 관료주의, 획일주의 전통에 대해서는 대체로 공감하고 있다.

아무튼 이러한 왕조 시대의 정치문화는 북한의 1인지배 1당통치의 전체주의-전제정치체제를 수립하는 데는 아주 유리하였다. 더구나 일본 제국주의의 식민 통치 35년간의 정치화 과정을 거치면서 집단주의 이념에 승복하는 신민형 정치문화는 더욱 보강되었다. 뿐만 아니라 새로운 민주주의 사상 등을 교육을 통하여 간접적이나마 접했던 지식인들은 소련 점령군에 의하여 북한에서 축출당하여 남한 지역으로 이주함에 따라 북한에는 조선로동당의 정치사회화 작업에 저항할 수 있는 국민도 사실상 존재하지 않았다. 또한 한국 전통사회의 중심 세력이던 양반 계층은 소련 점령군과 조선로동당의 공산체제 수립 과정에서 반동 계급으로 분류되어 모두 숙청당하여 북한에는 전통 정치문화의 공백 사태가 조성되어 쉽게 새로운 공산전체주의 체제가 뿌리내릴 수 있는 정치 풍토가 마련되었다.

분단 이후에 전개된 남북한 간의 전혀 다른 정치사회화 과정을 거치면서 분단 반세기가 넘은 21세기 초반에는 남북한 사회의 지배적 정치문화는 타민족 간의 차이 이상으로 달라졌다. 대한민국 건국과 더불어 시작된 민주주의 교육과 개방된 정치 풍토에서 선진 민주주의 국가와의 교류를 통한 학습 과정 등으로 한국사회에는 가치의 다원주의가 보편화된 참여형, 민주적 정치문화가 뿌리 내렸는데 북한 사회에서는 정반대의 정치사회화가 진행되어오면서 이제는 같은 민족이라고 하기 어려울 정도로 이질화된 두 정치 집단이 남북한 사회를 지배하게 되었다. 앞으로 남북한 간에 정치 통합을 추진하는 과정에서 이질화된 남북한 간의 정치문화를 극복하는 과제가 가장 큰 걸림돌이 되리라 본다.

북한은 김일성의 위대한 사상을 옹호고수하며 김일성 주체사상과 선군사상을 공화국의 지도적 지침으로 지켜나가기 위하여(헌법 제3조) '전체 인민의 정치사상적 통일'을 앞세우고 '사상혁명을 강화하여 사회의 모든 성원들을 혁명화, 노동 계급화하며 온 사회를 …… 하나의 집단으로 만든다(헌법 제10조)'고 천명하고 있다. 그리고 이를 위하여 국가적 차원에서 혁명적 문화를 건설하고(헌법 제41조) 모든 분야에서 '새로운 사회주의적 생활양식을 전면적으로 확립'할 것을 선포하고 있다(제42조). 그리고 구체적으로 '국가는 사회주의 교육학의 원리를 구현하여 후대(다음 세대)들을 …… 혁명가로 주체형의 새 인간으로 키운다(제43조)'고 밝히고 있다.

북한은 현재 12년제 의무 교육을 실시하고 있으며, 국가가 '사회주의적 내용을 담은 주체적이며 혁명적인 문화예술을 발전시킨다(제52조)'는 것도 분명히 하고 있다. 북한은 국민의 기본권 규정에서도 '공민의 권리와 의무는 〈하나는 전체를 위하여, 전체는 하나를 위하여〉라는 집단주의 원칙에 기초한다(제63조)'고 헌법에 규정하여 북한의 전체주의 정치체제 유지에 도움이 안 되는 권리 행사는 제한할 수 있도록 해 놓고 있다.

북한은 국호를 〈조선민주주의인민공화국〉으로 정하고 있으나 국민의 참여를 거부하는 전제정치체제이며 이러한 체제는 강제력(coercive power)과 동시에 권위적 힘(authoritative power)을 사용하여 조직적으로 국민의 의식을 개조하여 충순한 신민형 정치문화가 지배하는 사회로 만들어 체제를 유지하고 있다. 김일성의 신격화, 그리고 김일성 주체사상의 교조화는 바로 북한정치체제 유지를 위한 정치사회화 필요에 의하여 선택된 수단이다. 북한 정치 개혁은 북한의 정치사회화 수단을 제거하는데서 출발하여야 한다.

【제2부 참고문헌】

✛ 한국정치

1) 이주영 등 공저. 『한국 현대사 이해』. 서울: 경덕출판사, 2007.
   이 책은 9명의 전문 학자가 대한민국 건국 60주년을 맞이하여 민족해방부터 대한민국 건국, 6.25 전쟁, 자유민주체제의 출범과 발전, 산업 사회로의 도약 등을 나누어 정리한 대한민국 현대사이다. 대한민국 60년사를 쉽게 이해할 수 있는 책이다.

2) 김영명. 『한국 현대 정치사』. 서울: 을유문화사, 1992.
   대한민국 건국부터 1988년의 노태우 정권수립과 민주주의 정착까지의 과정을 정치 변동의 틀 속에 담아 잘 정리한 책이다. 한국정치의 민주화 과정을 이해하는데 도움이 된다.

3) 김운태 등 공저. 『한국정치론』 제4전정판. 서울: 박영사, 1999.
   한국정치를 다룬 대표적 교과서로 대한민국의 건국부터 제6공화국까지의 정치체제 변화 과정을 정치문화, 정치제도, 정치과정, 권력 엘리트의 특성, 그리고 주요 정책에 이르기까지 다양한 주제를 심층적으로 분석한 교과서다. 방대한 분량의 책으로 관심 있는 주제를 골라 읽으면 도움이 된다.

4) 윤형섭·신명순 외 공저. 『한국정치과정론』. 서울: 법문사, 1988.
   한국정치과정에 관한 가장 잘 정리된 교과서다. 정치 충원, 정치 리더십, 정당제도, 선거 제도, 의회의 수행 기능 등을 심도 있게 다루었으며 한국정치과정에 대한 예리한 분석 등을 담고 있다.

5) 김영호 편. 『대한민국 건국 60년의 재인식』. 서울: 기파랑, 2008.
   12명의 석학들이 대한민국의 건국의 의미, 국내외에 미친 영향, 60년간의 발전 과정을 거시적 안목에서 조감한 책으로 대한민국 역사를 입체적으로 이해하는데 도움을 주는 책이다.

✤ 북한정치

1) 통일부 통일교육원. 『북한이해』. 2013.

북한 현황을 입체적으로 이해할 수 있는 사실과 자료를 잘 정리해 놓은 참고
서다. 통치 이념, 체제, 대외 관계, 군사전략, 경제 현황, 교육과 문화예술,
사회 구조와 주민 생활까지 여러 분야를 간결하게 정리해 놓은 자료집이다.
31개의 표로 중요 통계 자료를 제시하고 있고 노동당 기구, 정권 기관
등 조직도를 8개의 그림으로 정리해 놓아 쉽게 이해할 수 있도록 해놓은
책이다.

2) 이상우. 『북한정치』. 서울: 나남, 2008.

대학 학부생을 위한 북한정치 입문서다. 북한 공산화 과정, 김일성과 김정일,
북한체제 특성, 통치체제 변천, 조선로동당, 정부 조직, 주체사상, 경제체제,
외교체제, 군사체제, 통일 정책 등을 11개의 장으로 나누어 해설하고 북한체
제의 앞으로의 변화 전망을 3개의 장으로 나누어 다루었다.

3) 강성윤 외 공저. 『북한정치의 이해』. 서울: 을유문화사, 2002.

전국대학북한학과협의회가 편찬한 북한정치 교과서다. 대학에서 북한정치
강의를 맡고 있는 8명의 전문가가 북한체제 변천 과정, 북한식 사회주의, 권
력 구조 특성, 주체사상, 조선로동당, 김일성과 김정일, 선군정치 등 북한정
치를 이해하는데 핵심이 되는 사항들을 나누어 맡아 정리한 책이다. 북한정
치체제의 특성을 이해하는 데 도움이 되는 교과서다.

제3부

국제정치

제12장   국제정치체제의 특성

제13장   전쟁, 갈등과 폭력 관리

제14장   국제사회의 협력질서

개 요

국제사회의 정치질서의 창출, 관리, 개혁과 관련된 조직적 인간 행위가 국제정치다. 국제사회는 국가를 구성단위로 하는 사회여서 '국가들의 사회(society of states)'라고도 한다. 개인이 기본 구성단위가 되어 이루어진 국가와 달리 구성단위가 국가라는 점에서 일반 정치와 다른 특수 정치체제라 할 수 있다.

국제질서의 역사는 1648년에 체결된 베스트팔리아 조약에서 비롯된다고 여러 국제정치학 교과서에서 주장하고 있다. 그러나 중국을 중심으로 한 동아시아의 국제질서를 포함한다면 2천년 이상으로 그 시작 시기를 앞당겨야 할 것이다. 적어도 한(漢) 시대에 이르면 국가 간에 합의된 규범도 있었고 국가 간 관계를 바탕으로 하는 국제조직도 있었기 때문이다.

베스트팔리아조약을 수용한 조약 참가국들은 서로의 주권을 존중하기로 합의하고 주권 국가 간의 합의된 것만 규범으로 준수할 의무를 가진다는 가장 기초적 국제규범질서를 창출해냈다. 여기서 주권이라 함은 누구에게도 지배받지 않고 국가의사를 결정할 수 있는 권리를 의미한다. 즉 어떠한 초국가적 권위체도 인정하지 않고 국가가 국제질서의 구성체이고 자기 의사를 결정할 수 있는 최고 권위체의 지위를 가진다는 것을 의미한다. 이 점에서 국제정치질서는 국내정치질서와 다르다. 국내정치질서는 구성단위인 개인 위에 있는 최고 통치권력 기관이 존재하나 국제정치질서는 국가를 초월한 권위를 가지는 국제사회의 최고 통치권위체가 없다. 국제사회는 국가들의 합의로 이루어지고 운영되는 합의 공동체 또는 국가들의 조합(組合)같은 조직체이다.

중앙 정부가 없는 국제사회 공동체는 입법기관도 없고 강제관할권을 가진 사법기구도 없다. 국가들 간에 합의된 약속인 조약만이 국가 행위를 규제하는 규범으로 인정될 뿐 국내정치에서와 같이 모든 구성원에게 강제로 적용되는 보편적 법규범은 없다. 그리고 이 규범을 강제할 수 있는 권위체나 강제력을 가진 존재도 없다. 국내정치에서는 '폭력의 공공화(公共化)'가 이루어져 있다. 국가만이 폭력을 보유하고 구성원들이 사사로이 폭력을 보유, 행사하지 못하게 하고 있다. 그러나 중앙 정부가 없는 국제사회에서는 폭력의 공공화가 이루어져 있지 않고 각 국가가 폭력을 보유하고 있다. 국제사회에서의 법 위반에 대한 구제는 자국의 힘으로 해결하는 자구력(自救力) 밖에 없고, 자국의 안전도 스스로 지켜야 하는 자위력 중심 안보체제가 있을 뿐이다. 이런 점에서 국제정치는 국내정치질서보다 훨씬 발전이 뒤처진 체제라 할 수 있다.

20세기 중반부터 국제정치는 국내정치처럼 점차로 틀을 갖추어가고 있다. 다양한 역사와 문화, 가치관을 가진 크고 작은 국가들을 동등한 행위자로 그 격을 상호 인정하고 함께 공존공생하자는 국가 간의 느슨한 합의 아래 인류는 전 세계를 하나의 협의 공동체로 만들어 나가고 있다.

국제질서의 기본 이념은 평화다. 평화란 '공존의 자발적 합의'를 말한다. 국가 간의 갈등은 폭력 아닌 협의로 해결하고, 질서교란 국가가 출현하면 평화를 지키려는 다른 모든 국가들이 힘을 모아 집단제재를 가하자는 집단안보체제(collective security)를 고안하여 제도화해 나가고 있다.

국제법이 국제질서의 규범이다. 넓은 의미의 국제법은 주권 국가 간의 합의로 이루어진 조약과 오랫동안 많은 국가가 지켜왔던 국제관행, 초국가적 국제기구에서 결정한 결의 등을 포함한다.

국제질서를 관리하는 중앙 정부와 같은 권력 기구는 아직 존재하지 않는다. 오직 국가들의 협의체인 국제연합(United Nations)이 있을 뿐이다. 국제연합은 주권 국가들의 자율적 의사로 만들어진 협의체이나 세계질서를 실질적으로 지배 관리하는 강대국들이 모두 참여하고 있고 전 세계 국가들의 대부분인 193개 국가가 회원으로 가입하고 있어, 이제는 임의 단체의 성격을 벗어나 실질적인 준세계정부의 기능을 하고 있다. 국제연합은 세계안보질서를 관리하는 안전보장이사회를 비롯하여 많은 기능 기구를 창설하여 국제질서를 관리해 나가고 있다.

지역연합체도 국제사회의 중요한 조직으로 등장하고 있다. 유럽 대부분의 국가들이 참여하여 출범시킨 유럽연합(European Union)은 미합중국(United States of America)처럼 하나의 연방국가로 발전시킬 구상으로 시작된 국가연합체이다. 유럽연합 정도의 통합에 이르지는 못하고 있으나 동남아국가연합(ASEAN: Association of South East-Asian Nations), 그리고 아직 형태가 뚜렷하지 않은 상하이협력기구(上海合作組織: SCO) 등도 중요한 국제조직으로 등장하고 있다. 그리고 각종 국가 간 기능별 협력기구(IGO: Inter-Governmental Organization)와 비정부 기관 간의 국제협력기구(INGO: International Non-Governmental Organization) 등도 점차로 국제질서의 중요한 관리조직 기능을 해나가고 있다.

국제질서에는 아직도 규범의 이행을 강요할 수 있는 제도나 힘이 마련되어 있지 않다. 국제사법재판소가 있으나 관할권을 서로 합의한 국가 간의 법적 분쟁에만 권위적 사법 판단을 할 수 있을 뿐이다. 또한 규범을 어긴 국가에 징벌적

제재를 가할 수 있는 폭력을 갖춘 초국가적 기구도 없다. 국내정치질서에서는 군과 경찰이라는 합법적 혹은 제도적 폭력을 국가가 독점하고 이 조직을 활용하여 범법자에게 물리적 제재를 가할 수 있으나, 국제질서에는 아직도 초국가적 군대나 경찰이 없다. 특정한 반질서 행위자를 응징, 제재, 제거하기 위하여 그때그때 국제연합 결의 등으로 조직되는 국제평화유지군(PKF: Peace Keeping Forces)이 있을 뿐이다.

21세기에 들어서면서 국제질서는 크게 변해가고 있다. 지금까지 존중해오던 내정불간섭 원칙이 깨어지고 있다. 베스트팔리아 조약을 기초로 발전해 온 국제질서는 주권의 상호 존중, 내정불간섭 원칙 존중 등을 핵심 원리로 삼아 왔다. 그러나 20세기 후반부터 크게 높아진 인권에 대한 자각으로 '모든 인간의 인간 존엄성이 보장되는 자유를 누릴 권리'라는 보편 인권의식이 범세계적 합의로 자리 잡게 되면서 특정 국가 내에서의 인권 탄압을 저지하기 위해서는 외국, 국제사회의 개입의 타당성도 인정하는 추세가 뚜렷해지고 있다. 이에 따라 '내정불간섭 원칙'은 인권 등 보편가치 수호를 위해서는 지키지 않아도 무방하다는 의견이 지배적이 되어가고 있다.

또 한 가지 두드러지는 현상은 문화적 충돌이다.

18세기 말에 서구 세계에서 시작된 시민혁명의 물결 속에서 '모든 인간은 평등하게 창조되었다'라는 믿음에 바탕을 둔 만민 평등주의와, 모든 인간은 '인간 존엄성이 보장된 자유를 누릴 수 있는 천부적 권리'를 가지고 있다는 자유주의, 그리고 '타인의 자의로부터의 자유'를 보장하기 위한 주권재민의 원칙과 전인민의 정치 참여, 치자와 피치자의 동일성 보장 등을 바탕으로 한 민주주의 등은 20세기 후반에 이르러 '범세계적 보편가치'로 여겨지게 되었다. 1989년 구 소련제국의 붕괴로 전 세계가 미국 지배의 단일질서로 자리 잡아가기 시작하자 미국은 이러한 믿음을 바탕으로 전 세계를 민주국가들로 구성되는 하나의 공동체, 즉 '단일 세계 민주공동체(one world community of free-market democracy)'로 개조할 것을 원대한 비전으로 제시하였다. 그리고 이러한 믿음으로 이라크에서 반민주정부 제거를 위한 전쟁을 벌였다. 그러나 21세기에 들어서면서 점차로 뚜렷해지는 것은 미국이 '범세계적 보편가치'라고 생각해온 것이 세계 많은 지역에서는 받아드려지지 않는다는 사실이다. 문화와 전통이 다른 나라는 모두 각각의 국제질서관을 내세우고 있어 세계질서의 기본 이념 설정이 어렵게 되어가고 있다. 모든 국가는 민주주의보다도 윌슨(Woodrow Wilson)이 제창한 민족자결(self-determination)에 더 비중을 두고 있다.

중국이 미국에 대항하는 초대강국으로 등장하는 이른바 G-2 시대에 들어서면서 '세계단일질서'의 꿈은 흔들리고 있다. 이념, 규범, 조직, 질서유지의 힘 등 질서의 모든 요소에서 서로 다른 주장이 등장하면서 '하나의 질서'로 진행해 나가던 국제정치는 발전 방향을 재정립해 나가야 할 것 같다.

그러나 반대의 흐름도 있다. 모든 국가 간의 경제적 상호 의존관계가 점차 높아감에 따라 단일 경제질서에 대한 요구가 강해지고 있다. '세계단일시장'은 반대하는 국가들이 있어도 어쩔 수 없이 만들어져가는 추세이다. 세계무역기구(WTO)가 합의되었으나 아직도 보편적, 권위적 세계교역관리기구로 자리 잡지 못하고 있어 잠정적으로 양자간 자유무역협정(FTA)이 전 세계적으로 맺어지고 있다.

환경 영역에서도 세계단일 관리질서가 절실해지고 있다. 지구 온난화, 공기와 물의 오염, 삼림의 황폐화, 동식물의 멸종 등등의 환경 문제는 어떤 한 나라가 자기 영토 내에서 해결할 수 있는 문제가 아니다. 국제적 협력 없이는 해결이 불가능한 문제다. 항공교통관리 문제, 해로안전(海路安全)보장 문제 등의 공공질서관리 문제도 마찬가지다.

결국 국제질서는 안보질서, 경제질서, 환경질서, 공공질서 등의 특수질서가 각각의 규범, 조직, 구성원을 가진 독립질서로 발전하면서 국제질서는 이 모든 질서가 동시에 작동하는 '다층복합질서(multi-tiered complex system)'로 당분간 유지되지 않을까 생각한다. 이상과 같이 제12장에서는 국제질서의 구조적 특징과 함께 다양한 질서를 소개한다.

국제정치의 최대 과제는 전쟁의 관리와 평화의 유지이다. 국제정치는 바로 이 과제를 해결하기 위한 장치로 시작되고 발전되어 왔다. 제13장에서는 전쟁과 평화의 문제를 다룬다. 분쟁을 권위적으로 해결해 줄 수 있는 권위체가 없는 국제사회에서 전쟁은 각국의 국익추구 수단, 분쟁해결 수단으로 이용되어왔으며 전세계는 항상 전쟁의 위협 속에서 살아왔었다. 전쟁의 억제를 위한 가장 원시적 수단은 부국강병이었다. 상대방을 군사적으로 제압할 수 있으면 전쟁을 억제할 수 있었다.

단독으로 충분한 자위력과 억제력을 갖출 수 없을 때는 같은 뜻을 가진 우방과 힘을 모으는 동맹(alliance)을 맺어 힘을 모았다. 때로는 여러 국가가 같은 적을 대상으로 하는 집단자위(collective self defense) 체제를 만들기도 했다.

20세기에 두 번의 세계대전을 치루면서 전쟁억지에 대한 관심이 높아져 새로 창안해낸 구상이 집단안보체제(collective security)이다. '불특정 질서 교란국에 대한 나머지 회원국들 간의 자동 동맹'이라는 발상으로 만들어낸 평화유지 방안이 집단안보체제인데 1945년에 발족한 국제연합의 핵심 전쟁예방 방안이 바로 이 체제다. 국제연합 안전보장이사회는 질서 교란국을 '침략자'로 규정하고 회원국들에게 그 교란국의 침략 행위를 저지-원상회복하는데 필요한 군사적, 경제적 지원을 제공할 것을 요구하게 만든 장치가 국제연합 집단안보체제이다. 집단안보체제는 이론상으로는 절묘한 전쟁예방 장치이나 질서 교란국이 초강대국일 경우에는 작동할 수 없다는 약점이 있다.

전쟁억지라는 국체정치의 중심 과제는 앞으로 단일 세계정부가 출현할 때까지 다국적 협력체제, 동맹, 지역안보체제 등 다양한 장치에 의해 해결해 나갈 수밖에 없을 것이다.

제14장에서는 점차로 중요성을 더해가는 국제협력질서를 소개한다. 외교질서, 교통·통신질서, 경제질서, 자원과 환경보호질서와 인권질서 등을 다룬다.

이러한 기능영역별 국제질서는 관련국들의 공동이익을 반영하고 있어 빠른 속도로 '짜임새 있는 질서'의 모습을 갖추어 가고 있다. 국가 간 접촉이 질과 양에서 비약적으로 강화되고 증대되고 있어 앞으로 새로운 기능별 국제질서는 계속 생겨날 것이다.

제12장

국제정치체제의 특성

국가 중심의 국내정치체제는 몇 천 년 동안 진화해온 짜임새 있는 체제이나 역사가 짧은 국제정치체제는 구성단위가 개인이 아닌 국가라는 집단이어서 개인의 관심에서도 멀어 아직까지도 형성도상에 있는 느슨한 체제에 머물러 있다. 국내정치질서와 비교해 보면서 국제정치질서의 특성을 짚어보기로 한다.

1. 국제정치 현상에 대한 다양한 인식

국가를 구성단위로 그리고 국가들 간의 관계로 이루어지는 국제질서를 보는 시각은 다양하다. 국가들이 자국 이익을 추구하는 과정에서 부딪히는 특수한 경우의 외국과의 관계를 국제질서라고 보는 사람들도 있고 국가가 작은 씨족 공동체에서부터 부족 사회, 국가로 자라온 것처럼 사람들의 삶의 단위 공간이 국가를 넘어 다른 국가의 국민들과 함께 살게 된 넓어진 삶의 공간을 국제사회로 보고 국가에서 범세계적 공동체로 발전해가는 과도기의 느슨한 질서를 국제질서로 보는 사람도 있다. 그런가하면 국가가 구성단위가 되어 이루는 2차적 사회인 '국가들의 사회'의 특이한 질서를 국제질서라고 주장하는 사람들도 있다.

이러한 다양한 국제질서관을 와이트(Martin Wight) 교수와 불(Hedley Bull) 교수는 세 가지로 묶어 분류하였다. 와이트와 불 교수는 국제사회는 기본적으로 무정부 상태이고 국제사회는 국가들이 각각 자국의 국익을 지키기 위해 서로 다투는 마당으로 보면서 다투는 국가 간의 힘의 균형에서 형성되는 질서가 곧 국제질서라고 보는 홉스(Thomas Hobbes)적 국제질서관을 '현실주의 전통(The Realist Tradition)'이라 이름 붙였다. 또 칸트(Immanuel Kant)처럼 국제사회는 아직 짜임새 있는 사회로서의 요건을 다 갖추고 있지 않지만 하나의 인류 공동체로 보고 이상적인 인류 공동체로 발전하는 도상에 있는 중간 형태의 질서이므로 세계 공동체적 시각에서 다루어야 한다는 시각을 이들은 '보편주의 전통(The Universalist Tradition)'이라고 불렀다. 그리고 현재의 국제사회의 모습인 '국가들의 사회(society of state)'라는 특수 형태의 사회질서로 보자는 그로티우스(Hugo Grotius)적 인식을 '합리주의 전통(The Rationalist Tradition)'을 따르는 시각이라고 분류하였다.

〈참고자료 7〉 국제정치를 보는 세 가지 전통

국제정치를 어떻게 인식하는가에 따라 국제정치체제를 어떻게 발전시켜 나가야 하는가 하는 문제에서 서로 다른 견해를 갖게 된다. 다양한 국제정치관을 Hedley Bull 교수는 다음의 세 가지로 정리하여 분류하였다. 그의 책(1977)의 내용을 소개한다.

1) 현실주의 전통(The Realist Tradition)

홉스적 전통(Hobbesian Tradition)이라고도 부른다. 국제사회는 무정부 상태로 주권 국가들이 자국 이익을 무제한 추구하는 마당에 불과하고, 현존질서는 지배국이 자기 필요에 따라 만든 것으로 인식한다. 국가는 어떠한 도덕적 제약도 받지 않고 국제사회에서 자국의 목표를 추구한다고 본다.

2) 이상주의 전통(The Universalist Tradition)

칸트적 전통(Kantian Tradition)이라고 부른다. 국제사회를 하나의 인류 공동체라 인식하는 보편주의 시각이다. 국제사회는 개인들이 구성하는 '국가'보다 '더 넓은 공동체'일 뿐이고 따라서 국가의 이익보다 개개인의 삶의 질에 더 관심을 두고 국제질서를 보아야 한다고 주장한다. 사해동포(四海同胞)라는 세계 시민의식을 중시하는 전통이다.

3) 합리주의 전통(The Rationalist Tradition)

휴고 그로티우스(Hugo Grotius)의 이름을 따서 그로티우스적 전통(Grotian Tradition)이라고도 부른다. 국제사회는 국가를 구성 단위로 하는 '국가들의 사회(society of states)'라 인식하고 국내질서에서와 마찬가지로 구성원인 국가 간의 공존과 협력에 중점을 두고 국제정치를 다루어야 한다는 현실주의적 인식을 바탕으로 한다. '베스트팔리아체제'라 부르는 현재의 국제질서는 이러한 합리주의 전통을 반영하여 만들어낸 질서다.

✤ 참고문헌 ─────────────────────────────

Hedley Bull. *The Anarchical Society: A Study of Order in World Politics.* New York: Columbia University, 1977. pp.24-40.

국제질서를 이와 같이 다른 시각에서 바라보게 되면 국제질서를 대하는 자세도 달라지고 국제질서를 다듬어 나가는데 있어 중점을 두는 영역도 달라진다. 특히 국제질서가 어떤 모양이 되는 것이 바람직한가 하는 가치 정향이 달라지므로 국제정치체제를 개선하려는 노력의 방향도 달라지게 된다. 그래서 국제질서를 주도하는 강대국들 간에 심각한 노선 투쟁이 벌어지기도 한다. 예를 들어, 개별 국가의 자유에 역점을 둘 것인가, 각개 국가의 개별 이익보다 세계질서를 더 중시할 것인가에 따라 세계질서의 그림이 달라지고 서로 자기 뜻을 앞세우다보면 강대국 간의 전쟁도 일어나게 된다.

이러한 다양한 국제질서관이 있다는 점을 유의하면서 여기서는 중립적으로 합리주의적 전통에 따라 국제정치의 현재의 상태와 앞으로 진화해 나갈 방향을 전망해보려 한다. 현재로서는 이러한 중립적 인식이 가장 보편적이기 때문이다. 현대 국제질서의 큰 줄기인 베스트팔리아체제가 바로 이러한 그로티우스적 시각에 따라 진화해 왔다는 점에서 현실 국제정치를 이해하는 데 가장 도움이 된다는 뜻에서도 그렇다.

2. 베스트팔리아체제의 특성

국제정치질서도 국내정치질서와 마찬가지로 네 가지 기본 요소를 갖추고 있다. 질서가 지향하는 이상을 반영하는 질서의 기본 이념, 그리고 이 이념을 실현하기 위하여 마련한 규범들과 질서를 관리하는 기구, 질서를 강제하는 수단 등 네 가지 요소를 국제정치질서도 모두 갖추고 있다. 다만 이 요소들이 국내정치질서의 요소들과 다르다는 점에서 국내-국제정치질서의 차이점이 나타난다.

1) 제한적 자율질서

국제정치질서가 추구하는 가장 중요한 가치는 질서 자체의 안정이고 평화이다. 국제질서는 국가 간의 무력 투쟁인 전쟁을 방지하자는 데서 출발한 질서여서 국제사회를 구성하는 국가들이 다른 나라의 무력 위협에서 벗어나 편안하고 자유롭게 살아갈 수 있도록 보장하는 현 상태(status-quo)를 안정되게 유지하자는 것이 국제질서가 추구하는 1차적 체제 목표가 된다. 그래서 강대국, 약소국 가리지 말고 모든 국가의 주권을 서로 존중하는 질서를 가장 이상적 질서로 설정하고 국제정치질서를 발전시켜 왔다. 국가 간의 서로 다른 이익을 서로 인정하고 폭력이 아닌 방법으로 타협하면서 협력해 나가자는 합의에 기초하여 만들어낸 질서가 바로 베스트팔리아체제(Westphalian International System)라 부르는 현존 국제질서다.

베스트팔리아체제는 중세에서 근세로 전환되던 시기에 유럽의 봉건체제 탈피 과정에서 출범한 체제다. 중세 유럽은 크고 작은 영주국, 도시

국가로 나뉘어 있었고 현재의 독일과 중부 유럽의 약 100개의 국가는 신
성로마제국(Holy Roman Empire)이라는 느슨한 제국에 속해 있었다. 이
러한 느슨한 질서 속에서 종교개혁의 여파로 프로테스탄트로 개종한 영주
및 시민들과 구교를 지켜오던 합스부르크가의 신성로마제국 황제와 영주
국들 간의 갈등이 심화되어 1618년부터 1648년까지 30년간 전쟁이 벌어
졌었다. 약 200개국이 참전하고 500만 명의 인명이 희생된 이 30년전쟁
을 끝내면서 전후 처리를 하기 위하여 모인 회의가 베스트팔리아회의였는
데 이 회의에 참석했던 200여 명의 국가원수들이 맺은 조약이 '베스트팔
리아조약'이다.

이 조약에서 새로운 국제정치질서를 합의하였는데 가장 중요한 합의는
군주가 자기 영지의 최고 권위를 가진다는 '주권절대의 원칙'과 군주의 주
권은 서로 존중하고 각 국가의 군주가 자기 국가 내의 종교를 결정하고
다른 나라가 이를 간섭하지 않는다는 이른바 '내정불가침 원칙'이다. 이
두 가지 원칙의 합의로 유럽 기독교 국가들 간에는 공존질서가 확립되었
다. 이 질서에서 유럽 각국은 점차로 민족 단위의 현대 국가로 재편되기
시작하였고 민족 국가의 주권을 상호 존중하는 근대적 국제질서가 자리
잡았다. 그리고 유럽 국가들이 아시아, 아메리카, 아프리카 지역을 식민화
하면서 유럽에서 발전했던 베스트팔리아체제는 전 세계로 확장되었다.

베스트팔리아체제에서 발전해온 현대 국제정치질서는 태생적인 특수성
을 반영하고 있어 특이한 체제로 굳어졌다. 그 특성은 다음과 같이 세
가지로 요약할 수 있다.

첫째로 이 질서는 자율질서(自律秩序)다. 국내의 정치질서는 국가 권력
에 의하여 통제되는 강제질서이지만 국제질서는 구성 국가들의 합의로 유
지되는 자율질서다. 국제질서에는 질서를 통제하고 유지하는 초국가적 권
위체가 없다. 구성 국가의 주권은 어떤 권위에 의해서도 지배받지 않는
최고의 권위로 인정되고 있다.

둘째로 통합된 단일질서인 국내 정치질서와 달리 국제질서는 복합질서이다. 국내질서는 구성원의 안전 보장, 경제 활동, 그리고 국내의 공공질서 유지 등 모든 활동을 국가가 종합적으로 통제, 관리하는 종합질서이다. 그러나 국제질서는 다양한 영역별 질서가 공존하는 복합질서이다. 안전보장질서, 경제질서, 공공재 관리질서 등등이 모두 별도의 원칙에 따라 서로 다른 구성국이 참여하는 독립질서로 독자적 원리에 따라 유지된다. 모든 나라는 원하지 않으면 범세계적 경제질서에 참여하지 않을 수도 있고, 안전보장질서에도 선택적으로 참여할 수 있는 질서다.

셋째로 국내질서는 국민 모두에게 강요되는 보편질서여서 국가의 법규범은 영토 내의 모든 국민과 법인에 적용되나 국제질서는 제한질서여서 조약 당사자에 한정적으로 규범이 적용되는 질서이다. 여러 나라가 합의한 다자 조약도 조약 당사국이 아닌 국가에는 준수를 요구할 수 없다.

2) 안정 추구의 보수적 질서

베스트팔리아체제는 주권 국가 중심의 체제이고, 국가 간의 현존 관계를 안정되게 유지하는 것을 목표로 하는 보수적 체제다. 베스트팔리아체제 이전의 유럽질서에서는 기독교에 바탕을 둔 '보편적 도덕성'이 존중되고 이러한 도덕성에서 도출한 규범으로 국가 간 관계를 규제하였었으나 100년전쟁, 30년전쟁을 겪으면서 이러한 보편적 도덕성에 기초한 규범질서는 무너지고 민족주의를 앞세운 국가들의 이기적 국익 추구 활동이 보편화되었고 이러한 현실을 전제로 정의 실현보다 현실 안정을 더 소중히 여기는 체제가 출현하게 되었다.

주권 국가 간의 평화질서, 안정질서는 세계질서를 지배하는 몇몇의 강대한 국가들에게는 바람직한 것이지만 주권 국가를 이루지 못하는 소수민족에 속하는 개인들에게는 반드시 축복이 되는 것이 아니다. 세계의 65억의 인구는 약 3,000여 개의 민족으로 나뉘어 있는데 현재 주권 국가의 지위를 인정받고 있는 국가는 약 200개이다. 그러므로 대다수의 민족들은 특정 주권 국가 내의 소수민족으로 남아 있는 셈이다. 이들은 전쟁 없는 질서 속에서 많은 혜택을 누리고 있지만 민족적 자유, 즉 소수민족들의 자결권(right of self-determinations) 박탈 그리고 나라 없는 민족이라고 차별받고 기본인권도 보장받지 못하는 등 많은 서러움과 불이익을 받고 살고 있다. 안정된 국제질서라는 가치와 개개인의 자유와 인권 신장이라는 가치가 충돌하는 질서가 베스트팔리아체제라는 현존 국제질서이다.

주권절대의 원칙과 내정불간섭의 원칙을 준수하면서 현존질서의 안정성을 최고 가치로 해 온 베스트팔리아체제는 20세기에 들어서서 두 번의 세계대전을 거치면서 제도화 되었다. 제1차 세계대전을 종결시킨 베르사이유체제를 제도화한 것이 국제연맹(The League of Nation)이었고, 제2차 세계대전을 종식시키면서 승전국들 중심으로 만들어낸 것이 국제연합(The United Nations)이다.

이 두 국가들의 연합체는 참가국들의 주권을 서로 존중하면서 질서 교란국에 대한 회원국들의 집단 제재를 사전에 합의하여 전쟁 발생을 억제하는 것을 주목적으로 한 범세계적 국제조직이므로 전쟁 예방을 위한 가장 의미 있는 장치라고 평가받고 있다. 다만 초강대국들의 질서 교란 행위를 군소 국가들의 집합만으로는 제지할 수 없다는 현실적 제약으로 국제연맹은 실패했고 국제연합은 초대강국의 의사를 존중하는 강대국의 거부권(veto power)을 인정해주는 보완조치로 불완전한대로 세계평화질서 유지에 기여하고 있다.

3) 세계시민질서로의 진화

　주권 국가를 구성원으로 하는 국가들의 연합체로 출발한 베스트팔리아 체제는 약 400년간 국제평화질서를 관리하는 중요한 체제로 기능하면서 각종 규범의 제정, 국제기구의 창설 등을 통하여 제도화된 정치체제의 모습을 갖추어 왔다. 그러나 지난 200여 년 동안 시민혁명에 의하여 촉발된 민주화 운동의 결과로 국가 아닌 개인이 정치체제를 이루는 주된 행위자로 되면서 국가만을 행위 주체로 인정해온 베스트팔리아체제도 큰 변화를 겪고 있다.

　체제를 이끄는 기본 이념도 주권 국가의 권위 보장, 국가 간 전쟁의 예방을 통한 현존질서의 안정성 수호라는 보수주의적 이념에서, 개개인의 인권 신장이라는 근본적으로 시각을 달리하는 이념적 요소를 수용해 나가며서 국가 주권의 상대화, 개인 인권보호를 위한 회원국에 대한 내정간섭의 허용, 범세계적 평화유지활동(PKO)의 확대, 국제 환경보호를 위한 공공질서의 창출 등 점차로 단일 세계 공동체의 모습으로 진화해 나가고 있다.

　21세기는 국제질서의 세계 단일질서로의 전이가 이루어지는 분수령이 되리라 예상된다. 과학기술 발달 속도가 가속화되면서 이미 교통통신 혁명으로 전 세계가 하나의 삶의 마당으로 되어가고 있으며 지구 온난화에 대한 공동 대처, 각종 질환의 공동 대응, 희귀 자원의 공동 보전 등 범세계적으로 함께 대응해 나가야 할 도전들이 인류 사회를 위협하고 있어 세계 단일질서 구축의 필요성이 절실해지고 있다. 또한 세계 구석구석까지 파급된 민주주의 이념으로 국가와 민족을 달리하는 사람들 사이에서도 모두가 하나의 세계 공동체의 구성원이라는 세계시민 의식이 급속히 퍼지고 있어 세계 단일정치질서 구축 요구가 높아지고 있다.

　국제연합은 이미 「세계인권선언」을 채택했고 「세계인권규약」이라는 다자 조약을 채택하여 세계 모든 사람의 인권을 공동으로 보장하기로 결정하였고 이를 위하여 인권을 탄압하는 국가에 대하여 국제기구와 관련 국가들이 개입해야 하는 책임(R2P: responsibility to protect)을 인정하는 단계에까지 이르고 있다. 21세기 중엽까지는 현재의 국제연합이 세계 단일 공동체로 진화하리라 생각한다.

3. 국제정치의 구성체와 조직

국제정치체제는 '국가들의 연합'이라는 협력 체제로 출발했고 아직도 국제정치의 행위 주체로는 국가와 국가들의 집단만을 인정하고 개인을 행위 주체로 인정하고 있지 않다. 예를 들어, 국제사법재판소의 소송에서도 개인의 출소권은 인정하지 않고 있다. 그러나 국가 간의 관계, 국민들 간의 관계 등이 급속도로 팽창하고 있어 국제정치의 행위 주체도 국가 이외에 국가들의 협력체인 지역 공동체, 국제조직 등이 새로운 행위자로 인정받고 있다.

국가를 비롯한 국제질서의 주요 행위 주체는 다음과 같다.

1) 국가

전 세계에 약 200개의 주권 국가가 있다. 2013년 현재 이 중에서 193개국이 국제연합 가맹국이다. 이들이 국제정치질서의 기본 행위 주체이다. 국제연합 가맹국이 아니어도 주요 국가들의 국가승인을 받으면 스위스처럼 기본 행위자로 인정받는다.

국제질서의 구성체로서의 국가로 인정받기 위해서는 세 가지 객관적 요건과 한 가지 정치적 요건을 갖추어야 한다. 요건 네 가지는 다음과 같다.

첫째, 국민을 가져야 한다.

국가는 인간의 집단이다. 국가의 첫째 자격 요건은 영구적인 주민의 존재다. 국민이 없는 국가는 있을 수 없다. 국민은 통치권이 미치는 대상인 인간 집단을 말한다. 국민이 되는 요건은 각 국가의 국적법에 따른다. 자국 국민의 자손을 국민으로 인정하는 속인주의(屬人主義)와 자국 영토 내에서 출생한 사람을 국민으로 인정하는 속지주의(屬地主義)가 있다. 나라마다 다른 원칙을 정하기 때문에 한 사람이 두 나라의 국민이 될 수 있고 반대로 무국적인이 되기도 한다. 예를 들어, 한국인 아버지를 가지고 미국에서 태어난 아이는 속인주의를 택하고 있는 한국 국적법에 따라 한국 국적을 얻음과 동시에 속지주의를 택한 미국법에 따라 미국 국적도 갖는 이중 국적자가 되고 반대로 미국 아버지를 가지고 한국에서 출생하게 되면 무국적자가 된다.

둘째로 영토를 가져야 한다.

정부의 배타적 관할권이 미치는 영토를 가져야 국가로 인정된다. 국가는 일정 영토에 살고 있는 인간 집단이 만든 공동체다. 땅으로 구성된 공간 외에 접촉하고 있는 12해리까지의 바다를 영해로 인정받고 있으며 영토와 영해의 상공인 영공도 넓은 의미의 영토에 포함된다.

셋째, 정부가 있어야 한다.

국민과 영토에 대한 통치권을 행사하는 조직체가 정부다. 독자적인 정부를 가지고 있어야 국가로 인정된다. 정부는 국제사회에서 국민을 대표한다. 한 국가에 하나의 정부만을 국제사회에서 대표 조직으로 인정한다. 연방 국가의 지방정부는 국제사회에서 대표권을 인정받지 못한다. 그러나 특수한 경우에 연방국의 지분방도 국제질서의 독립 행위주체로 인정받는 경우가 있었다. 국제연합 결성 때 소련을 가입시키기 위하여 소련이 제시한 조건을 들어주기 위하여 소련방의 지분방이던 우크라이나(Ukraina)와 벨라루스(Beloruss)를 소련방과 별도로 독자적인 국제연합 회권국으로 받아들인 적이 있다. 이 경우는 예외적인 사례이고 국제연합 밖에서는 이 두 나라도 국가로 인정받지 못했다.

넷째, 주권을 인정받아야 한다.

이 조건은 정치적인 것이다. 주권은 국민이나 영토처럼 객관적으로 주어진 것이 아니라 주요 국가들의 승인이라는 정치적 판단에 따르기 때문이다.

국민과 영토에 대한 정부의 배타적 통치권을 주권(sovereignty)이라 한다. 주권을 갖춘 국가여야 국제질서의 법적 구성원으로 인정받는다. 주권은 자국 내에서 모든 규범의 타당 근거가 되는 최고 권위를 말하는 대내 주권과 국제사회에서 어떤 권위에도 제약받지 않는 대외 주권을 포함한다. 주권 국가는 국제사회에서 다른 국가와 합의한 조약만을 준수할 의무를 가질 뿐으로 어떠한 권위에도 승복하지 않는 법적 지위를 보장 받는다. 현재의 국제질서가 주권 국가들의 합의질서이기 때문이다.

어떤 국가가 주권 국가인가를 결정하는 기준은 없다. 관행으로 국제사회를 주도하는 주요 국가들의 국가승인(state recognition)을 받으면 주권 국가로 인정된다. 국제연합이 창설된 이후에는 국제연합의 총회에서 회원국으로 승인받으면 주권 국가로 인정한다. 국내에서 정변이 일어나 새로운 정부가 탄생한 경우에는 그 새 정부가 그 나라를 대표하는 합법 정부라는 사실을 국제사회에서 인정받는 경우, 즉 정부승인(government recognition)을 받는 경우라야 국제사회에서 합법적 행위자 자격을 얻게 된다. 중국의 경우 1949년에 중국 본토를 모두 장악하고 중화인민공화국을 선포하였으나 1979년에 이르러서야 국제연합 총회에서 중화민국을 대

신하는 정부로 북경 정부가 정부승인을 받아 국제연합 회원국이 될 수
있었다.

2) 지역 공동체와 국제연합

베스트팔리아체제는 주권 국가들을 구성원으로 하는 '국가들의 협의체'
로 출발하였으나 20세기에 들어서서 주권 국가들이 모여 지역 공동체라
고 하는 새로운 단위의 행위체를 만들고, 세계 주권 국가 대부분이 회원
으로 가입한 국제연합이라는 새로운 정치 공동체가 출현하면서 이제는
세계정치체제의 구성원에 주권 국가 이외에 지역 공동체와 국제연합이
추가되었다.

현재 국제사회에서 정치적 행위 주체로 인정받는 지역 공동체는 유럽
연합(European Union)뿐이다. 통칭 EU라 부르는 이 공동체는 1952년
당시의 서독 등 서유럽 6개국이 만든 '유럽 석탄철강 공동체'에서 출발하
여 몇 번의 변신을 거듭한 후 1994년 1월 통합정치 공동체가 되었다.
2013년 현재 27개국이 구성원이 되어 있는 EU는 유로(Euro)라는 공동
화폐를 쓰고 세계 각국에 EU 대사관을 설치·운영하는 외교 공동체, 안보
정책을 함께 조율하는 안보 공동체가 되었으며 환경, 교통, 산업 정책,
교육, 보건, 문화 등의 정책 영역에서도 공동보조를 취하는 단일 행위 주
체가 되어 단일 국가에 근접한 공동체가 되어 있다. 아직까지도 구성국
모두가 국제사회에서 독자적 주권 국가로 인정받고 있으나 언젠가는 미국
처럼 '합중국(united state)'으로 발전하리라 본다.

국제연합(United Nations)은 193개 회원국을 가진 국가연합체로서 초
국가적 권위체로 국제질서를 실질상 관리하는 조직체인데 일반 주권 국가
처럼 독자적 정부나 군대를 가지고 있지 않지만 국제질서의 중요한 독립

행위 주체로 인정받고 있다.

3) 정부간 국제기구와 비정부간 국제기구

국가 이외에 국제질서를 구성하는 조직체로 정부간 국제기구(IGO: Inter-Governmental Organization)와 비정부간 국제기구(INGO: International Non-governmental Organization)가 있다. 구성단위가 정부이면 IGO, 정부가 아닌 단체나 개인이면 INGO라 한다.

주요 정부간 국제기구로는 국제통화기금(IMF: International Monetary Fund), 세계무역기구(WTO: World Trade Organization), 국제부흥개발은행(IBRD: International Bank for Reconstruction and Development), 만국우편연합(UPO: Universal Postal Union), 국제민간항공기구(ICAO: International Civil Aviation Organization), 유엔교육과학문화기구(UNESCO: United Nations Educational, Scientific and Cultural Organization), 세계보건기구(WHO: World Health Organization) 등이 있다. 이 밖에도 많은 IGO가 있으며 지금도 계속 그 수가 늘어나고 있다.

각국의 민간단체나 개인 등이 초국경적으로 연합하여 특정 목적을 위하여 활동하는 비정부간 국제기구, 즉 INGO는 무수히 많다. 국제고래보호협회(IWA), 국제아마추어무선연맹(IARU) 등이 이런 INGO다.

국제기구는 주권 국가처럼 포괄적인 행위자로 인정받는 행위 주체는 아니나 국제질서 유지에 큰 영향을 주는 조직체이다.

4) 개인과 단체

현재의 국제질서에서는 개인과 일반단체는 독자적 행위 주체로 인정받지 못하고 있다. 그러나 국제정치질서 유지에 큰 영향을 주는 개인과 단체가 많다. 알 카에다(Al-Qaeda) 등 독립 투쟁을 하는 소수민족 단체들과 같은 조직체는 때로는 국가 이상으로 중요한 영향을 미치는 행위 주체들이다. 2013년 현재 전 세계에 약 500개의 비정부 무장 정치단체가 활동하고 있다. 이들도 주요 행위 주체로 보아야 한다.

개인은 국제질서의 독립된 행위 주체로 인정받지 못하지만 점차로 국제기구에 직접 참여하는 길이 열리고 있다. 국가대표로서가 아니라 개인 자격으로 국제기구의 요직을 담당함으로써 국제질서 운영에 참가하고 있다. 또한 유럽 인권재판소 등에서는 이미 개인에게도 소송 당사자 지위(locus standi)를 부여하고 있다. 마찬가지로 비정부기관 또는 순수 민간단체도 제한된 범위에서 국제기구의 성원으로 참가하는 길이 열리고 있다.

개인과 민간단체 등 비국가 행위자의 국제질서 참여의 길이 넓어져 가면 '국가들의 연합체'라는 국제질서의 성격이 「세계시민의 공동체」 질서로 변질되어가게 될 것이다.

4. 국제질서의 규범체계

현존 국제질서는 주권 국가들의 자율적 협의질서라는 특성을 가지고 있어 질서의 핵심을 이루는 규범도 국가들의 자율적 합의로 이루어진 것만 규범으로서의 구속력을 가진다. 국가의 주권은 '최고의 권위'이므로 국가에게는 규범을 강제할 수 있는 더 상위의 권위체가 없다.

국제질서의 가장 중요한 규범은 국가 간의 명시적 합의인 조약이다. 그러나 현실에서는 조약 이외에 보편적으로 인정되는 관습이나 법의식도 규범적 기능을 한다. 국제사법재판소가 재판의 근거로 삼는 법원(法源)도 조약, 국제적 관습, 국제법의 일반 원칙, 판례 및 권위 있는 학자들의 견해 등 4가지로 규정하고 있다. 보통 국제법이라고 할 때는 쌍무조약, 다자조약, 그리고 국제기구에서 채택한 규정 등을 말한다.

1) 조약

조약이란 국제질서의 행위 주체인 국가, 국제기구가 서로 간의 권리, 의무를 문서로 작성한 국제적 합의이다. 1986년에 체결된 '비엔나조약'의 제2조 제1항은 조약을 '문서로 작성된 합의'로 규정하고 있으나 국제 관행상 구두합의도 객관적으로 확인된 것이면 조약으로 인정한다. 조약에서 중요한 것은 행위자의 의사이지 형식이 아니기 때문이다.

조약은 다양한 명칭을 가지고 있으나 국제법 주체 간의 명시적 합의라는 점에서는 모두 똑같은 구속력을 가지는 규범이다. 많이 사용되는 명칭으로 다음과 같은 11가지가 있다.

① 조약(treaty): 격식을 갖춘 중요 합의 문서
② 협약(convention): 다수 국가가 맺는 입법 조약
③ 협정(agreement): 특정 사항에 한정된 합의
④ 약정(arrangement): 유효기간이 짧은 실무적 합의
⑤ 규약(covenant): 국제기구의 기본법, 보편규범에 쓴다

⑥ 헌장(charter): 국제기구 창설 때 채택한 기본법

⑦ 의정서(protocol): 조약에 부속시켜 내용을 보충하는 경우에 쓴다

⑧ 결정서(act): 국제회의 종료 후 새로 합의한 규칙 등에 붙인다

⑨ 선언(declaration): 국제법의 규칙을 확인하거나 명문화할 때 사용한다

⑩ 양해각서(MOU: memorandum of understanding): 조약 본문에 포함된 용어의 뜻을 명확하게 할 때 만든 부속서를 칭할 때 쓴다

⑪ 잠정협정(modus vivendi): 정식 조약에 앞서 미리 잠정적으로 어떤 내용을 합의할 때 쓴다

조약은 당사자 간의 합의이므로 합의 당사간에서만 유효하다. "약정은 이것을 맺은 자에 대해서만 법"이라는 법원칙에 따라 적용 범위가 체결 당사자에 한정된다. 이 점은 국내법과 다르다. 국내법은 집합적 국민의사인 국가 주권에 기초하여 제정된 것이므로 국민 개개인의 의사와 관계없이 모든 국민에게 효력을 가지는 강제규범(jus cogens)이 대부분이다.

조약은 당사자 간의 특별한 합의이므로 '특별법 우선의 원칙'에 의하여 일반 국제법에 우선하는 규범이 된다. 그러나 이미 합의한 일반 국제법 또는 다른 조약의 의무를 새로운 조약으로 면할 수는 없다. 당사자가 둘 뿐인 조약을 쌍무조약(bilateral treaty)이라 부르고 당사자가 다수인 조약을 다자조약(multilateral treaty)이라 부른다.

2) 관습

국제사법재판소 규정 제38조는 "법으로 수락된 일반적 관행"을 관습(custom)이라는 독립된 법원(法源)으로 규정하고 있다. 국가 간에 동일한 상황에서 동일한 형태로 반복되어온 관행이 있고 이러한 관행을 법으

로 인식해온 '법적 확신(optimo jus)'이 있다고 판단되면 관습도 관습법이라는 규범이 된다. 그러나 그 효력은 이러한 관습법을 묵시적으로 승인해온 국가에만 적용된다.

3) 법의 일반 원칙과 학자들의 견해

국제사법재판소 규정에서는 '문명국이 인정한 법의 일반 원칙'을 법원(法源)으로 규정하고 있다. 주관적인 기준이다. 문명사회에서 오랫동안 법원칙으로 통용해온 '상식'을 규범으로 한다는 규정이다.

마찬가지로 국제재판소의 판례나 저명한 학자들의 견해도 국제법의 중요 법원이 된다. 역시 주관적인 것이나 '상식'을 중시하는 문명사회의 공통문화를 존중하자는 뜻이라 생각된다.

국제질서는 주권 국가들의 자율질서이므로 국제법을 강제할 수 있는 강제력을 가진 권위체가 없다. 다만 국제법을 위반하였을 때 국제사회의 다른 구성원의 응징을 '합법화'해준다는 정치적 의미가 있다.

제13장

전쟁, 갈등과 폭력 관리

국제정치질서는 전쟁관리에서 시작되었다. 인류 역사는 전쟁사라고 할 수 있을 정도로 전쟁은 문명 초기부터 있어 왔다. 과학기술 수준이 낮았던 원시 시대부터 근세까지 인간의 삶은 고달팠다. 수렵 시대, 채취 시대는 말할 것도 없고 유목 시대, 농업 시대까지 인간의 생산력은 낮은 수준에 머물러 있어서 집단구성원 모두가 생산에 전념해도 삶을 유지하는 데 필요한 의식주를 마련할 기초 물자도 충분히 확보할 수 없었다. 이러한 여건에서 인간이 생각해낸 삶의 수단이 무력으로 남의 것을 빼앗는 방법이었다. 다른 집단의 것을 폭력으로 그 집단원을 제압하고 그들이 가진 것들을 쟁취하여 자기 집단 소속원의 삶의 질을 높이는 이러한 쟁취 문화는 전 인류 사회의 역사에서 공통으로 나타나는 보편적 문화였다.

국가라는 정치 집단이 형성되고 국가 간의 접촉이 생겨나면서 국가 단위의 싸움, 즉 상대 국가의 농지, 목축지, 양식, 가축, 그리고 노동을 시킬 사람까지를 놓고 다투는 무력 투쟁이 일상화 되었으며 이런 투쟁이 가져오는 폐해를 줄이기 위해 사람들은 무력 투쟁을 예방하는 방법을 생각해 보았다. 이와 함께 예방이 실패하여 전쟁이 벌어졌을 경우 불필요한 살상을 최소화하기 위한 전쟁관리 방안도 연구해왔다. 그리고 상대국이 전쟁 자체를 시도할 수 없도록 사전에 제압하는 전쟁억지 방안을 마련하려고 애써왔다. 이런 노력의 결과로 오늘날의 국제질서의 핵심을 이루는 다양한 안보 체제가 형성되었다.

이 장에서는 전쟁에 대한 국제사회의 인식, 전쟁의 원인과 유형 등을 살펴보고 분쟁의 평화적 해결과 관련된 국제질서, 전쟁관리에 관한 질서, 그리고 전쟁억지 노력 등에 대하여 해설한다.

1. 쟁취 문화와 전쟁

쟁취는 무력이 강한 국가에게는 가장 손쉽고 간단한 경제적 자원들의 확보 방법이다. 그래서 궁핍의 시대에는 쟁취가 그 구성원들의 보편적 삶의 양식이 되었으며 전쟁은 산업 혁명 이전까지의 인류 사회의 공통의 문화 양식으로 자리 잡아 왔다. 각국이 부국강병 정책을 세우고 강한 군사력을 건설하여 약한 나라를 무력으로 지배 착취하여 자국의 경제적 풍요를 추구하던 전쟁 문화는 19세기와 20세기에 강대국들이 국제사회를 지배하던 제국주의 시대에 그 절정에 달했었다. 전쟁이 정당화되고 찬미되고 강대국을 지향하는 정부를 국민이 열광적으로 지지하는 전쟁 문화가 온 인류 사회에 퍼져 있었다.

전쟁 개념, 전쟁 유형, 전쟁 원인 등을 간단히 정리한다.

1) 전쟁이란 무엇인가?

전쟁은 "적어도 1개 이상의 주권 국가를 포함한 정치 집단 간에서 일어나는 일정 규모 이상의 집단적 무장 투쟁"이라고 정의한다. 전쟁의 주체는 국가이다. 전쟁의 주체는 주권 국가이다. '주권 국가들의 협의체'라는 현대 국제정치체제를 전제로 전쟁을 바라보기 때문이다. 주권 국가가 행위자로 포함되지 않은 무력 투쟁은 전쟁이 아니다. 단순한 집단 무력 투쟁일 뿐이다. 국가 아닌 집단, 즉 무장 폭도 단체 간의 무력 투쟁 등은 전쟁으로 보지 않는다. 그러나 이미 국가 아닌 무장 정치단체가 500개 이상 존재하는 현실에서 비국가 단체가 벌이는 무장 투쟁도 '특수 전쟁'으로 재정의해야 할 때가 되었다.

전쟁은 집단적 무장 투쟁이다. 퀸시 라이트(Quincy Wright)는 전쟁을 "상당 기간 상당 규모로 지속되는 국가 및 이에 준하는 집단 간의 무장 투쟁"이라고 정의했는데 보통 100명 이상의 사상자가 발생할 때 전쟁으로 간주하고 있다.

전쟁은 모두 악(惡)인가? 전쟁의 목적에 대한 평가로 선한 전쟁과 악한 전쟁을 구분하기도 하나 어디까지나 이 구별은 주관적인 것이다. 질서의 안정성을 지키려는 사람의 시각에서는 질서를 깨고 새 질서를 만들기 위한 전쟁은 악이다. 그러나 그 질서가 반인륜적인 악한 질서인 경우는 이런 질서에 대한 도전은 정의의 전쟁이 된다. 절대신을 믿는 종교인들은 그 믿음을 지키는 무력 투쟁을 성전(聖戰: holy war)이라 생각하나, 그 종교를 배척하는 집단이 볼 때는 그런 무력 투쟁은 죄악이다. 모든 전쟁과 폭력 사용을 반대하는 '맹목적 평화주의자(peacenik)'들에게는 전쟁은 어떤 목적이어도 악으로 보이나, 민간인을 대량살상하는 독선적 독재정권을 타도하고 인민들을 살려 내려고 벌인 전쟁은 '정의의 전쟁'이라 주장하는 사람들도 많다.

2) 전쟁의 유형

전쟁은 연구자의 관심에 따라 여러 가지 방법으로 분류하고 있다. 흔히 사용되는 분류 몇 가지만 소개한다.

(1) 당사자의 법적 지위에 따른 분류

전쟁을 행하는 혹은 전쟁에 관련된 당사자가 어떤 법적 지위를 가진 행위자인가를 기준으로 다음과 같이 분류한다.

* **국제 전쟁(international war)**: 당사자 쌍방이 모두 주권 국가인 전쟁을 말한다. 당사자가 여러 주권 국가인 다자 전쟁도 국제 전쟁이다.
* **식민 전쟁(colonial war)**: 주권 국가와 주권 국가가 지배하고 있는 지역의 비주권 정치 집단 간의 전쟁이다. 투쟁하는 정치 집단이 주권 국가로 인정되면 국제 전쟁이 된다.
* **내전(civil war)**: 주권 국가와 그 국가 내의 반란 단체 사이의 전쟁 또는 국가 내의 두 개 이상의 정치 집단 간의 전쟁을 말한다. 국가 내의 일정 영토와 인민을 장악한 정치 집단이 독립 쟁취를 위하여 중앙 정부와 벌이는 전쟁이 대부분의 내전이다.

(2) 전투 지역 범위에 따른 분류

전쟁이 진행되는 지리적 범위에 따른 분류다.

* **국지전(local war)**: 한 국가 영역 내의 일부 지역으로 전투 행위가 한정된 경우를 말한다.
* **지역전(regional war)**: 특정 지역 내의 여러 나라가 참전하는 전쟁

＊ 세계대전(world war): 전 세계 대부분의 국가가 참전하여 전쟁의 피해가 전 세계적으로 파급되는 전쟁. 역사적으로는 제1차 및 제2차 세계대전 등 두 번의 세계대전이 있었다.

(3) 사용 무기 제한에 따른 분류

전쟁에 사용하는 무기에 열핵무기(thermo-nuclear weapon)가 포함되는지 여부로 분류하는 방법이다. 열핵무기를 사용하는 전쟁이 열핵전(thermo-nuclear war)이고 열핵무기 사용이 금지된 전쟁이 재래전(conventional war)이다.

(4) 전쟁 수단의 제한 여부에 따른 분류

참전국의 모든 영토, 모든 인구, 모든 시설을 전쟁 수단으로 사용하고 또한 상대국의 모든 대상을 공격 목표로 하는 전쟁을 총력전(total war)이라 하고 투입 병력, 수단, 전투 지역, 공격 대상 등을 스스로 제한하는 전쟁을 제한전(limited war)이라 한다.

(5) 전쟁 강도에 따른 분류

전투의 격렬도에 따라 고강도 전쟁(high intensity war), 저강도 전쟁(low intensity war)과 전쟁 이외의 작전(OOTW: operation other than war)으로 구분하기도 한다.

(6) 전쟁 목적에 따른 분류

이 분류는 전쟁 당사국 스스로 또는 평가자가 전쟁 목적을 밝혀 전쟁의 성격을 밝힐 때 붙이는 이름에 따른 분류이다.

제국주의 전쟁(imperial war), 식민 전쟁(colonial war), 독립 전쟁(independence war), 패권 전쟁(hegemonic war) 등이 있다.

3) 전쟁 유형의 변천

전쟁은 다양한 국익을 추구하는 과정에서 일어나나 특히 그 시대 특성과 직결되어 있음을 알 수 있다. 18세기 중엽부터 20세기 중반까지 약 200년간의 제국주의 시대에는 약소국을 자국 식민지로 만들기 위한 강대국의 식민지 전쟁, 그리고 강대국 간의 식민지 쟁탈전이 주로 벌어졌었다.

그러나 제2차 세계대전이 끝난 1945년부터 1995년까지의 40년간에는 공산 혁명을 전 세계로 수출하려던 구소련이 신생 독립국가 내의 공산주의자들을 지원하여 벌인 이념을 앞세운 내전이 전쟁의 주종을 이루었다. 그리고 구식민지가 신생 주권 국가로 독립하는 과정에서 과거 식민모국이 식민지 영역을 편의대로 설정하여서 생긴 신생 국가 간의 불합리한 영토 구분이 원인이 되어 일어나는 영토 분쟁이 많았었다.

20세기 말에서 21세기에 들어서서는 전제주의 국가 내의 인민들의 인권보호를 위한 외부 국가들의 개입에서 일어나는 인권 전쟁이 점차로 전쟁의 주류를 이루고 있다. 주권절대의 원칙과 내정불간섭 원칙이 지켜지던 베스트팔리아체제에서는 외면당하던 전제 국가 내의 인민의 인권 문제가 세계시민 의식의 보편화 흐름 속에서 범세계적 관심사로 등장하면서 국제연합 등 국제기구와 민주주의 강대국들이 같은 인류로서의 보호책임, 즉 R2P(responsibility to protect)를 주장하면서 인권 탄압 국가에 무력 개입을 하면서 생겨난 새로운 전쟁들이다.

1945년부터 1995년까지의 50년간 일어난 292개의 전쟁 중 영토 전쟁이 122건, 독립 전쟁이 46건, 인종 분쟁이 18건이 들어 있었는데 이러한 전쟁들의 원인들을 좀 더 깊이 살펴보면 '소수민족 인권 문제'가 전쟁의 근원임을 알 수 있다. 전 세계에 자주권을 주장하는 민족은 약 3,000개가 되는데 주권 국가로 인정받고 있는 국가 수는 200개(국제연합 회원국은 193개)뿐이므로 대부분의 민족은 어떤 주권 국가 내의 소수민족으로 차

별과 탄압을 받고 있는 셈인데, 이들 소수민족의 인권 문제가 새 시대의 전쟁의 원인이 되고 있음을 주목할 필요가 있다. 이란-이라크 전쟁, 이라크 전쟁, 아프가니스탄 전쟁, 코소보 전쟁, 체첸 전쟁, 수단 전쟁, 비아프라 전쟁 등등은 모두가 이런 전쟁들이었다. 예를 들어, 쿠르드족은 식민지 독립 과정에서 독자적 독립국가의 지위를 얻지 못함으로써 현재 터키, 이라크, 이란 등 여러 국가 내의 소수민족으로 전락하였으며 이들의 자주권 투쟁이 다른 요인과 합쳐져서 중동 전쟁의 원인이 되고 있다. 또한 옛 유고슬라비아 내의 소수민족 문제 역시 코소보 전쟁의 원인이 되었었다. 앞으로도 중국의 티베트·위구르 등의 소수민족의 독립 투쟁, 미얀마의 카친족의 독립 운동, 인도네시아의 아체 등 소수민족 문제 등이 전쟁의 불씨가 되리라 생각된다.

4) 전쟁의 원인

전쟁은 피할 수 없을까? 전쟁을 사전에 방지하거나 전쟁의 피해를 최소화 하려는 많은 노력이 있어 왔다. 전쟁을 예방하고 피해를 줄이는 방안을 찾기 위해서는 전쟁 원인을 먼저 규명해야 한다. 지금까지 학계에서 제시된 주요 전쟁 원인을 간략히 소개한다.

(1) 인간 본성과 전쟁

전쟁은 인간 본성에 잠재되어 있는 공격 본능이 어떤 계기에 집단적으로 표출되어 일어난다고 보는 견해가 있다. 로렌츠(Konrad Z. Lorenz)가 대표적인 학자다. 럼멜(R. J. Rummel)은 인간 간의 갈등은 본질적으로 사람들의 마음들 간의 갈등이며 개인들이 가진 인식, 욕구, 이익 기대, 도덕관 등의 차이에서 빚어지는 갈등이므로 모든 갈등은 인간의 마음속에서 형성되고 진행되고 끝난다고 보았다. 럼멜은 그의 저서 *In the Minds of Men*에서 이렇게 주장하면서 "평화도 사람들의 마음 간의 관계 (Peace is a relationship between minds)"라고 결론지었다.15) 유네스코 (UNESCO) 헌장 서문에서도 전쟁은 인간의 마음에서 비롯되므로 평화의 수호도 인간의 마음속에서 이루어져야 한다고 선언하였다.

인간 본성이 근본적으로 선한가 혹은 악한가에 대해서는 옛 부터 많은 논의가 있었다. 중국 철학자 중에는 순자(荀子)나 한비자(韓非子)처럼 성악설을 주장하는 사람도 있었고, 공자나 맹자처럼 사람은 다듬으면 선한 사람으로 만들 수 있다고 주장한 사람도 있었다. 그러나 어느 경우에도 사람들 간의 인식, 견해, 이해관계가 서로 다르기 때문에 갈등은 없을 수 없다는 점에서는 모두 같은 결론을 내리고 있다. 다양한 사람들이 만든 국가들이 서로 부딪히면 전쟁은 일어날 수밖에 없게 된다.

전쟁을 인간 본성과 연계해서 이해하려는 이론을 '전쟁인성론'이라고 한다. 인간의 본성으로 전쟁을 모두 설명할 수는 없어도 전쟁 발생의 상당 부분은 설명할 수 있다고 본다.

(2) 국가 특성과 전쟁

전쟁은 국가 간의 무장 투쟁이다. 똑같은 본성을 가진 국민들로 이루어진 국가의 경우도 호전적인 국가가 있을 수 있고 그렇지 않은 국가도 있다. 국가의 행위는 국민들의 생각과 반드시 일치하지 않을 수 있다. 왜냐하면 국가는 국가의 기본 이념, 국가로서의 이해관계, 국가의 의사결정체제의 특성에 따라 국가 나름의 행위 선택을 하기 때문이다. 이러한 국가 특성으로 전쟁을 설명하려는 이론을 '국가특성이론'이라 부른다.

---

15) R. J. Rummel, *In The Minds of Men: Principles Towards Understanding and Waging Peace* (Seoul: Sogang University Press, 1984), p.10.

나치스당이 지배하던 독일은 가장 호전적 국가였다. 그러나 민주화된 독일은 평화를 추구하는 반전 국가가 되었다. 국가의 지배 이념과 정치체제가 국가의 호전성을 결정한다는 이론은 상당한 설득력을 가진다.

자유주의 이념을 가진 학자들은 전체주의-전제주의 국가가 국가이익 추구 수단으로 전쟁을 선택하는 경향이 강하고 민주주의 국가는 평화 지향적이라고 주장한다. 전제주의 국가는 소수지배자가 국민의 희생을 무릅쓰고 전쟁과 같은 정책 수단을 쉽게 택할 수 있으나, 국민 모두가 주권자로 국가의사 결정에 참여하는 민주주의 국가에서는 엄청난 국민의 희생이 따르는 전쟁을 쉽게 선택할 수 없기 때문이라는 설명이다.

럼멜(R. J. Rummel)과 러셋(Bruce Russett)은 지난 200년간의 전쟁을 분석하여 "자유주의 국가 간에는 폭력적 행위가 없었으며 자유주의국가들은 오직 상대가 도발한 전쟁에 대응하기 위해서만 전쟁에 참여했다"고 결론지었다. "민주주의 국가 간에는 전쟁이 일어나지 않는다"는 주장을 '자유주의 평화이론'이라고 부른다. 전제주의 국가인 북한이 호전적인데 반하여 자유민주주의 정치를 갖춘 한국이 전쟁을 회피하려는 현실은 이러한 이론이 옳음을 보여준다.

(3) 국제체제와 전쟁

국내정치에서는 이익을 달리하는 집단 간의 갈등이 무력 충돌로 발전하는 일은 드물다. 제도화된 분쟁 해결 장치를 통하여 타협으로 갈등을 해결하거나 폭력의 공공화(公共化)가 이루어져 국가가 공권력을 독점하고 분쟁을 제압할 수 있기 때문이다. 그러나 폭력의 공공화가 이루어져 있지 않은 국제사회에서는 국가 간 분쟁을 제압할 수 있는 공권력을 가진 초국가적 통제 기구가 없기 때문에 국가 간 갈등이 전쟁으로 이어지는 것을 말릴 수가 없다.

국제사회에서는 구성 국가들이 개별적으로 군대를 가지고 있고 군대를 가진 초국가적 권위체가 없어 국가는 자기의 군대로 자국 이익을 지키는 자구적 해결밖에는 분쟁 해결 방법이 없다. 전쟁은 국제체제의 미흡한 분쟁 해결 제도와 공공화된 폭력을 행사할 중앙 정부의 부재 때문에 일어난다. 이처럼 국제체제의 상태에 따라 전쟁이 일어나기도 하고 그렇지 않을 수도 있다는 주장을 '전쟁의 국제체제이론'이라 부른다.

국내 사회처럼 잘 발달된 정치체제가 형성되어 있지 않은 국제사회에서는 각국의 자위 능력, 국가 간의 군사 균형, 집단안보체제 등으로 전쟁을 억지하고 있다. 따라서 국가 간의 군사 균형의 변화에 따라 전쟁은 억지될 수도 있고 쉽게 일어날 수도 있게 된다.

국제사회에서는 다른 모든 국가의 무력을 제압할 수 있는 힘을 가진 초강대국이 등장하면 이 패권 국가의 힘에 의하여 전쟁이 억지되는 질서가 형성된다. 로마제국이 패권을 장악했을 때에 이루어졌던 평화질서를 '로마에 의한 평화(Pax Romana)'라 불렀고, 19세기 영국의 패권적 지위로 유지되던 유럽의 안정질서를 '영국에 의한 평화(Pax Britanica)', 그리고 제2차 세계대전 직후와 20세기 말 소련제국 붕괴 이후 미국의 힘에 의해 유지되었던 범세계적 안정질서를 '미국에 의한 평화(Pax Americana)'라 불렀다.

하나의 패권 국가가 등장하지 않은 상태에서 두 개의 초강국이 맞서서 서로의 힘의 균형으로 전쟁이 억지되던 국제질서를 '양극체제(the bipolar international system)'라고 불렀고 몇몇의 강대국들이 공동이익 추구를 위하여 만든 동맹들 간의 힘의 균형으로 서로가 서로를 견제하는 상태에서 안정이 이루어지던 국제질서를 '힘의 균형체제(the balance of power system)'라 불렀다.

국제연합이 출현한 후 회원국들이 합의하여 질서를 교란하는 도전 국가에 대하여 나머지 국가들이 단합하여 함께 제재하기로 약정한 '불특정 도전 국가에 대한 집단제재 합의'로 안정질서를 유지하기로 한 집단안보

체제(collective security system)가 또 하나의 전쟁억지체제로 등장하였
다. 집단안보체제는 참여 국가들이 모두 약속을 존중하면 유효한 전쟁 방
지 제도로 될 수 있으나 그렇지 않을 경우에는 실효성이 크지 않다.16)

〈참고자료 8〉 카플란의 6가지 국제체제 전형

카플란(Morton Kaplan)은 그의 책 *System and Process in
International Politics*(New York: John Wiley and Sons, 1957)에
서 강대국, 약소국 등이 어떤 관계로 연계되고 또 지리적으로 어떻게
분포되어 있는가에 따라 '국제체제의 상태'가 결정되고 그 상태가 전
쟁 발발과 관련된다고 보고 이론적으로 가능한 국제체제를 6가지 전
형(典型: model)으로 정리하여 제시하였다. 언론에서 많이 거론되는
내용이어서 소개한다. 상세한 설명은 이상우, 『국제관계이론』(서울:
박영사, 2006)의 제13장(pp.324-347)을 참조할 것.

1) 세력 균형 체제(the balance of power system)

몇 개의 강대국들이 서로 견제하는 체제다. 이 국가들이 서로 동
맹을 맺고 그 동맹들 간에 힘의 균형이 이루어져서 어느 나라도
전쟁을 생각할 수 없도록 되어 있는 상태의 체제를 말한다. 영국,
프랑스, 독일, 러시아, 오스트리아, 이탈리아 등 비슷한 규모의 강
대국 간의 다양한 동맹들이 서로 견제하면서 평화를 유지하던
18~19세기 유럽의 체제.

2) 느슨한 양극체제(the loose bipolar system)

두 개의 초강대국이 자국의 동맹국들을 거느리고 맞서는 체제가

---

16) 집단안보체제는 현재 국제연합이 헌장에 규정하고 있는 가장 중요한 전쟁억지체제
이다. 상세한 설명은 다음의 글에서 찾아 읽을 것. 이상우, 『국제정치학강의』(서
울: 박영사, 2005), pp.277-286.

양극체제다. 이때 두 동맹체제에 속하지 않는 제3의 강대국이 있을 경우 그 양극체제는 느슨한 양극체제가 된다. 냉전 후기 미국진영과 소련진영 간의 대립에서 '제3세계'의 영향이 커져갈 때의 국제체제가 그 예이다.

3) 경직된 양극체제(the tight bipolar system)

두 초강대국이 지배하는 진영 간에 대결을 완화시켜줄 제3국 또는 국제기구가 존재하지 않을 때를 말한다. 냉전 초기의 미국과 소련진영 간의 대결 구도가 그 예이다.

4) 보편적 단일체제(the universal system)

비슷한 국력을 가진 국가들이 이루는 '지배국' 없는 국제체제다.

5) 위계적 단일체제(the hierarchical system)

하나의 초강대국이 모든 나라를 거느리는 체제다.
중국이 꿈꾸는 팍스 시니카(Pax Sinica), 옛날의 팍스 로마나(Pax Romana)가 그 예이다.

6) 전단위 거부권 보유체제(the unit veto system)

체제를 구성하고 있는 모든 국가가 다른 나라를 제압할 수 있어 어느 나라도 지배력을 행사할 수 없는 체제다. 예를 들어, 세계 모든 국가가 강력한 핵무기를 보유하게 되면 모든 국가가 거부권(veto power)을 행사할 수 있게 된다.

2. 분쟁의 평화적 해결

전쟁은 그 피해가 너무나 엄청나서 승자와 패자 모두가 감당하기 어려운 손실을 입는 경우가 많다. 그래서 일찍부터 분쟁을 무력적 방법이 아닌 방법으로 해결하는 '분쟁의 평화적 해결' 제도를 국제질서에 도입하는 노력을 펴왔다.

국제 분쟁을 전쟁이 아닌 방법으로 해결하는 방법으로 개발해온 제도로 정치적 해결 방법과 사법적 해결 방법이 있다.

1) 정치적 해결 제도

국제연합 헌장은 국제 평화와 안전을 위태롭게 할 우려가 있는 사건에 대해서는 회원국들이 교섭, 심사, 중개, 조정, 중재 재판, 사법적 해결, 지역기구에 의한 해결 또는 당사자가 선택하는 평화적 수단에 의해 해결할 것을 의무화하고 있다(헌장 제6장 제33조). 헌장에서 규정한 회원국의 평화적 해결 의무와 관련된 방법들을 소개하면 다음과 같다.

(1) 교섭(negotiation): 당사자 간의 직접 교섭

(2) 심사(inquiry): 당사국들이 중립적인 국제기관에 분쟁 관련 사실을 객관적으로 규명하도록 요청하여 교섭의 기초로 삼게 하는 방법이다.

(3) 중개(mediation): 제3자가 개입하여 당사자 간의 의견을 조정하게

해주는 방법이다.

(4) 조정(conciliation): 국제조정위원회라는 국제기구가 개입하여 중개
하는 방법이다.

(5) 중재 재판(arbitration): 당사국 간의 합의로 선발한 재판관에 의하
여 재판하는 방식이다.

(6) 사법적 해결(judicial settlement): 상설 국제사법재판소 등에 제소하
여 해결하는 방법이다.

(7) 지역 기구에 의한 해결(resolution to regional agencies): 미리 분쟁
해결을 위해 당사국들이 지정해놓은 지역 국제기구에 제소하여 해
결하는 방법이다.

회원국들은 이상의 방법으로도 분쟁이 해결되지 않을 경우에는 이 문
제를 국제연합 안전보장이사회에 의무적으로 제기하여야 한다(헌장 제
37조).

2) 사법적 해결

국내정치질서에서는 규범을 강제할 수 있는 최고 권위체인 정부가 있
고 이 정부에 설치된 법원이 분쟁에 대한 판정을 하여 분쟁을 종결한다.
그러나 국제사회에는 초국가적 권위체가 없어 국내정치질서에서와 같은
분쟁의 최종적 해결 기구로서의 사법 기구가 없다. 그러나 사법적 해결의

필요성을 느낀 국가들이 다자 조약인 국제사법재판소 규정을 체결하여 이 재판소의 강제관할권을 수락한 국가 간의 분쟁에 대하여 국제법을 적용하여 판결하게 하는 사법 제도를 설치하여 운영하고 있다.

국제사법재판소는 국제연합의 하부 기구이다(헌장 제92조). 국제연합은 재판관을 선출하며 국제연합 헌장 규정으로 회원국 모두가 당사국이 되도록 하고 회원국은 판결에 따르도록 했다(헌장 제93조 1항과 제94조 1항).

국제사법재판소는 15명의 재판관으로 구성되는데 회원국이 추천한 후보에 대하여 국제연합총회와 안전보장이사회가 각각 투표하여 두 기관 모두에서 절대다수 지지표를 얻은 후보가 재판관으로 선출된다. 임기는 9년이고 3년마다 5명씩 새로 선출한다.

재판출소권은 국가만이 가진다. 즉 국가만이 당사자가 된다. 국제연합회원국은 당연 당사국이 되며 재판소 판결에 따를 의무를 가진다. 그러나 회원국이 모든 분쟁을 재판에 회부할 의무를 가지지 않는다. 특정 사항에 대한 재판소 관할권을 수락한 당사국 간의 분쟁에 대해서만 재판할 수 있다. 그러나 조약에 재판 의무 조항이 포함되어 있을 때는 재판소에 분쟁 해결을 요청하여야 한다. 한국과 일본 사이의 영토 분쟁의 대상이 되어 있는 독도영유권 문제는 한국이 재판에 응할 의무가 없으므로 한국이 동의하지 않는 한 일본이 국제재판소에 제소할 수 없다.

국제사법재판소의 판결은 당사국을 구속한다(규정 제59조). 당사국은 판결 내용을 이행할 의무를 진다(헌장 제94조). 그러나 승소한 당사국이 판결 내용을 직접 강제할 수 없다. 패소국이 판결 내용을 이행하지 않을 때는 국제연합 안전보장이사회에 제소하여 집행 권고를 받아 내야 한다.

국제사법재판은 강제 집행력을 갖추지 못해 분쟁 해결의 최종적 수단은 될 수 없으나 국제연합의 권위가 판결의 비중을 높여 준다는 점에서 무게 있는 국제분쟁 해결방법이 된다.

3. 전쟁관리질서

전쟁은 상대방에게 자기 의지를 강요하기 위해 무력을 행사하는 행위이다. 그러나 전쟁은 승자와 패자에게 모두 엄청난 피해를 준다. 전쟁을 가급적 피하고 또 불가피하게 전쟁이 일어났을 때는 그 피해를 최소화하려는 것이 모든 인류의 공통의 바램이다. 그래서 전쟁의 역사만큼 전쟁의 예방, 전쟁의 피해 축소를 위한 노력의 역사도 길다.

전쟁은 의지와 수단이 갖추어져야 선택되는 행위이다. 전쟁의 의지를 꺾거나 수단을 통제하면 전쟁은 예방할 수 있고 피해를 줄일 수 있다. 전쟁 의지를 꺾는 것을 전쟁억지라 하고, 전쟁 수단을 통제하여 전쟁을 할 수 없도록 하는 것을 군비 통제라 한다. 그리고 전쟁 수행방법을 통제하는 것을 전쟁관리라 한다. 이 절에서는 군비 통제와 전쟁관리를 해설한다. 전쟁억지는 제4절에서 따로 다룬다.

1) 군비 통제

전쟁 수단인 무장력의 정도를, 공격에는 부족하고 방어에는 충분한 정도로 모두가 함께 통제하기로 합의한다면, 모든 나라는 전쟁의 위협을 받지 않고 서로 공존할 수 있을 것이라는 생각이 군비 통제의 기본 발상이다. 현대전에서는 공격에만 쓰는 무기가 있고 방어에만 쓸 수 있는 무기가 있다. 그러므로 모든 나라가 공격력을 제한하고 방어력만 갖추도록 합의한다면 전쟁은 예방될 수 있다. 그러나 현실적으로는 나라마다 공격력과 방어력을 모두 남보다 더 강하게 유지하여 군사력 우위를 확보하여 우월한 지위에서 상대방에 자기 뜻을 강요하고 싶어 하기 때문에 군비 경쟁이 일어나고 군비 통제는 잘 이루어지지 않고 있다.

통제 대상인 군비(軍備: arms)란 전쟁 수행에 필요한 모든 장비와 시설을 총칭하는 용어다. 군비 속에는 무장(armament)과 시설(facilities)이 모두 포함된다.

무장에는 직접 인명 살상과 시설 파괴에 쓰는 무기(weapon)와 이 무기를 운반하거나 사용이 편하도록 보조해주는 장비(equipment)가 포함된다. 그리고 장비에는 운반체(carrier), 발사 장치(platform), 지원 장비(support equipment)가 있다. 칼, 활, 총, 포는 무기이고 전차, 함선 등은 운반체이고 레이더, 통신기기는 지원 장비다.

시설은 항공 기지, 군항 등 무기와 장비 운영에 필요한 고정된 인조물을 말한다.

군비 통제(arms control)는 "전쟁의 억지, 집단 안보가 가능하도록 각국의 전력 규모, 전력 종류, 배치를 인위적으로 조정하는 것"을 말한다. 통제는 논리상 축소(reduction)만 아니라 확충(increase)도 포함하지만 보통은 군비 축소(arms reduction)를 뜻한다. 어느 일방이 너무 약하면 오히려 전쟁 가능성이 높아지기 때문에 약한 나라의 군비를 늘려 균형을 맞추는 노력이 필요할 때가 있어 군비 확충도 특수한 경우에 군비 통제에 포함시키지만 그런 예는 드물다.

군비 통제 대상은 세 가지다. 첫째는 전력 규모(size of armed forces)이다. 병력 수와 장비의 수를 말한다. 둘째는 군의 구조(structure of force)와 장비의 질(quality of armament)이다. 군의 구조는 기능별 부대의 크기를 말한다. 기갑 부대, 해병, 특수전 부대 등의 크기를 말한다. 장비의 질은 각 장비의 성능을 말한다. 셋째는 배치(deployment)이다. 전력 구성 요소들의 위치를 말한다. 위치에 따라 위협도가 달라지기 때문이다.

군비 통제가 이루어지려면 다음과 같은 조치들이 단계적으로 성실히 이루어져야 한다.

(1) 합의(agreement)

당사국 간에 군비 통제의 목적, 통제 대상, 통제 규모 등에 대하여 합의가 이루어져야 한다. 일반적으로 쌍무적 합의에 의하여 이루어지나 승전국이 패전국이 재기하지 못하도록 통제 내용을 강제로 수락시키는 수도 있다. 제1차 세계대전 승전국이 독일에 군비 통제 조치를 베르사유조약으로 강제한 것이 그 예이다.

(2) 신뢰 구축 조치(CBM: Confidence Building Measures)

군비 통제는 당사국 간에 신뢰가 조성되지 않으면 이루어질 수 없다. 군비 상황에 대하여 상대방에게 알려 주는 통로가 형성되어야 한다.

(3) 합의 이행(implementation)

합의 사항을 실천하는 단계다. 병력, 무기의 수량 등을 약속대로 감축하는 행위를 말한다.

(4) 사찰(inspection)

합의 사항 이행 여부를 확인하는 절차이다. 합의 불이행이 경미한 경우는 보완으로 해결되나 중대한 위반 사항일 때는 군축 합의가 깨진다.

(5) 보완(supplementation)

사찰에서 발견된 위반 사항에 대하여 시정, 보완하는 단계이다.

군비 통제가 성공한 예는 드물다. 전쟁에서 승리한 국가가 패전국에 강요한 군비 통제는 성공하였으나 쌍무적 합의로 진행된 군비 통제는 대부분 실패하였다. 제1차 세계대전 종결 후 독일에 부과한 군비 감축, 그리

고 제2차 세계대전 종전 후 연합국이 일본의 재무장을 억제한 조치 등은
성공했으나 북한의 핵개발 저지를 목적으로 미국과 북한 간에 합의한
1994년의 제네바합의 등은 실패했다.

2) 핵 군축

20세기 후반 과학기술의 비약적 발전으로 대량살상무기(WMD: Weapons
of Mass Destruction)가 등장하였다. 대량살상무기는 무기라는 점에서는
총, 포와 같은 재래식 무기와 같으나 살상력이 너무나 커서 그 피해가 교
전 당사국의 범위를 넘어서게 되면서 일반 재래식 무기와 구별하여 별도
로 다루고 있다. 군비 통제에서도 재래식 무기와 다른 차원에서 별도로
접근하고 있다. 특히 대량살상무기 중에서 가장 주목받는 것이 핵무기
(nuclear weapons)이므로 여기서는 핵무기 통제만 해설한다.

핵무기에는 우라늄, 플루토늄 등 무거운 원자의 핵을 분열시켜 분열 때
방출되는 에너지를 무기로 쓰는 분열탄(fission bomb)과 반대로 가장 가
벼운 원자인 수소를 헬륨으로 융합시킬 때 발생하는 에너지를 무기로 쓰
는 융합탄(fusion bomb)이 있다. 그 폭발 위력은 TNT 화약 몇 만 톤에서
수백만 톤을 일시에 폭발시켰을 때의 폭발력과 같다. 핵폭탄의 폭발력은
같은 위력을 나타내는 TNT 화약 무게로 표시한다. 1945년 일본 히로시마
에 투하하였던 분열탄, 즉 원자탄은 그 위력이 14kt(TNT 1만 4천 톤 폭발
과 같은 위력) 정도였고 1954년 3월 미국이 실험한 융합탄, 즉 수소탄은
그 위력이 14메가톤(1백40만 톤) 정도였다.

이러한 위력을 가진 핵무기는 전술 목표만 파괴하는 것이 아니라 일반
시민, 도시 시설 등도 무차별적으로 파괴하게 되어 다른 무기와 같이 다
룰 수 없어 별도로 통제 제도를 만들고 있다.

핵무기는 항공기에서 투하하는 폭탄, 유도탄에 실어 공격하는 폭탄 등 여러 형태로 만들고 있으며 그래서 핵 군축을 논의할 때는 폭탄과 함께 폭탄의 투발 수단도 함께 논의한다.

냉전시대 미국과 소련은 모두 대량의 핵무기를 보유하고 있었으며 계속 새로운 폭탄을 만들기 위한 실험을 행하고 있었다. 핵무기는 폭발하게 되면 폭풍, 열 등으로 목표물을 파괴할 뿐만 아니라 방사능이 방출되어 2차적으로 인명을 살상하고 생태계를 파괴하게 되므로 실험 자체도 많은 피해를 선의의 제3자에게 줄 수 있어 실험도 통제 대상이 된다.

핵무기 통제 노력은 대기 중, 수중, 우주 공간에서의 핵실험을 통제하는 데서 시작되었다. 1963년 미국과 구소련은 〈제한핵실험금지조약(LTBT: Limited Test-ban Treaty)〉을 체결하였고 이 조약에 의하여 그 이후의 핵실험은 지하에서만 하도록 하였다.

미국과 소련 이외에 프랑스, 영국, 중국 등이 핵무기를 개발하게 됨에 따라 새로운 핵보유국의 등장을 막기 위하여 핵실험 자체를 금지하자는 논의가 일어났으며 그 결과로 1968년 다자 조약인 〈포괄적 핵실험금지조약(CTBT: Comprehensive Test-ban Treaty)〉가 체결되었다.

핵무기 통제는 다시 제2단계로 핵무기 보유국의 새로운 등장을 원천적으로 봉쇄하자는 수평적 핵확산(horizontal nuclear proliferation) 금지를 추진하게 되었다.

이미 핵무기를 보유하고 있던 미국, 소련, 중국, 영국, 프랑스 이외의 나라들이 핵을 보유하는 것을 막고 그 대신 핵보유국은 비핵 보유국에게 핵무기를 사용하지 않는다는 것을 약속시키자는 것이 수평적 핵확산 금지 노력이었는데 이러한 내용을 담아 국제회의에서 다자 조약을 만들어내는 데 성공하였다. 1970년에 발효한 〈핵비확산조약(NPT: Nuclear Non-Proliferation Treaty)〉가 바로 그것이다. 이 조약에는 168개국이 가입하였고 조약 체결 때의 합의에 따라 25년이 지난 후 1995년에 다시 합의하여 또 25년을 연장하였다. 이 NPT가 현재 핵무기를 통제하는 국제질서의 기둥으로 기능하고 있다. 한국은 처음부터 이 조약 가맹국이 되었으나 북한은 가입과 탈퇴를 반복하다가 지금은 탈퇴한 상태에 머물러 있다.

NPT 체결 후 40년 동안 이 협약에도 불구하고 핵보유국이 늘어났다. 기존의 핵보유국 5개국 외에 인도와 파키스탄이 핵보유국이 되었으며 이스라엘은 '비공식 보유국'이 되었다. 북한은 핵보유국이 되기 위하여 국제 제재에도 불구하고 핵실험을 강행하고 있다. 한때 핵보유국이 되었던 남 아프리카는 스스로 핵무기를 폐기하고 비핵 국가가 되었다.

NPT와 별도로 미국과 소련(현 러시아) 두 핵 강대국은 '핵 없는 세상'을 만들기 위한 조치로 이미 보유하고 있는 핵무기를 서로 감축하여 나가기로 합의하였다. 이러한 노력, 즉 핵보유국이 현재 보유하고 있는 핵무기를 감축해 나가는 것을 수직적 핵감축(vertical nuclear reduction)이라고 한다.

미국과 구소련은 오랜 협상 끝에 1972년 〈전략무기제한협정(SALT: Strategic Arms Limitations Talk)〉을 체결하였다. SALT-I이라 부르는 이 협정은 엄격히 말하면 핵무기 감축협정이라고 하기보다는 미소 간 핵균형 유지협정이라 할 수 있다. 즉 미국과 소련이 서로 상대방에게 일방적으로 승리할 수 없도록 서로가 서로를 확증파괴할 수 있도록 핵전력 간의 균형을 이루게 하도록 핵무기를 조정해 나가자는 합의였기 때문이다. SALT-I로 미국은 운반 수단을 대륙간탄도탄(ICBM) 1,024기, 잠수함발사탄도탄(SLBM) 656기로 줄이고 소련은 ICBM 1,618기, SLBM 740기만 가지기로 합의하였다. 미국과 소련은 다시 협상을 진척시켜 1979년에는 양측 모두 핵탄두 2,250개만 보유하기로 하는 SALT-II를 합의하였다.

제3단계의 핵군축 노력으로 보유 핵무기의 점진적 감축을 위한 협의가 시작되었다. 이것이 〈전략핵감축조약(START: Strategic Arms Reduction Treaty)〉이다.

START-I는 미소 냉전이 종식된 직후 1991년에 체결되었으며 이 협정으로 미국과 러시아(구소련)는 향후 7년 내에 자국 보유 핵탄두를 각각 25%와 35%씩 감축하기로 했고 다시 2년 뒤인 1993년에는 START-II를 체결하여 서기 2007년까지 핵탄두 수를 미국은 3,500개, 러시아는 3,000개로 줄이기로 합의하였다. 그러나 합의 내용대로 감축이 진행되지 않아 2013년 현재 미국과 러시아 모두 7,000개 이상의 핵탄두를 보유하고 있는 것으로 추정되고 있다.

3) 전쟁 피해 축소 노력

전쟁은 되도록 피해야 한다. 피해가 너무 크기 때문이다. 그래서 전쟁을 예방하는 것이 가장 바람직하지만 일단 전쟁이 일어난 후에 전쟁의 피해를 최소화하는 노력도 이에 못지않게 중요하다. 그래서 전쟁관리를 생각하게 되었다.

전쟁관리는 불필요한 고통을 줄이려는 인도적 고려와 함께 교전 양측의 부담을 줄이려는 군사적 필요성 때문에도 일찍부터 연구가 이루어져 왔다.

(1) 전쟁 관계 규정

우선 국가 간 관계가 전쟁 관계인지 아닌지를 분명히 하여야 평시 국제법을 적용할지 전시 국제법을 적용할지를 가릴 수 있기 때문에 전쟁 상태를 확인할 필요가 있다.

전쟁은 선전 포고로 시작된다. 전쟁은 교전 상대국에 외교적 경로를 통하여 전쟁 개시를 통고하는 것이 원칙이나 대중매체를 통하거나 일방적 정부 성명 등으로 선언하는 방식도 있다. 20세기 들어 제2차 세계대전

때까지는 이러한 선전 포고가 잘 지켜졌으나 그 이후에는 선전 포고를 하고 개전한 사례가 거의 없다. 기습 효과를 극대화하기 위하여 대부분의 국가가 선전 포고 없이 전쟁을 시작해왔다. 6.25 전쟁도 선전 포고 없이 북한이 기습 공격을 하면서 시작되었고 걸프 전쟁, 이라크 전쟁도 모두 통고 없이 기습 공격으로 시작되었다. 그래서 이제는 전쟁의 시작을 군사 행동 시작부터로 보고 있다.

전쟁은 전쟁 당사자 간의 평화조약 체결로 공식 종결된다. 평화조약 시까지는 전투 행위가 사실상 종결되었다 하더라도 전쟁의 지속으로 본다. 평화협정 체결을 위하여 잠정적으로 전투 행위를 중지하기로 합의하는 것을 휴전(armistice, truce)이라 한다. 휴전협정이 체결되었어도 평화협정이 체결되지 않은 상태는 법적으로 전쟁 상태다. 6.25 전쟁은 법적으로는 아직 끝나지 않았다. 1953년 7월 27일 교전 당사자인 국제연합군을 일방으로 하고 북한 인민군과 중국 인민지원군을 다른 일방으로 하는 휴전협정이 조인되었으나 아직까지 전쟁 당사국 간의 평화협정이 맺어지지 않아 '전쟁 상태의 지속'으로 간주된다.

전쟁 당사국 간에는 전시 국제법이 적용된다. 제3국은 이 전쟁에 개입하지 않는다는 중립 선언을 하게 되면 전쟁 당사국의 공격을 받지 않도록 법으로 보호된다. 그 대신 전쟁 법규가 규정하는 각종 중립 의무를 지켜야 한다. 중립국은 교전 당사국의 군함 등의 영토 내 기항을 허용할 수 없고 또한 군사 지원을 해서도 안 된다.

(2) 전투 행위 규제에 관한 규범

전쟁은 목적 달성을 위한 수단이므로 목적 달성에 꼭 필요한 살상과 파괴를 초과하는 전투 행위를 규제하자는 움직임이 19세기부터 논의되어 왔다. 특히 전쟁 목적과 관계없는 민간인 살상을 방지하자는 시민운동의 결과로 전쟁관리를 위한 평화 회의가 소집되고 초보적인 전쟁관리 국제법규가 제정되게 되었다.

제1차 세계대전과 제2차 세계대전이라는 큰 전쟁을 겪으면서 비전투요원의 살상을 방지하자는 여론이 높아졌다. 무기의 살상력이 천문학적으로 증가하면서 무차별적 살상과 파괴가 일어나 더 이상 방치할 수 없게 되었기 때문이다.

전쟁관리 규범 제정과 관련해서는 1899년에 열렸던 제1차 헤이그평화회의와 1907년에 열렸던 제2차 헤이그평화회의가 큰 기여를 하였다. 강대국의 반대로 군축 부분에서는 합의 도출에 실패했었으나 전쟁 수단 제한에 있어서는 많은 합의를 이루었다. 주요 합의 내용으로는 아래와 같은 것들이 있다.

- 덤덤탄(소총 탄환 중 작열탄)의 사용 금지
- 독극물의 사용 금지
- 항복한 적병의 사살 금지
- 약탈의 금지
- 적국 시민을 적군 공격에 동원하는 행위 금지
- 종교, 예술, 과학, 자선, 의료 시설 공격 회피의 의무
- 무방수(無防守) 도시의 포격 금지

특히 초국가적 구호 운동으로 시작된 적십자 운동을 제도적으로 뒷받침하기 위한 부상병보호협정(1929)이 체결되어 적군과 아군을 구분하지 않고 부상병을 치료·보호하고 보호 요원을 포로로 하지 못하게 하는 국제협약이 이루어졌다.

1929년에 체결된 〈전쟁포로처리에 관한 제네바협약〉은 전투 중 잡은 포로를 보호하는 상세한 규정을 담고 있다. 〈제네바협정〉이라고 줄여서 부르는 이 협정으로 포로를 인격적으로 대우해야 한다는 규범이 정착되었

다. 포로는 성명, 계급, 소속을 밝히는 것 이외에 정보에 관한 진술을 하도록 고문해서는 안 되고, 포로에 폭력을 가해서도 안 되고, 포로의 '시민의 권리'를 존중해주도록 합의하였다. 이러한 규정을 어기면 전후 전쟁 범죄로 관련자를 처벌할 수 있도록 하였다.

이 협정은 제2차 세계대전 종결 후 1949년에 보강되었으며 1994년에 다시 새롭게 보강되었는데 새로운 〈제네바협정〉에는 185개국이 가입하여 중요한 국제 조약으로 자리 잡게 되었다.

전쟁관리를 위한 〈제네바협정〉은 모든 전쟁 당사국이 자국 병사와 시민을 보호하는 데 도움이 된다고 생각하기 때문에 잘 지켜지고 있다. 그러나 21세기에 들어서면서 국가 아닌 정치단체가 무장 집단을 보유하고 사실상의 전쟁에 참여하기 시작하면서 실효성이 문제되고 있다. 비국가 무장 집단(non-state armed group)의 병사는 정규군이 아니므로 포로로 인정하기 어렵고 또 비국가 무장 단체는 〈제네바협정〉 가입 당사자가 아니므로 이 협정 내용을 준수할 의무를 지지 않기 때문이다. 새로운 전쟁 환경에 맞도록 다시 개정되어야 할 때가 되었다고 생각한다. 2013년 현재 비국가 무장 단체는 약 500개나 된다. 또한 각국은 정규군 아닌 민간 무장 인원을 전쟁에 쓰는 경우가 많아지고 있다. 군사대행기업(PMC: Private Military Company)을 전쟁에 투입하는 경우 이들 기업 소속 인원을 어떻게 다루어야 할지가 문제가 되고 있다.

4. 전쟁억지

전쟁은 일어난 후에 그 피해를 줄이는 것보다 처음부터 일어나지 않도록 막아야 한다. 어느 국가도 전쟁을 할 생각을 하지 못하도록 할 수 있는 길을 찾자는 것이 전쟁억지 노력이다.

전쟁은 전쟁을 하려는 국가가 의지와 수단을 갖추어졌을 때 일어난다. 그 수단을 제한하려는 노력이 군비 축소라면 그 의지를 깨는 것이 전쟁억지이다.

전쟁억지의 논리와 이론과 전쟁억지의 유형들에 대하여 간단히 해설한다.

1) 전쟁억지의 이론과 방법

(1) 전쟁억지의 개념

사람은 합리적으로 행위를 선택한다. 특히 국가의 운명이 걸린 전쟁과 같은 중요한 결정을 할 때 그러하다.

합리적 선택(rational choice)의 핵심은 비용과 기대이익을 비교하여 기대이익이 더 크면 그 행위를 선택한다. 억지(deterrence)란 이러한 전제 아래서 상대방에게 기대이익보다 손실이 더 클 것이라는 것을 이해시켜 상대방이 미리 전쟁을 포기시키는 행위를 말한다. 즉 억지는 "전쟁을 통하여 얻으려는 이익보다도 전쟁에서 입게 될 피해가 더 크다는 것을 상대방에 확신시켜 전쟁을 스스로 포기하게 만드는 행위"이다. 여기서 말하는 이익과 피해는 물질적인 것만 아니라 외교적, 정치적 이익과 비용 등 눈에 보이지 않는 가치도 포함한다.

(2) 억지전략의 구성 요소와 성공 조건

억지전략이 가능하려면 다음과 같은 요소가 갖추어져야 한다.

* 능력(capability): 억지는 힘으로 힘을 막는 전략이다. 상대방에게
  감내할 수 없을 정도의 손실을 줄 수 있는 힘을 가져야 억지는 가
  능하다. 억지에 필요한 힘은 두 가지가 있다. 하나는 거부 능력
  (denial capability)이다. 적공격 흡수 능력이다. 적의 공격을 다
  소화해낼 수 있는 능력을 갖추면 상대방의 공격은 무의미해진다. 또
  하나는 상대방을 응징할 수 있는 보복 능력(retaliation capability)
  이다. 상대가 감당하기 어려운 피해를 줄 수 있는 공격 능력이다.
* 의지(will): 억지는 상대방의 전쟁 의지를 꺾는 것을 목적으로 한다.
  상대방이 공격하면 반드시 보복한다는 확고한 의지를 갖추어야 상
  대방이 위축된다. 아무리 능력을 충분히 갖추고 있어도 의지가 확
  고하지 않으면 상대방이 오판하여 도전할 수 있다.
* 의사전달(communication): 억지의 성패는 상대방의 판단에 달려
  있다. 내가 능력이 있고 보복 의지가 있다는 사실을 상대가 알아야
  억지는 성공한다. 힘과 의지를 과시할 필요가 있다.

억지가 성공하기 위해서는 나의 행동 조건을 정확히 상대에게 전달해
야 한다. 상대가 어떤 선(red line이라 한다)을 넘는다면 내가 어떤 보복
을 할 것인지를 분명히 밝히고 그리고 상대가 그렇게 믿도록 평소부터
행동을 분명히 해두어야 한다.

북한의 핵무기 원료 생산을 막기 위해서 미국은 북한과 1994년 제네바
에서 협상을 벌여 북한 영변의 핵시설 가동을 중지하는 대가로 경수로를
지어주기로 합의하고 이를 어길 때는 미국이 응징하기로 하였다. 그러나
북한이 이를 어겼을 때 미국이 응징하지 않았다. 신뢰를 잃은 것이다. 그

래서 2003년 북한이 우라늄 농축을 한다고 선언하는 제2차 핵 위기가 조성된 것이다. 북한은 2012년 2월 29일 미국과 또 다시 핵실험을 두고 새로운 합의를 했다. 핵실험을 하지 않는다는 조건으로 미국이 경제 원조를 약속했으나 북한은 이 합의를 어기고 2013년 2월에 핵실험을 강행했다. 미국은 억지에 실패했다.

2) 억지의 유형

억지에는 강한 국가가 약한 국가의 도전을 막기 위하여 일방적으로 상대의 군비를 제한하는 일방적 억지, 상대방과 서로가 서로를 공격할 수 없도록 공포의 균형을 만들어 서로를 묶는 상호억지, 그리고 다수 국가가 집단적으로 전쟁을 기도하는 국가를 억지하는 집단억지 등으로 구분한다.

(1) 일방적 억지
승전국이 패전국의 재도전을 억지하기 위하여 패전국의 군비를 일정 수준까지 제한하는 경우를 일방적 억지(unilateral deterrence)라 한다.

(2) 상호억지
상호억지(mutual deterrence)는 적대 관계에 있는 두 나라가 서로 합의하여 서로 상대를 공격할 수 없도록 군비를 조정하는 것을 말한다. 즉 어느 일방도 상대방을 공격할 수 있는 우세한 공격 능력을 보유할 수 없도록 합의하는 것이다.

상호억지의 대표적인 예가 냉전 시대 미국과 구소련이 합의한 상호억지체제다. 미국과 소련은 모두 상대방을 궤멸시킬 수 있는 핵전력을 보유하기로 하고 상대방 공격을 막을 수 있는 미사일 방어체제를 갖추지 않기로 합의하여 누구도 일방적 승리를 할 수 없도록 한 것이다. 이른바 공포의 균형(balance of terror)을 유지하면서 서로 간의 핵공격을 억지하던 체제다. 상호확증 파괴(MAD: mutual assured destruction)는 지금도 핵보유 강대국 간에서는 중요한 전쟁억지 정책으로 쓰고 있다.

<참고자료 9> 세력 균형 정책에 의한 전쟁 억지

자국의 힘만으로 상대국의 군사 위협을 막아낼 수 없을 때는 같은 위협을 받는 국가와 동맹(alliance)을 맺어 억지 능력을 강화한다. 동맹을 통한 세력 균형 정책은 현실 세계에서는 가장 보편적인 전쟁 억지 수단이 된다. 특히 중국, 러시아, 일본과 같은 강대국에 포위되어 있는 상대적 약소국인 한국의 경우에는 '세력 균형'을 안보 정책으로 선택하는 것이 불가피해진다.

Frederick H. Hartmann 교수는 그의 책 *The Relations of Nations*, 4th ed.(New York: Macmillan, 1973)에서 정책 수단으로서의 세력 균형을 다음과 같은 네 가지 유형으로 분류하였다.

1) 균형자형 세력 균형(the balancer form of B/P)

대립하고 있는 두 개의 세력 사이에서 '균형자'적 지위를 확보하여 자국의 힘의 이동으로 양측의 균형을 이루어 나가면서 자국의 안전을 확보하는 형태. 19세기 독일과 프랑스 간의 균형을 영국이 조정하던 방식이다.

2) 비스마르크형 세력 균형(the Bismarckian form of B/P)

견제 대상이 되는 국가 하나하나에 대하여 여러 개의 다른 동맹을 만들어 견제하면서 정세 주도권을 장악하는 정책이다. 냉전 후기 미국은 미-일-한-중의 '유사 동맹(pseudo alliance)'으로 소련을 견제하고 미-일-한-소의 '유사 동맹'으로 중국을 견제하면서 이 동맹체제 간의 균형을 유도하여 동아시아에서의 패권을 유지하였다.

3) 뮌헨시대형 세력 균형(the München-Era form of B/P)

주변국들 간의 경쟁적 이익 추구 성향을 이용하여 이들을 분열시 킴으로써 자국에 대한 위협을 제거하는 정책이다. 제2차 세계대 전 발발 직전의 독일의 전략이 모형이다.

4) 빌헬름형 세력 균형(the Wilhelmian form of B/P)

상대국과 직접 군사 균형을 유지하여 안전을 확보하는 단순 세력 균형이다. 냉전 시대 초기의 미소 관계가 이에 해당한다.

한국의 현재의 안보 정책은 한미 동맹을 바탕으로 하는 한-미-일의 이념 동맹과 한-중-일의 지역협력체제, 한-미-중의 협력체제 등의 다 양한 '전략적 협력 관계'를 여러 형태로 조합하여 복합 균형을 이루려 는 것으로 평가되고 있다.

(3) 집단 억지

집단 억지는 공동체 내의 모든 회원국이 사전에 합의하여 불특정의 질 서 교란국이 나타날 때 다른 회원국들이 자동 동맹을 형성하여 함께 힘을 모아 도전국을 제압하기로 함으로써 어느 나라도 도전을 시도하지 못하게 하는 집단안보(collective security)체제와 같은 집단 제재에 의한 억지다. 집단 억지(collective deterrence)에는 집단 안보 외에 특정의 도전 예상국 에 대하여 여러 나라가 집단적으로 억지전략을 펴는 집단자위(collective defense)도 포함된다.

(4) 확장억지

핵무기를 보유한 적대국이 핵을 보유하지 않은 동맹국에 대하여 핵무 기를 사용하려 할 때, 자국의 핵무기로 그 적대국에 핵보복을 선언함으로써 적대국이 핵공격을 못하게 하는 동맹국보호억지를 말한다. 확장억지 (extended deterrence)는 비핵국가의 핵보유 충동을 말리기 위해서 취하는 정책이다. 북한의 핵위협에 대응하기 위하여 한국이 핵무장을 하려 할지 모른다고 생각해서 미국은 북한의 핵공격에 자국의 핵무기로 보복할 것을 약속하는 확장억지정책을 펴고 있다. 한국이 핵무장을 하지 말라고 달래기 위해서다.

3) 현존 전쟁억지 체제

현재의 국제정치질서는 주권 국가들의 협의 공동체질서로 중앙 권력기구가 없는 특이한 구조를 가진 질서이다. 각국의 안보는 일차적으로 자국이 보유한 자위력으로 확보하여야 한다. 이 점에서 공권력을 행사하는 중앙 정부를 갖춘 국내정치질서와 근본적으로 다르다.

각국은 적대 관계에 있는 국가로부터의 무력 위협을 억지하기 위해서는 자위력을 확보하거나 동맹을 통하여 우방국의 지원을 받아 적국의 공격을 억지하는 수밖에 없다. 다만 국제연합이 범세계적 집단안보체제를 구축하고 있어 이 집단안보체제에 의존하는 길이 열려 있다.

폭력의 공공화(公共化)가 이루어져 있지 않은 국제사회에서는 모든 나라가 자위력을 보유하고 있다. 그리고 모자라는 자위력을 보완하기 위하여 이익을 같이 하는 나라와 공수 동맹(攻守同盟)을 맺고 있다. 나라마다 동맹국을 가지게 되면 결과적으로 동맹 대 동맹의 상호견제라는 집단자위 (collective defense)체제가 형성된다. 가장 대표적인 집단자위체제는 냉전 시대 유럽의 안정을 지켜냈던 북대서양조약기구(NATO)와 바르샤바조약기구(WTO)라는 두 동맹 간의 상호억지였다.

제2차 세계대전이 종식되면서 출현한 국제연합은 전쟁 재발을 막는 것을 주목적으로 만든 범세계적 전쟁억지 기구였다. 국제연합은 범세계적인 집단안보체제를 구축하여 이를 강화하는 데 주력해왔다. 국제연합은 헌장 제7장의 제39조부터 제49조까지에서 집단안보체제를 상세히 규정하고 있는데 그 내용을 요약하면 아래와 같다.

(1) 평화 파괴 행위의 확인

우선 어느 나라가 평화를 위협하는 침략국인지를 확인하고 어떤 제재를 가할지를 안전보장이사회에서 결정하도록 하였다(제39조). 안전보장이사회에서 침략자를 확정하고 제재 수준을 결정하면 모든 회원국은 이를 따라야 한다.

(2) 제재 수단의 결정

안전보장이사회는 평화질서 회복을 위한 제재 조치를 결정하고 회원국에 이를 요구한다. 제재 수단에는 경제 제재, 봉쇄, 군사력 사용 등이 포함된다(헌장 제41조와 제42조).

(3) 군사력 동원

회원국은 안전보장이사회의 요구가 있을 경우 병력, 시설, 지원, 협력 등 모든 군사 수단을 제공하도록 헌장에서 규정하고 있다(제43조). 회원국은 국제연합군에 병력을 제공하고 유엔군이 발족할 때 군사참모위원회 참석 요청에 응하여야 한다(제45조, 제47조). 이런 절차로 유엔군이 창설되어 평화유지활동(PKO: Peace Keeping Operation)을 하게 된다. 국제연합은 무력 분쟁을 제압하기 위하여 국제평화유지군(PKF: Peace Keeping Force)을 파견하여 전투에 임하게 할 수 있다. 1950년 북한의 남침으로 6.25 전쟁이 발발했을 때 바로 이러한 절차를 밟아 유엔군을 편성하여 한국에 파병하여 북한군과 북한군을 지원한 중국 인민지원군과 전투를 벌였다. 국제연합의 집단안보체제가 작동한 대표적인 예이다.

국제연합은 아직 국제연합 자체의 상비군을 보유하고 있지 않다. 국제연합 상비군이 창설되면 국제연합의 집단 억지 체제는 효과적인 전쟁억지 장치가 될 것이다.

제14장

국제사회의 협력질서

국제질서는 국가 간 전쟁의 피해를 줄이고 각국의 안전을 보장하려는 노력에서 시작되었기 때문에 안보질서가 핵심을 이루어왔다. 그러나 인구가 증가하고 국경을 넘는 인적 교류, 물적 교류가 증대하면서 이러한 교류를 원활하게 그리고 안정되게 유지하기 위한 협력질서가 점차로 중시되게 되었다. 더구나 교통과 통신의 발달로 먼 거리에 있는 다수 국가와의 교류의 길이 열리고 산업의 고도화로 국가 간 분업이 활발해짐에 따라 협력질서는 더욱 주목받게 되었다.

국가 간의 협의를 위해서 협의를 위한 외교질서가 필요해졌고 빈번한 인적, 물적, 문화적 교류를 지원하기 위한 교통·통신질서가 발달하게 되었다. 그리고 교역과 생산 분업이 늘어나면서 무역, 통화, 금융질서가 생겨났고 산업화의 부산물로 자연 파괴가 심화되면서 자연 환경을 보호하기 위한 협력질서가 등장하였다.

인권 사상의 보편화와 세계시민 의식의 확산으로 개개인의 '인간 존엄성이 보장되는 자유'를 초국경적으로 보호하자는 인권에 대한 관심이 높아지면서 최근에는 새로 범세계적인 규범질서로 인권질서가 자리 잡아가고 있다.

이 장에서는 다양한 협력질서 중에서 외교질서, 교통·통신질서, 경제질서, 환경질서, 인권질서 등에 대하여 해설한다.

1. 외교질서

국가 간의 접촉이 시작되면서 정부 간 의사소통의 필요가 생겼으며 이에 따라 정부를 대표하는 외교사절의 교환 제도가 만들어졌고 외교에 관한 규범, 기구 등이 국가 간 합의로 만들어졌다. 이러한 외교질서는 지역마다 필요 수준에 따라 여러 가지 방법으로 형성되어 왔었다. 국제사회가 하나의 생활권으로 발전한 근세에 와서 보편적 외교질서의 창설이 필요하게 됨에 따라 그동안 관습, 개별적인 국가 간 합의 등으로 이루어졌던 외교질서를 다자 협약으로 보편적 질서로 만들었다.

현재 지켜지고 있는 외교질서는 세계 주요국 대부분이 참가하여 맺은 두 개의 비엔나협정에 기초하고 있다. 이 협정 내용을 소개한다.

1) 외교관 특권

외교관의 특권은 1964년에 발효한 다자 조약인 〈외교 관계에 관한 비엔나협정(Vienna Convention on Diplomatic Relations)〉과 1967년에 발효한 〈영사 관계에 관한 비엔나협정(Vienna Convention on Consular Relations)〉에 소상하게 규정되어 있다.

이 협정은 외교관을 파견국을 대표하는 사람으로 규정하고 접수국은 외교관을 체포할 수 없고, 형사 소추도 할 수 없고, 모든 세금을 면제하도록 규정하고 있다. 그리고 외교관이 사용하는 공관은 불가침 지역으로 공관장의 허가 없이는 접수국 공무원이 들어갈 수 없고 접수국은 공관을 보호할 의무를 지게 되어 있다.

외교관은 파견국 정부를 대표하고 접수국 내에서 파견국의 국가 이익과 국민의 이익을 국제법이 허용하는 범위에서 보호할 권리를 가진다. 그리고 외교관은 접수국 정부와 협상할 수 있는 권리를 가진다.

외교관은 국가원수를 대표하는 대사(ambassador)와 공사(minister), 그리고 외무장관을 대표하는 대리대사(charge d'affaires) 등 3등급으로 나누지만 의전상 예우 외에는 권한의 차이가 없다.

외교 관계는 주권 국가 간의 관계이고 영사 관계는 국민 간의 관계이다. 외교 관계가 합의되면 영사 관계는 자동으로 포함되나 외교 관계 단절이 영사 관계 단절을 포함하지는 않는다. 외교 관계가 단절되어도 영사 관계는 존속할 수 있다. 영사의 기능은 접수국 내에서 파견국의 국민의 이익을 보호하는 것이다. 영사의 고유 기능에는 파견국 국민의 여권을 발급하고 접수국 국민의 파견국 여행에 필요한 비자를 발급하는 업무가 포함된다. 영사 중에는 외교관 신분을 가진 영사와 그렇지 않은 명예영사가 있다.

영사의 직급에는 총영사(consul-general), 영사(consul), 부영사(vice-consul), 영사대리(consular agent)가 있다.

2) 외교 관행

협약에 규정되어 있지 않은 것에 대해서는 외교 관행을 따른다. 의전 절차는 모두 외교 관행을 따른 것이다.

국교가 없는 국가 간에서 자국의 동맹국 또는 우방국이 상대 국가에 공관을 설치하고 있을 때는 그 동맹국 또는 우방국에 자국의 이익 보호를 대신하여 줄 것을 요청할 수 있다. 이 요청을 들어주는 것도 외교 관행이다.

2. 교통·통신질서

협력질서 중에서는 교통·통신질서가 가장 일찍 등장하였다. 교통·통신은 모든 국가에 공통으로 이익을 주는 공공재(公共財)의 성격이 강하기 때문이다. 교통·통신질서는 가장 대표적인 국제 공공질서이다.

교통질서 중에서 처음으로 자리 잡기 시작한 것은 항해질서이다. 공해(公海)를 통한 국가 간 선박 항해는 관계국 모두의 이익이 되므로 공해상의 항행 자유가 보장되어야 한다는 데 대해서는 해양 국가 간에 쉽게 합의가 이루어질 수 있었다. 그래서 항로(sea lines of communication)의 보호와 항해 선박의 안전(navigation safety)을 보장하는 질서가 일찍부터 자리 잡혔다.

현재 통항과 관련된 가장 중요한 질서는 영해 내의 무해통항(innocent passage in the territorial sea)과 관계되는 것인데 1982년 12월 10일 몬테고 베이(Montego Bay)에서 체결된 〈해양법에 관한 국제연합협정(United

Nations Conventions on the Law of the Sea)〉에서 상세히 규정하고 있다. 이 협정에서는 연안국에 위협을 주지 않는 한 모든 국가의 선박은 타국의 영해 내에서도 자유롭게 항해할 수 있도록 했다. 영해가 아닌 공해는 무주물(無主物)이고 공공 영역이므로 모든 국가의 선박이 자유롭게 항해할 수 있다.

항공기가 출현한 이후 항공 운항에 관한 질서가 등장하였다. 1944년 12월 7일 시카고에서 체결된 다자 조약인 〈국제민간항공운항에 관한 협약(ICAO: Convention on International Civil Aviation Organization)〉은 가입국의 민간 항공기 운항에 관하여 상세하게 규정하고 있다. 이 협정에 의하여 모든 운항 민간 항공기는 사전허가 없이 다른 협약 가입국 상공을 통과하여 비행할 수 있으며 정기 운항 민간 항공기인 경우에는 해당국간 항공 협정에 따라 운항권을 가진다. 그러나 모든 민간 항공기는 비행 항로 지정 등에 관해서 비행 항로가 속한 영토국의 지시에 따라야 한다.

국경을 넘는 통신 수단 중 가장 오랜 것은 우편 제도다. 인편으로 서신을 주고받는 통신 제도는 이미 13세기에 몽골제국이 제도화하였고 19세기부터는 국가 간의 협정으로 상호주의 원칙에 따라 비용을 분담하는 규정이 마련되면서 우편 제도는 국제 공공질서로 자리 잡았다. 우편교환질서는 정치를 초월한 질서로서 전쟁 중에도 유지되어 왔고 주권 국가가 아닌 정치단체도 우편 교환 단위로 인정되어 왔다.

19세기에 전화와 전보가 실용화되면서 서신 외에 전화, 전보의 교환도 국제통신질서에 포함되었고 다시 20세기에 들어서서 전파를 사용하는 무선 통신도 통신질서에 포함되었다.

통신질서는 국제기구가 관리하는 질서다. 현재 3개의 주요 국제기구가 국제통신질서를 유지관리하고 있다. 만국우편연합(UPU: Universal Postal Union), 국제전기통신연합(ITU: International Telecommunication Union), 국제통신위성기구(INTELSAT: International Telecommunications Satellite

Organization) 등 세 기구가 통신질서를 관장하고 있다.

3. 경제질서

교역은 인류 문명이 시작되면서부터 있어 온 오랜 생활양식이어서 시대마다 해당 국가 간에 합의된 제도가 존재했었다. 그러나 교역량이 비약적으로 확대된 중세부터는 교역을 보호하고 활성화시키기 위하여 점차로 관련된 보편적 질서의 창설이 논의되어 왔다. 그러나 각 국가의 이익이 서로 충돌하면서 범세계적 보편질서는 아직까지도 완성되지 못하고 있다.

교역은 각국의 경제 발전에 크게 영향을 미치므로 자국의 산업을 보호하려는 중상주의 정책과 상호주의를 내세우고 자유무역을 주장하는 국가들의 정책이 충돌하여 쉽게 합의를 도출하기 어려웠다.

경제질서는 크게 통상질서와 통화(通貨)질서로 구성된다. 통상질서는 교역에 대한 각국의 관세 정책을 국제적 보편질서로 흡수하는 방향에서 발전되어 왔고 통화질서는 국가 간 교역에서 결제 수단으로 쓸 수 있는 기축통화 제도의 운영과 국제통화질서의 안정을 위한 기금 운영, 그리고 산업화 수준이 다른 국가 간의 경제 역량 격차를 줄이기 위한 세계은행의 창설 유지 등으로 발전되어 왔다.

1) 교역질서

교역질서의 핵심을 이루는 관세 제도의 국제 규범화는 제2차 세계대전이 마무리 되어 가던 1944년에 세계 44개 교역국들이 모여 새로운 교역 질서를 논의한 브레튼우즈(Bretton Woods) 회의에서 시작되었다. 이 회의에서의 합의에 따라 1948년 〈관세와 무역에 관한 일반협정(GATT: General Agreement on Tariffs and Trade)〉이 발효되면서 범세계적인 교역질서가 작동하기 시작하였다.

GATT는 관세 이외의 무역 장벽의 철폐, 상호주의에 입각한 관세 인하 등을 주요 합의 내용으로 한 다자 협정으로 1994년까지 8차례 수정보완 회의(Geneva Round로부터 Uruguay Round까지)를 거쳐 규정을 강화하여 왔으며 1994년 4월 범세계적 무역관리질서를 담당할 국제기구로 세계무역기구(WTO: World Trade Organization) 설치를 합의하고 GATT의 임무를 끝냈다. 1995년 1월 1일에 발족한 WTO가 현재 전 세계의 교역을 관리하는 국제기구가 되었다.

그러나 WTO의 출범에도 불구하고 국가 간의 이해가 상충되어 아직도 '세계 단일 시장화'를 목표로 하는 통상질서는 진통을 겪고 있다. 과도적 질서로 이익을 같이 하는 국가 간의 자유무역협정(FTA: Free Trade Agreement)이 쌍무적으로 혹은 지역 단위로 형성되고 있다.

2) 통화질서

화폐를 재화 교환의 결재 수단으로 쓰기 시작한 것은 아주 오래 되었다. 국가마다 특정 물건을 화폐로 지정하여 교환의 결재 수단으로 쓰면서 화폐 제도가 발달했다. 그러다 13세기 몽골제국이 금이나 은을 표시하는 지폐를 만들어 통용시키면서 국제적 차원의 화폐 제도가 자리 잡았다. 이러한 화폐 제도는 은행이라는 신용을 보증하는 기관이 생겨나면서 은행이 금으로 책임지고 교환해준다는 약속을 하고 대신 지폐를 발행해서 통용하게 하는 태환권(兌換券)이 자리 잡으면서 통화질서는 비약적으로 발전하였다. 여기에 덧붙여 은행이 돈을 빌려주는 금융 제도가 생겨나면서 금융통화질서는 경제생활의 핵심질서가 되었다. 국가 간 교역이 활성화되기 시작한 17세기부터는 국가 간 교역에 결제 수단으로 사용할 화폐를 합의하여 지정하는 기축통화(基軸通貨) 제도가 생겨났다. 19세기에 영국의 파운드화가, 그리고 20세기에 미국의 달러(dollar)화가 기축통화로 자리 잡았다. 21세기에 들어서서는 미국의 달러화와 유럽연합의 공동 화폐인 유로(euro)화가 기축통화의 지위를 지키고 있다.

국제 교역에 미치는 기축통화의 중요성을 감안하여 기축통화체제를 안정적으로 유지하기 위하여 국제협약으로 이를 제도화 하려는 노력이 꾸준히 전개되고 있다.

이런 노력의 일환으로 1944년 7월 1일 미국 브레튼우즈에서 44개국 대표가 모여 통화질서를 구축하기 위한 회의가 열렸다. 이 회의에서 금과 미국 달러화를 기축통화로 하기로 합의하고 각국이 출자하여 국제통화기금(IMF: International Monetary Fund)을 창설하여 국제통화의 안정성을 확보하도록 하였다.

통화질서가 안정되려면 무엇보다 각국의 실물경제가 안정되어야 한다. 제2차 세계대전으로 경제 기반이 파괴된 유럽 국가들과 신생 독립국의 낙후된 경제 기반 등을 지원하여 재건을 도우는 한편, 국제통화질서의 안정성을 확보하기 위해서 브레튼우즈 회의에서는 IMF 창설과 동시에 국제부흥개발은행(IBRD: International Bank for Reconstruction and Development)을 창설하였다. IBRD는 1947년 국제연합 전문기관이 되었다.

금융통화질서는 국제사회를 하나의 공동체로 만들어 가는 과정에서 가장 큰 기여를 해 온 협력질서다.

4. 자원, 환경보호질서

자연은 인간의 삶의 공간이며, 인간의 삶에 필요한 자원을 제공해주는 삶의 자산이다. 자연은 무한한 것이 아니다. 지키고 아껴 써야 할 유한한 자산이다.

자연은 인간이 자기 필요에 따라 마구 쓰고 버려도 좋은 것으로 여겨지던 때가 있었다. 그러나 인구 밀도가 늘고 인간의 과학기술이 늘어 자연을 파괴하는 능력이 커지면서 자연에 비가역적(非可逆的) 변화가 일어나는 이른바 자연 파괴가 일어나기 시작하였다. 자연이 붕괴되면 모든 인류가 공멸하게 된다는 사실을 자각한 인류는 드디어 자연 보호를 위한 체계적 노력을 펴기 시작하였다.

자연은 국경과 관계없이 하나로 존재한다. 어느 한 나라가 단독으로 지켜낼 수 없는 대상이다. 자연 보호는 초국경적, 초국가적인 인류 공동 노력으로만 가능하다. 국제적 협력을 통해서만 이룰 수 있는 일이다. 협력질서로 자연과 환경보호질서가 등장한 것은 당연하다.

1) 자연의 공동관리 레짐의 등장

자연을 인류의 공동자산(共同資産)이라고 생각하기 시작한 것은 오래되지 않았다. 최근까지도 사람들은 자연을 소유자가 자유롭게 처분할 수 있는 자산으로 여겨 왔다. 영토 내의 자산은 자국의 것으로, 그리고 영토에 가까운 영해까지도 자국의 것으로 생각했다.

자연을 누구의 것도 아닌 인류의 공동 소유물이라는 생각은 영해 밖의 바다에서부터 적용되기 시작했다. 그전에는 바다를 무주물로 여겨 왔었으나 점차 영해 밖의 바다는 모두가 차별 없이 자유롭게 쓸 수 있어야 한다는 생각에서 공유(condominium)로 해야 한다는 생각이 정착되어 오다가 바다의 오염 방지, 어족 자원의 보호 필요성 등이 대두되면서 공동관리해야 한다는 생각, 즉 공해를 공유물(公有物: public goods)로 인식하기 시작했다.

공해에 대한 공동관리질서가 점차로 확대되어 대기 오염 제한, 자원 보호 등을 포함하는 다양한 공동관리 레짐이 등장하였다. 자연을 더 이상 파괴하는 것을 막고 남용, 과용, 오용하는 것을 막기 위한 여러 가지 협약이 등장하고 이러한 협약의 집합체로서 자연보호를 위한 국제관리 레짐(regime)이 형성되게 된 것이다.

2) 자원보호질서

지속적 성장을 위해 자연 자원을 아껴 쓰자는 자원 보호, 동식물의 멸종을 방지하기 위한 생물자원의 보호에 대하여 대다수 국가가 공동 관심을 보이기 시작하면서 여러 가지 국제협약이 체결되었다.

1973년에 체결된 〈멸종 위기에 처한 동식물의 국제교역에 관한 협정(CITES)〉, 1980년에 체결된 〈남극지역 해양생물자원보전협약〉, 1982년에 체결된 〈유엔 해양법 제7부 제2항〉의 '공해의 생물자원보전과 관리규정', 1992년에 체결된 〈생물다양성협약〉 등이 대표적인 생물자원 보호를 위한 다자 조약으로 이러한 조약들이 생물자원 보호를 위한 국제질서를 이루고 있다.

석유 등 지하자원을 공동관리하자는 노력은 아직도 국가 간 이해가 상충하여 국제질서로 자리 잡지 못하고 있다.

그러나 산업화가 급속히 진행되면서 지하자원의 고갈 문제가 심각해지

고 있어 지속 가능한 성장을 위해서는 지하자원의 공동관리를 위한 국제
질서도 **빠른** 시일 내에 마련되어야 한다.

3) 환경보호질서

없어져 가는 자원 보전에 대해서는 소극적이던 각국이 환경을 해치는
물질의 생성을 막아 쾌적한 환경을 유지하게 하자는 데는 훨씬 적극적
이다.

'하나뿐인 지구(Only one earth)'라는 주제를 내어걸고 1972년에 열었
던 〈인간환경회의〉에서 113개 참가국들은 〈인간환경선언〉을 채택하고
지구 환경보호를 위하여 공동 노력하기로 합의하였다. 국제연합은 후속
조치로 1982년 〈세계자연헌장(World Charter for Nature)〉을 채택하고
다음 해인 1983년에 '환경과 개발에 관한 세계위원회(WCED: World
Commission on Environment and Development)'를 발족시켰다.

환경보호를 위한 국제협력은 점차로 속도를 높여 1992년에는 리우데자
네이루에서 '국제연합환경개발회의'를 열어 수질 오염 방지, 토양 보호,
사막화 방지 등에 대한 상세한 의무를 규정한 〈리우선언(Rio Declaration)〉
을 채택하였다. 이 리우선언은 전 세계의 모든 국가들이 따라야 할 환경
준칙이 되었다. 그리고 리우회의에서는 지구 온난화의 원인이 되는 환경
오염 물질 배출을 규제하는 〈기후 변화에 관한 협약(Convention on
Climate Change)〉도 체결하였다. 이 협약에는 186개국이 가입하여 사실
상 범세계적인 '강제질서'가 탄생한 셈이다.

5. 인권질서

사람이 사람답게 살 수 있는 권리를 인권이라 한다. '사람답게 살 수 있는 권리'로 맥두갈(Myres S. McDougal) 교수는 다음과 같은 권리가 포함되어야 한다고 했다: 인격의 존엄성을 존중 받을 권리, 공동체 의사결정에 참여할 수 있는 권리, 지식과 정보를 얻고 파급하고 즐길 수 있는 권리, 육체적 정신적 건강과 발전을 누릴 수 있는 권리, 부의 생산과 사용에 관한 차별 없는 자유, 기술 습득과 활용에 관한 자유, 개인과 집단에 대한 호감을 당당하게 지킬 수 있는 권리, 공동체 생활에서 공정하게 평가 받을 수 있는 권리 등.17)

인권은 더 줄여서 정리하면 생명과 신체의 완전성을 보장 받을 권리, 삶에 필요한 최소한의 물자를 안정되게 공급 받을 수 있는 권리, 자기 운명에 관계되는 공동체의 의사결정에 참여할 수 있는 권리 등으로 요약할 수 있다.

인권 침해란 이러한 권리가 박탈(deprivations) 당하거나 미충족(non-fulfillment) 되는 것을 말한다.

국제사회는 주권 국가들의 협의 공동체여서 인권 문제는 그동안 모두 각국의 국내정치 문제로 여겨져 왔고, 국내 문제에 대한 내정불간섭 원칙에 따라 외국이나 국제기구가 간여하지 못하였다. 그러나 인권은 하늘이 내려준 권리라는 천부인권설이 인류 사회의 보편적 믿음으로 정착되면서 인권보호는 모든 인류의 공통된 의무로 인식되기 시작하였다. 즉 어느 특정 국가가 국내정치 특성을 이유로 인권을 유린하는 경우 외국 정부나

---

17) Myres S. McDougal, Harold D. Lasswell & Lung-chu Chen, *Human Rights and World Public Order* (New Haven: Yale University Press, 1980), pp.7-13.

국제기구, 그리고 외국 국민도 모두 세계 인류 공동체의 같은 소속원이 라는 자격으로 개입, 간섭, 시정시켜야 할 의무, 즉 보호 의무(R2P: responsibility to protect)를 가진다는 사상으로 발전하였다.

이러한 사상적 변화로 제2차 세계대전 종전 후의 국제사회에서는 인권 보호를 위한 세계보편질서 창설 운동이 활발하게 전개되었으며, 자연히 이 운동을 새로 태동한 국제연합의 주요 과제로 반영되게 되었다.

1) 국제연합의 인권보호 노력

국제연합은 창설 때부터 인권보호질서 구축을 가장 중요한 임무로 수 용하였다. 국제연합은 그 헌장에서 "기본 인권과 인간의 존엄과 가치 …… 에 관한 신념을 다시 한번 확인"한다고 선언하고 헌장 제68조에서 인권 향상을 도모할 기구 설치를 의무로 규정하였다.

국제연합은 창설 직후 1948년 제3차 총회에서 역사적인 문건인 〈세계 인권선언(Universal Declaration of Human Rights)〉을 채택하였다. 이 선언은 세계 모든 국가가 도달하여야 할 인권보호 목표를 명시한 인권보 호의 기본 장전으로 실제로 세계 모든 나라는 자체 헌법 제정과정에서 이 선언을 기본 지침으로 삼았다. 이 선언은 만민평등, 생명과 신분 보장 을 받을 권리, 거주이전의 자유, 표현의 자유, 사유재산의 권리, 사상의 자유, 결사의 자유, 직업선택의 자유 등을 모두 담고 있다.

국제연합은 각국이 따라야 할 정치적 표준을 설정한 것인데, 이 내용을 회원국들이 지켜야 할 의무로 전환시키기 위한 규약도 1966년에 제정하 였다.

국제연합이 제정한 인권규약은 세 가지다.

통칭 A규약이라 부르는 첫째 조약은 〈경제적, 사회적, 문화적 권리에 관한 국제규약〉이다. 이 규약은 모든 국가가 자국 국민에게 최소한의 삶의 질을 보장해주고 국민이 건강을 보장 받을 권리, 일할 권리 등을 가졌음을 인정하고 그 실현을 위하여 노력할 의무를 지도록 하고 있다.

둘째는 B규약이라고 부르는 〈시민적, 정치적 권리에 관한 국제규약〉이다. 이 규약에서는 국민의 평등권, 기본 인권 존중, 언론·사상·집회·결사의 자유 보장 등을 각국의 의무로 규정하고 있다.

셋째는 〈시민적 및 정치적 권리에 관한 규약에 대한 선택의정서〉로서 위의 두 규약 내용을 당장 실천할 수 없는 국가가 실천유예를 할 수 있도록 규정한 규약인데 준비가 되지 않았다고 규약 자체에 가입하지 않으려는 국가들이 생길 것을 방지하기 위한 유예 규약이다.

〈세계인권선언〉과 〈세계인권규약〉은 채택된 후 반세기가 지나는 동안 중요한 국제질서로 정착하였다. 비록 그 내용이 모든 나라에서 다 지켜지지는 않고 있지만 하나의 보편질서로는 확고하게 자리 잡았다.

2) 주요 인권 현안과 인권질서의 장래

국제연합의 노력으로 〈세계인권선언〉과 〈인권규약〉이 채택되고 이 규약의 실현을 위하여 국제연합, 미국 등 세계질서 주도국들, 그리고 많은 시민단체 등이 끊임없이 실천해 옴으로써 이제 인권보호가 보편적 세계질서의 일부로 자리 잡아가고 있으나 아직도 해결해야 할 많은 과제가 남아있다. 적어도 다음과 같은 문제들에 대한 국제적 노력이 절실하다.

(1) 소수민족 문제

21세기의 전쟁은 거의 모두가 소수민족 문제에서 비롯되고 있다. 이 문제가 해결되지 않는 한 전쟁 없는 평화질서의 꿈은 이루어질 수 없다.

전 세계에는 약 3,000개의 자주권을 갈구하는 민족 집단이 있는데 현재
의 국제사회는 200개도 안 되는 주권 국가들만 행위 주체로 인정하고 있
다. 따라서 대부분의 민족들은 다른 민족이 지배하는 국가 내의 '차별 받
는 소수민족'으로 남아 있다. 각 국가는 자국 내의 소수민족도 같은 국민
으로 차별 없이 기본 인권을 존중하고 있다고 하나 이들이 '민족자결권'을
가진 자주 국가를 가지려는 노력은 탄압하고 있다.

중국은 55개 민족으로 구성된 다민족 국가인데 한족 이외의 소수민족
들은 '민족자결'의 권리를 누리지 못하고 있다. 티베트 독립 운동, 위구르
족의 독립 운동, 내몽골의 몽골족의 자주권 투쟁 등으로 중국의 국내정치
는 항상 불안하다.

쿠르드(Kurd) 민족은 터키, 이라크, 이란 등에 나뉘어 속해 있다. 쿠르
드의 자주 독립 운동이 이라크 전쟁의 원인이 되었다. 러시아 내에도 수
많은 민족이 소수민족으로 묶여 있다. 체첸 분쟁은 이러한 소수민족 문제
의 심각성을 잘 보여 주고 있다. 코소보 전쟁은 대표적인 소수민족 자주
권 탄압이 빚어낸 전쟁이었고 수단 내전, 나이지리아 내전, 인도네시아와
동티모르 분규, 아첸 분규 등도 모두 소수민족 문제에서 비롯된 것이다.

소수민족 문제는 해당국이 가장 민감하게 대응하는 문제여서 해결이
쉽지 않지만 국제질서의 안정을 위해서는 반드시 해결되어야 할 앞으로의
과제다.

(2) 인민학살 문제

전쟁보다 더 무서운 것이 독재 정부다. 전체주의 독재 국가에서는 이념
과 체제에 반대하는 자국 국민을 대량학살해 왔다. 이것을 인민학살
(democide)이라 한다.[18] 20세기의 100년 동안 전쟁으로 희생된 인명은

---

18) Democide란 용어는 R. J. Rummel 교수가 만든 것이다. 그의 책 *Death By*

3천5백만 명이었으나 자국 정부와 점령국 정부에 의하여 학살당한 민간인은 1억 7천만 명이었다.

구소련 정부는 1917년 공산혁명에 성공한 이후 1989년 공산주의를 포기할 때까지 6천1백만 명의 자국 국민을 학살하였고, 중국도 1949년 공산혁명부터 1978년 덩샤오핑(鄧小平)의 정치개혁 때까지 약 3천5백만 명의 인민을 학살하였다.[19]

럼멜은 인민학살을 "정부가 종교, 인종, 언어, 출신 종족, 계급, 정치, 반정부 행동 등의 이유로 인민을 죽이거나 죽음에 이르도록 하는 행위"라고 정의했다.

인민학살은 21세기에 들어서서도 세계 도처에서 지속되고 있다. 전체주의 독재정치체제가 아직도 존재하기 때문이다. 인민대학살 문제는 21세기 국제정치질서에서는 모든 세계 인류가 공동으로 개입, 간섭, 방지 노력을 펴야 할 중요한 인권질서 위반 사항이다.

(3) 난민 문제

인민학살은 대량 난민을 만들어낸다. 자국 정부의 탄압을 피해 다른 나라로 망명한 사람들이 난민이다. 현재 세계 인구의 약 3%인 2억 명이 모국을 떠나 세계 각지로 떠돌아다니는 유랑민(migrant)이고 그 중 약 1천만 명이 난민(refugee)으로 분류되고 있다. 이들 난민의 인권 문제를 해결하지 않고는 국제인권질서가 유지될 수 없다.

세계평화질서 구축을 위해서는 난민 문제의 해결이 반드시 이루어져야 한다. 난민 문제와 유사한 문제로 납치 문제도 중요한 국제인권 유린 문

Government (New Brunswick: Transaction Publisher, 1994)를 참조할 것.

19) 이 통계는 R. J. Rummel 교수가 집계한 것이다. 그의 책 *Power Kills: Democracy as a Method of Nonviolence* (New Brunswick: Transaction Publisher, 1997), pp.91-92와 p.94의 table 6.1을 볼 것.

제다. 북한은 6.25 전쟁 중에 약 9만 5천여 명의 한국인을 강제 납북했고 휴전 이후에도 5천 명 이상을 납북했다. 일본인도 상당수 납치했다. 이러한 납치 문제도 중요한 국제적 인권유린 문제다. 역시 전 세계 인류가 공동으로 해결해 나가야 할 과제다.

【제3부 참고문헌】

✛ 국제정치체제

1) 이상우. 『국제정치학강의』. 서울: 박영사, 2005.
   이 책은 학부 학생을 위한 국제정치 입문 교과서다. 국제정치를 국제질서 관리 행위로 규정하고 질서의 구성, 작동 원리 등을 해설한 교과서다. 학부 수준에서는 이 정도만 이해하면 충분하다.

2) 이상우. 『국제관계이론』. 4정판. 서울: 박영사, 2006.
   학부 고급 학년, 그리고 대학원 초급 학년생들을 위한 국제관계 이론 교과서다. 주요 국제관계 이론들을 이론 주창자의 설명을 중심으로 소개한 교과서다.

3) R. J. Rummel. *In The Minds of Men*. 서울: 서강대학교 출판부, 1984.
   한국에서 출판한 영어로 된 교과서다. 쉬운 영어로 국가 간 갈등, 전쟁, 평화를 간결하게 이론화한 교과서이다.

4) Hedley Bull. *The Anarchical Society: A Study in World Politics*. New York: Columbia University, 1977.
   국제정치를 '질서'라는 이론 틀에 맞추어 해설한 교과서. 개념을 선명하고 분명하게 해설해주어 도움이 된다.

✛ 전쟁이론

1) 구영록. 『인간과 전쟁』. 서울: 법문사, 1977.
   오래된 책이나 아주 소중한 책이다. 갈등에서 분열을 거쳐 전쟁으로 발전해가는 국가 간 분쟁을 체계적으로 정리한 교과서이다.

2) Kenneth N. Waltz. *Man, the State and War*. New York: Columbia University Press, 2001.
   전쟁 원인에 대한 명쾌한 이론서. 고전에 속하는 교과서이다.

✛ 협력질서

1) Myres S. McDougal, etc. *Human Rights and World Political Order*. New Haven: Yale University Press, 1980.
인권 문제에 관한 가장 완벽한 해설서로 1,000페이지의 방대한 책이어서 관심 있는 부분만 골라서 참조할 것.

2) John Baylis & Steve Smith, eds. *The Globalization of World Politics*. 2nd ed. Oxford: Oxford University Press, 2001.
환경보호를 위한 국제적 노력을 잘 정리해 놓은 교과서이다.

【부록】

* * *

총정리

『정치학개론』은 정치학을 처음으로 대하는 학생들에게 앞으로 정치학을 깊이 있게 연구하는 길을 알려주는 길잡이이다. 그리고 사회인에게는 주권자인 민주시민으로 책임 있게 정치 참여의 권리를 행사하는 데 필요한 정치체제에 대한 최소한의 상식을 터득하게 하기 위한 기초 교양서다.

이 책에서 다룬 내용을 압축하여 12개 항목에 걸쳐 정리하였다. 이해를 스스로 점검하는 데 도움을 주기 위해서다.

1. 정치체제의 이해

다음의 6가지 항목의 내용을 이해하면 정치체제에 대한 상식을 갖출 수 있다.

1) 정치의 개념

정치란 "사회질서의 창출, 유지관리, 개혁을 하는 인간 행위"이다.

사회질서란 공동체의 목적을 달성하기 위하여 인위적으로 만든 체제인데 공동체 운영의 기본 이념, 규범, 기구, 규범의 준수를 보장하는 힘 등 4가지 요소로 이루어진다. 정치는 이러한 질서를 만들고 유지하며 필요에 따라 개혁해 나가는 행위이다.

2) 정치체제

정치체제는 구조와 기능으로 이루어진다. 구조는 공동체 운영에 소요되는 여러 기능을 담당할 '역할' 간의 관계의 집합으로 이루어지며 기능은 환경으로부터의 투입(input)을 받아 정책 등 산출(output)을 만들어내는 일을 말한다. 정치체제는 공동체 구성원의 요구와 지지를 받아 공동체의 의사결정이라는 산출을 만들어 내는 시스템이다. 예를 들면, 국회는 주권자인 국민의 지지로 선출된 의원으로 구성된 입법 기능을 담당하는 기구로 이들이 공동체가 필요로 하는 규범인 법률을 만들어 내는 기능을 한다. 입법을 담당한 국회, 그 내용을 집행하는 행정부의 기관 등이 서로 연계되어 국가의 정치체제가 완성된다.

3) 정치 이념

장래에 공동체가 갖추어야 할 모습, 이러한 목표 상태로 가야 할 이유, 그리고 목표 상태와 현실 간의 간격을 좁혀 나갈 행위 계획을 논리적으로 연결 해놓은 사상체계가 정치 이념이다.

정치 이념에는 공동체의 이익(利益)을 구성원 개개인의 이익에 앞세워야 한다는 전체주의 이념과 개개인이 추구하는 자유라는 가치를 공동체의 추상적 공익보다 앞세워야 한다는 자유주의 이념이 있다. 그리고 공동체의 의사결정 원칙에서 '우수한 판단을 하는 개인 또는 소수'가 누구의 견제도 받지 않고 결정해야 한다는 전제주의와 공동체 구성원이 등가참여(等價參與)하여 결정해야 한다는 민주주의가 있다. 전체주의는 전제주의와 결합하여 전체주의-전제주의가 되고 자유주의는 민주주의와 결합하여 자유민주주의가 된다. 전체주의와 전제주의는 절대진리를 추구한다는 점에서 결합되고, 주권재민의 사상이 자유주의와 민주주의의 공통 기반이 되기 때문에 두 가지는 같이 선택된다.

4) 정부 형태

다스리는 자(治者)와 다스림을 받는 자(被治者)가 같아야 한다는 자율질서를 이상으로 하는 민주주의 사상에 충실하기 위하여 국민이 선출한 대표로 구성되는 의회가 통치권을 직접 행사하게 하는 의원책임제 정부형태와 통치권의 남용을 막기 위하여 통치권을 분산하여 서로 견제할 수 있도록 입법 기능을 담당하는 의회와 별도로 행정 책임을 맡도록 국민이 선출한 대통령을 따로 두는 형태의 대통령책임제 정부가 있다.

5) 정치과정

정치체제는 국민의 지지와 요구를 받아 이를 취합하여 의회에서 토론을 거쳐 정책으로 전환하여 행정부에 그 실행을 위임하고 행정부는 위임받은 내용을 국민에게 실천해 나가는 순환 구조로 운영된다. 이러한 각 단계별 활동의 흐름을 정치과정이라 한다.

국민의 요구는 이익표출 단계에서 출발하여 이 이익을 모아 정책안으로 만드는 이익집약 단계를 거쳐 의회 등에서 정책으로 전환되고 행정부에서 이를 실행하고 독립된 사법부에서 그 과정을 심사하는 단계를 거친다. 민주정치체제에서는 정당이 이익표출, 이익집약 기능을 담당하며 의회가 정책으로 전환시키는 기능을 담당한다.

6) 정치문화

공동체 구성원은 오랫동안 공동생활을 해오면서 가치관, 행동 양식 등을 공유하게 되며 이렇게 형성된 공통된 가치관, 행동 양식은 정치체제 운영에 영향을 미치는데 이것을 정치문화라 한다. 정치문화가 다르면 정치체제의 운영 양식도 달라진다. 정치문화 유형으로 공동체 전체 운영보다 자기 집단 이익에 집착하는 '지방형', 권위에 순종하여 따르는 '신민형', 적극적으로 참여하는 '참여형' 등이 있다.

2. 한국정치

대한민국은 한국민이 가진 최초의 자유민주주의 공화국이다. 오랜 군주정치체제와 35년간의 일본 식민지 통치를 받아온 한국민은 제2차 세계대전 종결로 자주권을 회복하면서 1948년 민주공화국을 건국하였다. 한국의 민주정치체제는 두 번의 군사혁명과 유신체제 등 많은 시련을 겪었으나 1987년부터 안정되게 운영되고 있다.

1) 자유민주주의 기본 이념

대한민국은 주권재민의 사상에 기초하여 건국된 자유민주주의 공화국이다. 모든 국민이 기본 인권을 보장받고 동등한 정치참여권을 가지는 공화국이다. 자유민주주의 기본 이념은 모든 정치활동을 평가하는 기준이 되며 모든 규범의 정당성을 보장하는 근본 규범이 된다.

2) 대통령책임제 정부

대한민국은 입법, 행정, 사법부 간의 상호 견제와 균형을 원칙으로 하는 3권분립의 권력 구조를 가진 정부를 가진 국가이다. 의회와 별도로 국민이 선출한 대통령이 행정부의 수반이 되며 국가를 대표한다.

3) 북한의 신정체제

북한의 정치체제는 소련군의 군정 시대에 만들어진 소비에트형 공산주의 체제에서 출발하였으나 점차로 1당지배 체제에서 1인지배의 전체주의-전제주의체제로 변화하였고, 1970년대부터는 통치권의 타당 근거를 김일성의 초인간적인 신성(神性)에 두는 신정체제(神政體制)로 발전하였다. 신정체제는 유일신을 가진 종교와 같은 세속적 통치체제이다. 북한은 1994년 김일성 사망 이후 김정일이 통치권을 승계하면서 선군정치(先軍政治)을 내세우고 국방위원회가 통치하는 특이한 체제를 유지하고 있다. 김정일을 승계한 김정은은 '국방위원회 제1위원장' 자격으로 북한을 통치하고 있다.

3. 국제정치체제

1) 주권 국가들의 협동체질서

국제정치체제는 주권 국가를 구성단위로 하는 국가들의 합의로 만들어진 협의 공동체이다. 초국가적인 권위를 가지는 중앙 권력 기구가 존재하지 않으며 독립된 입법 기관도, 행정 기관도 가지고 있지 않다. 모든 주권 국가는 동등한 구성원 자격을 가지며 각국은 서로의 주권을 존중하고 내정에 간섭하지 않는 것을 원칙으로 하고 국가 간 합의인 조약만이 규범으로 인정되는 질서다. 이러한 체제는 '베스트팔리아체제'라 부르며 이 체제를 제도화해 놓은 것이 국제연합(UN)이다.

2) 안보질서

국제질서에서 각국의 안전은 각국이 스스로가 책임져야 한다. 자위력이 안전 보장의 근간이다. 동맹으로 모자라는 자위력을 보완하여 공동의 적의 위협을 억지하여야 한다. 국제연합 창설 후 질서 교란국이 출현할 때는 나머지 국가들이 '자동동맹'을 이루어 이를 막는다는 집단안보체제가 구축되어 평화질서 유지에 기여하고 있다.

3) 다층복합질서

각국 간의 합의에 의하여 다양한 협력질서가 생겨났으며 이러한 질서는 각각의 규정에 따라 작동한다. 현재의 국제질서는 이러한 독립된 다양한 질서가 함께 작동하는 '다층복합질서'다. 경제질서, 교통·통신질서, 자연보호질서 등 시대적 요구에 따라 여러 형태의 협력질서가 출현하고 있다.

주요 개념의 다양한 정의

정치학은 아직 발전 단계에 있는 학문이어서 학자마다 정치를 보는 시각이 달라 주요 개념에 대한 정의도 다르다. 핵심 개념에 대한 주요 학자들의 정의를 소개한다. 정치를 보는 다양한 시각에 대한 이해를 돕기 위해서다.

1) 질서 (order)

① 사(事)물(物)의 시(時)공(空) 속에서의 규칙적 배열. 이 규칙이 대자연의 섭리로 정해진 것이면 자연질서, 그리고 인위적으로 정해 놓은 것이면 사회질서라 한다.

② 사물 간의 정해진 순서와 절차

2) 정치질서 (political order)

① 공동체 구성원의 주어진 역할 간의 관계에 대한 규범체계
② 공동체가 이루려는 목표 상태를 규정한 이념, 그리고 그 이념을 실현해 나가기 위하여 만든 조직과 규범 및 규범을 강제할 힘 등으로 구성되는 시스템

3) 정치 (politics)

① 정부가 정책을 수립하는 과정. 집단을 위한 규율을 만들고 집행하는 정책 결정과 정책 집행 과정을 포함한다 (A. Ranny)
② 상대방을 강제하거나 그렇게 해야 한다는 확신을 갖도록 설득하여 내가 원하는 것을 하게 하는 일 (P. Shively)
③ 한 사회의 가치들을 권위적으로 배분하는 일 (D. Easton: 김홍우 역)
④ 가치를 누가 어떻게 획득분배 하는가를 결정하는 행위 (H. Lasswell)

4) 권력 (power)

① 가치 보상과 가치 박탈을 규정하는 결정에의 참여권한 (H. Lasswell)
② 자기 의사를 관철할 수 있는 모든 가능성 (M. Weber)
③ 다른 사람의 마음과 행동을 통제할 수 있는 능력

(H. Morgenthau)

④ 다른 인간의 소유 내지 추구하는 가치의 박탈을 위협하여 그 인간의 행동 양식을 규제하는 능력. 그 권력이 정치체제가 부여한 것이면 정치권력이라 한다 (김운태)

5) 정부 (government)

① 한 사회를 위하여 법률을 만들고 집행하는 제도들과 사람들의 집합체 (A. Ranny)

② 국가의 질서를 유지하고 구성원의 공동 목표를 실현하는 통치 기능을 수행하는 기구 (박찬욱)

③ 국가 목적 달성을 위하여 물리적 강제력, 기타 권력과 권위를 독점 소유하고 이를 행사하는 기구 (김운태)

6) 정치체제 (political system)

① 물리적 강제의 사용 혹은 그 사용의 위협을 통하여 사회의 통합과 적응 기능을 수행하는 구조 (G. Almond: 최 명 역)

② 공동체질서를 창출, 관리, 개선하는 일을 수행하는 시스템

7) 정치문화 (political culture)

① 유사하거나 상이한 정치적 태도, 가치, 감정, 정보 및 재주의 분포 상태 (G. Almond: 최 명 역)

② 정치체제 및 정치인들에 대한 공동체 구성원들의 태도, 감정적 반응, 평가 등의 분포 상태

8) 정치사회화(political socialization)

① 개인의 정치적 태도와 행위 양식이 얻어지는 발전적 과정 (최 명)
② 개인이 정치 정향과 행위 유형을 학습하는 성장 과정 (김운태)
③ 공동체 구성원이 정치적 견해를 배워 자기들의 정치적 태도와 행동 방식을 획득하는 과정 (A. Ranny)

9) 정치 충원(political recruitment)

① 개인이 적극적인 정치적 역할을 담당하게 되는 과정 (최 명)
② 정치체제를 구성하는 각 역할을 담당할 사람을 선택하여 그 일을 맡기는 일

10) 이익표출(interest articulation)

① 정치적 이익집단에 의해 요구되고 표현되며 정부 통치자들에게 요구가 전달되는 과정 (A. Ranny)
② 공동체 구성원이 정치체제가 산출해주기를 바라는 내용을 '정책안의 형태'로 제시하는 행위

11) 이익집약(interest aggregation)

① 여러 이익집단들의 요구를 취합하여 공공 정책에 반영하는 과정 (A. Ranny)
② 국민의 요구를 정부의 주요 정책의 대안으로 전화시키는 기능 (최 명)

12) 정당 (political party)

① 선거에 후보자를 내세우고 선거를 통하여 후보자를 공직에 앉힐 수 있는 집단 (G. Sartori: 최 명 역)
② 공공이익의 실현을 목표로 권력 획득을 추구하는 사람들이 모인 집단 (이정복)

13) 보수주의 (conservatism)

① 권위를 받아드리고 미지의 것에 비해 이미 알려진 것을 선호하며 현재와 미래를 과거와 결부시키는 경향이 있는 기질, 입장 및 정치철학상의 가치체계 (강정인)
② 전통 가치와 체제 유지를 선호하면서 급격한 개혁을 반대하는 생각

14) 진보주의 (progressivism)

① 역사는 오늘보다 나은 내일이라는 한 방향으로 발전해나가며 이 흐름 속에서 인류 사회가 더욱 훌륭하게 통치되고 더욱 정의롭고 자유스러워지며 더욱 평등해지고 더욱 안정될 것이라는 믿음 (S. Pollard: 강정인 역)
② 현존 체제의 부조리를 개혁하여 더 나은 것으로 만들어 나가야 한다는 믿음 체계

15) 전체주의 (totalitarianism)

① 사회통제의 전체성을 추구하는 정치체제 (Z. Brzezinski)
② 부분에 대한 전체의 선행성(先行性)과 우월성을 강조하는 정치 이념 (김운태)
③ 공동체의 집단 이익을 구성원 개개인의 이익에 앞세워야 한다는 정치 이념

16) 자유주의 (liberalism)

① 국가권력의 자의적인 행사를 억제함으로써 시민적·인간적 자유의 공간을 튼튼하게 보장하려는 정치 이념 (이극찬)
② 사회 구성원들이 자신들의 개인 역량을 최대한으로 발전시킬 수 있는 능력을 사회의 최고선으로 생각하는 이념 (Shively)
③ 공동체의 목적을 구성원의 자유 증대에 두어야 한다는 믿음

17) 전제주의 (autocracy)

① 1인이 통치권을 장악한 통치 형태 (H. Lasswell & A. Kaplan)
② 통치가가 누구의 동의도 받지 않고 자기 책임하에 공동체 의사를 결정하고 그 결과에 대하여 누구에게도 책임지지 않는 통치 방식

18) 민주주의 (democracy)

① 국가의 지배 권력이 어떤 특정 계급이 아니라 사회 전체의 구성원들에게 합법적으로 부여되고 있는 정치 형태 (J. Bryce)

② 한 사람에 의한 정치에 대립되는 민중의 정치 (C. Becker)

③ 지배 권력이 인민에게 속하고 인민을 위하여 행사되고 인민의 대
표들에 의하여 통치되는 정치체제 (L. Hartz)

④ 국민주권, 정치평등, 국민협의, 다수지배의 원리들에 따라 정부를
조직하자는 이념 (A. Ranny)

19) 신정체제 (theocracy)

① 종교 지도자가 종교 교리에 따라 통치하는 정치체제

② 통치권의 타당 근거를 최고 통치자의 초인간적 권위에 둔 정치
체제

20) 근본 규범 (Grundnorm)

① 헌법에 타당성을 주는 최고구극(最高究極)의 규범으로 헌법을 창
설하고 그 타당성의 최후의 근거가 되는 규범. 전체 법질서의 동
태를 총괄하는 요체이며 법질서의 통일적 조직의 공리적인 전제,
규범 창시 과정의 출발점으로 법의 타당성의 근본적인 기초이다
(H. Kelsen: 김철수 역)

② 국가 정체성을 나타내는 정치적 가치로 헌법 정신으로 표현되며
모든 실정법의 타당 근거와 해석 기준이 되는 규범을 근본 규범
(Grundnorm)이라 한다. 근본 규범에 저촉되는 헌법 개정은 불
가능하다.

21) 상호확증 파괴 (MAD: mutual assured destruction)

① 적대 관계의 두 나라가 서로 상대방을 궤멸시킬 수 있는 능력을 갖추어 어느 쪽도 선제공격을 할 수 없도록 서로 억지하는 합의 억지 정책. 영어로 Mutual Assured Destruction(MAD)라 부른다. 공포의 균형(balance of terror)으로 전쟁을 억지하려는 정책 구상이다.

② 서로 상대를 공격할 수 있는 능력만 보유하고 방어할 수 있는 능력을 고의로 폐기하여 서로가 자살을 각오하지 않는 한 선제공격을 할 수 없도록 하는 상호억지 정책

22) 확장억지 (extended deterrence) 정책

① 핵보유국이 핵무기를 보유하지 않은 동맹국에 대하여 다른 핵보유국이 핵위협을 가하지 못하도록 그 동맹국에 대한 공격을 자국에 대한 공격으로 간주하여 자국 보유의 핵무기로 위협국에 보복할 것을 약속하여 보호하는 정책. 영어로는 Extended Deterrence 로 '연장억지'가 더 가까운 번역이다.

② 자위(自衛)의 영역을 동맹국에까지 확장하는 안전보장 정책

23) 수평 핵확산 (horizontal nuclear proliferation) 금지

① 핵보유국 숫자를 더 늘리지 말자는 핵무기의 비핵 국가로의 전파 방지 노력을 말한다. 1970년에 발효한 〈핵비확산조약〉(NPT: Nuclear Non-Proliferation Treaty)이 수평 핵확산 금지 노력의 예이다.

② 새로운 핵보유국의 등장을 막는 행위

24) 수직적 핵확산 (vertical nuclear proliferation) 금지

① 수직적 핵확산(vertical nuclear proliferation) 금지 노력은 이미 핵무기를 보유하고 있는 국가들의 보유 핵무기의 수준을 낮추는 노력을 말한다. 1972년에 합의한 전략무기제한협정-I, 즉 SALT-I, 그리고 1979년에 미·소가 합의한 SALT-II에 이어 1991년 미·소 간에 체결된 제1차 전략무기감축협정, 즉 START-I과 1993년에 체결한 START-II가 그 노력의 결과이다.

② 핵보유국이 보유한 핵무기를 단계적으로 감축하여 핵 없는 세상을 만들려는 노력

25) 집단안보 (collective security)

① 집단안전보장체제(collective security system)는 불특정 질서 파괴자에 대한 집단적 제재의 사전 약정으로 안보질서를 유지하는 체제로 침략자에 대한 제재를 위한 여타 국가 간의 자동 동맹을 말한다.

② 질서 교란국이 출현하면 나머지 국가들이 함께 제재하기로 사전에 합의해 둠으로써 질서 교란국의 출현 자체를 억지하려는 장치

26) 전쟁 (war)

① 적어도 1개 이상의 주권 국가를 포함한 정치 집단 간에서 일어나는 일정 규모 이상의 집단적 무장 투쟁

② 상당 기간, 상당 규모로 지속되는 국가 및 이에 준하는 정치집단 간의 무장 투쟁 (Q. Wright)

③ 자기 의지를 상대방에 강요하기 위한 폭력 행위 (C. Clausewitz)

27) 자유주의 평화이론 (libertarian theory of peace)

① 자유주의 국가 간에서는 폭력적 행위가 일어나지 않는다는 주장 (R. J. Rummel과 B. Russett)

② 민주주의 국가는 상대가 도발한 전쟁에 대응은 하지만 전쟁을 먼저 도발하지 않는다는 주장 (R. J. Rummel)

28) 평화 (peace)

① 폭력이 없는 상태

② 상대방과 행위 주체로서 같은 격(格)을 가졌음을 서로 인정하고 공존하기로 양측이 자유의사로 합의를 이룬 상태

사항(事項) 색인

| ㄱ |

감정적 반응 121, 123

갑산파(甲山派) 210, 213

갑신정변 152

갑오경장 153

강제규범 257

강제력 17, 29, 98, 102-105

개입해야 하는 책임(R2P) 250

개헌, 제3차 160

개헌, 제4차 160

개헌, 제5차 160

개헌, 제6차 161

개헌, 제7차 161

개헌, 제8차 162

개혁 19, 27, 33, 35, 63, 64, 69, 74, 107, 130, 131, 133, 134, 152, 153, 181

거부권 248

건국이념 167

결정서 257

경국대전 151

경장(更張) 130, 133, 134

경직된 양극체제 270

계급 국가 149, 150, 214, 220

계급주의 204

고전적 자유주의 57

공공기관 40, 41, 103

공공질서 27-29, 39-41, 43, 103, 296

공동체 사회 23, 53

공동체 의사결정 과정 28

공동체 의사결정 제도 58, 61

공동체의 의사결정 15, 28, 29, 58

공동체의 질서 14, 17, 21, 25, 27,
    33, 39, 45, 59, 81, 97, 104,
    129-131, 139-141
공동체적 친화성 203
공산주의 이상 69
공산주의 혁명 53
공유(condominium) 302
공유물(公有物) 302
공해 302
과도적 인민민주주의 체제 211
과학적 민주주의 59, 60
광무개혁(光武改革) 153
교섭 271
교역질서 298
교환력 17, 98, 102-104
구조기능주의 84, 110
국가 간 기능별 협력기구(IGO) 236
국가들의 사회 25, 234, 243
국가보위비상대책위원회(국보위) 162
국가보위입법회의 162, 190
국가사회주의(나치즘) 45, 49, 64
국가승인 85, 156
국가연합 87-89
국가의 기본 이념 78
국가의 요건 85
국가의 유형 87
국가주석제 216
국민의 문맹률 167

국민투표 80, 158, 159, 161, 162,
    191
국방위원장 208, 215
국방위원회 149, 208, 214, 215,
    217, 218, 225
국방위원회 제1위원장 209
국방위원회 (통치)헌법 215, 216
국제법 235
국제부흥개발은행(IBRD) 300
국제사법재판소 236, 273
국제연맹 248
국제연합 25, 41, 146, 153-157,
    236, 248, 249, 253
국제전기통신연합(ITU) 297
국제질서의 규범 255
국제질서의 기본 이념 235
국제통신위성기구(INTELSAT) 297
국제통화기금(IMF) 300
국제평화유지군(PKF) 237
국제협력질서 240
군국주의 35, 50, 54, 104
군비 통제 274
군사 국가 150
군사혁명 135
권력의 배분 28
권리장전 77
규약 256
균형자형 세력 균형 287

근대 국가의 상징 40

근대 자유주의 63

근대화 136, 137, 147, 151, 152

근본 규범 40, 75, 76, 80, 176, 219

글라스노스트(Glasnost) 134

기본 인권(보장) 177, 178

기본권의 내용 177

기축통화(基軸通貨) 제도 300

김일성 민족 227

김일성 사망 208

김일성 주체사상 16, 47, 54, 208, 219, 229

김일성-김정일 헌법 209

김일성헌법 208, 216

김정은 통치 시대 218

| ㄴ |

나치즘 16, 35, 47, 49, 50, 54, 65, 126

난민 문제 308

남조선로동당 188

내각책임제 182

내정불가침 원칙 246

노동당 지배체제 213

농지개혁 167

느슨한 양극체제 269

| ㄷ |

다당제 117, 134

다윈의 진화론 137

다자조약 257

단일 세계 민주공동체 238

단일국가 87

당지배국가 149

당지배의 통치 구조 224

대내주권 81

대량살상무기(WMD) 277

대외주권 81

대중영합주의(populism) 66, 127, 194

대중의 궁핍화(immiseration) 현상 68

대중정당 116

대통령제 90, 91, 161

대통령직선제 159, 191

대통령책임제 182

대한민국(의) 건국 147, 153, 154, 156, 159, 164, 167, 170, 176, 180, 188, 228

대한제국 146, 147, 151-153, 156

대화족(大和族: 야마토족) 50

덩샤오핑(鄧小平)의 개혁개방 70

독일공동체 49

독재정당 116

동남아국가연합 236

동양 정치학의 구조 31
등가참여 200

| ㄹ |

레닌주의 50, 52-54, 60, 68-70, 138
리우선언 303

| ㅁ |

마르크스 사상 51, 52
마르크스-레닌주의 48, 50, 52, 54,
    70, 148, 196
마르크시즘 48, 49, 51
마오이즘(毛澤東主義) 16, 47, 54,
    65, 68, 70, 126
만국우편연합(UPU) 297
명분주의 204
모스크바 3상회의 155
무해통항 296
문화(대)혁명 65, 95, 126, 227
문화적 충돌 237
뮌헨시대형 세력 균형 288
미국 헌법, 1787년 77
미국의 독립 투쟁 152
미국의 독립선언 56

미국의 헌법 정신 61
민족적 주체의식 204
민주당 192
민주자유당 192
민주(적) 정치과정 186, 193
민주정당 116
민주정치의 운영 조건 195
민주정치의 제도화(과정) 172, 174
민주주의 정치체제 182
민주주의의 의사결정 과정 61
민주집중제 60, 61, 92, 220, 222,
    223
민주화 (투쟁) 138, 140, 154, 159,
    165, 189

| ㅂ |

반유태주의 50
반자유주의적 사상 57
법(法) 16, 26, 54, 73-75, 79, 80,
    84-88, 102, 167, 178
법규범 30, 74, 77
법원 185
법의 실천 79
법의식 74, 75, 80
법질서 16
법치주의 (원칙) 77, 79, 146, 178,

179, 183
법칙(法則) 26, 27, 73, 74
베스트팔리아 조약 234
베스트팔리아체제 245
보수적 질서 247
보수주의 180
보편적 단일체제 270
보편주의 전통 242
보호 의무(R2P) 305
볼셰비즘 16, 35, 47, 50
볼셰비키혁명 198
북한식 1당 지배체제 207
북한의 인민민주주의 60
북한정치체제의 특성 149
분업(division of labor)의 이점 46
분업의 원리 46
분쟁의 평화적 해결 271
브레튼우즈(Bretton Woods) 회의
    299
비선택적 공동체 22, 23
비스마르크형 세력 균형 287
비엔나협정 294
비정부 기관 간의 국제협력기구(INGO)
    236
비정부 조직(NGO) 83, 117, 187
비정부간 국제기구 254
빌헬름형 세력 균형 288

| ㅅ |

사법권 185
사법적 해결 272
사유재산제도 64, 69
4.19 학생의거 135, 157, 164, 167,
    169, 173, 189, 205
사적유물론(史的唯物論) 51
사회 연결망(SNS) 200
사회계약론 56
사회과학 26, 27, 36, 37, 99, 109,
    137, 138
사회민주주의 65, 68-70, 172
사회주의 45, 48, 49, 51, 53, 57,
    63-65, 68-71, 77, 170, 171,
    180, 181, 192
사회주의 헌법 207, 213
사회주의적 시장경제 70
사회질서 26, 27, 51, 73, 74, 97,
    98, 103, 160, 171
3권분립 체제 193
상하이협력기구 236
새누리당 192
선군사상 208
선군정치(先軍政治) 149, 208, 209,
    216, 217
선군정치체제 217
성전(聖戰) 261
세계무역기구(WTO) 238, 299

세계시민질서 249
세계인권규약 249
세계인권선언 249, 305, 306
세계자연헌장 303
세력 균형 정책 287
세력 균형 체제 269
세습체제 148, 219
소련파 211
소비에트-사회주의 정치체제 209
소비에트체제 60, 69, 92, 104, 148,
    153, 212, 219, 220
소비에트형 전제체제 207
소수민족 (인권) 문제 264, 306
수령직 세습 준비기 215
수직적 핵감축 279
수평적 핵확산 278
숙명주의 204
시민혁명 51, 63, 135, 152, 153,
    158, 182, 249
시스템 변화 130
식민지 백성 167
신뢰 구축 조치 276
신민주주의 59, 60
신민형(臣民型) 정치문화 114, 124,
    127, 148, 202-204
신유목 시대(new nomadic era) 71
신정주의(神政主義) 59
신정체제적 특성 220

실적제 115
10.26 사태 165, 169, 205
12.12 군사쿠데타 169, 205
쌍무조약 257

| ㅇ |

아프가니스탄 전쟁 265
알 카에다(Al-Qaeda) 255
R2P(responsibility to protect) 264
약정 256
얄타회담(Yalta Summit) 154, 155
양극체제 268
양당제 117, 192
양해각서(MOU) 257
억지의 유형 286
연방국가 41, 87, 88, 236
연안파 211
엽관제 115
영국의 대헌장 77
예악사회(禮樂社會) 67
예악질서 31, 32, 93
5.16 군사쿠데타 169, 189
5.18 시민혁명 158
외교 관행 296
외교관 (특권) 294, 295
우익 181

위계적 단일체제 270

유교 민주주의 67

유교문화 202

유럽연합 236

유신체제 147, 158, 161, 162, 165,
     189, 190

유신헌법 158, 161

6.25 전쟁 154, 157, 160, 164-167,
     173, 188, 211, 213, 281, 290

6.29 선언 159, 162, 165, 191

6.3 사태 164

6월 항쟁 159, 162, 191

윤리적 권위주의 203

의식 차원의 혁명 65, 95

의원내각제 17, 90-92, 113, 135,
     147, 182, 183

의원책임제 184

의정서 257

이념 전쟁 196

이념 투쟁 169

이라크 전쟁 265

이란-이라크 전쟁 265

이상주의 전통 243

이승만(李承晩) 하야 157

이익단체 38, 116

이익사회 23

이익집단 18, 84, 117, 187

이익집약 83, 111, 113, 114, 116,
     117, 175, 187, 188, 190-192

이익통합 113, 139

이익표출 83, 111, 113, 139, 187,
     190

인간환경선언 303

인권규약 305, 306

인민군 통치체제 216

인민민주전정(人民民主專政) 54, 60,
     220

인민민주주의 59, 60, 77, 149, 181,
     188, 213

인민민주주의 독재국가 149

인민학살 문제 307

인지적 정향 121, 123

1당지배체제 국가 136

입법 제도 16

입법권 183

| ㅈ |

자결권 248

자연과학 26, 36, 109, 136

자연법사상 26, 74

자원(보호)질서 26, 31, 73, 74, 97,
     302

자유당 164, 188

자유무역협정(FTA) 239, 299

자유민주주의 기본 이념 196
자유민주주의 정치 이념 176
자유민주주의 헌법 77
자유주의 15, 16, 46, 47, 55-58, 62,
　　63, 71, 147, 180, 181
자유주의 이념 15, 172
자율적 의사결정 186
자율질서(自律秩序) 246
자치권 41, 88, 94
잠정협정 257
쟁취 260
전단위 거부권 보유체제 270
전략무기제한협정(SALT) 279
전략핵감축조약(START) 279
전쟁관리질서 274
전쟁억지 240
전쟁억지 방안 260
전쟁억지의 개념 284
전쟁억지의 이론 284
전쟁의 원인 265
전쟁의 유형 262
전제주의 15-17, 35, 58-60, 68, 69,
　　103, 105, 116, 134, 135, 148,
　　152, 164, 168, 189, 209
전체주의 15, 39, 46-48, 53, 54, 69,
　　104, 116, 126, 127, 134, 148,
　　168
전체주의 이념 15, 23, 35, 47-50,

54, 58
전체주의 정권의 특성 53
점령공산국가 148
정당 18, 35, 38, 41, 83, 84, 91,
　　113, 116, 117, 124, 162, 163,
　　171, 188, 192
정명(正名) 사상 32
정보 혁명 71
정부간 국제기구 254
정부의 기능 90, 138, 162, 170
정의(正義) 정신 205
정책 입안 과정 112
정책 작성 192
'정치' 개념 28
정치 개혁 173
정치 이념의 논쟁 44
정치 참여 32, 34, 35, 38, 44, 56,
　　66, 109, 112, 113, 125, 127,
　　164, 175, 194-197
정치 충원 83, 109, 111, 112, 114,
　　115, 173
정치개혁의 지도 원리 63
정치과정 18, 30, 32, 124, 186
정치과학 14
정치권력 17, 18, 30, 34, 97, 98,
　　101-103, 105-107
정치권력의 개념 98
정치권력의 유형 102

정치권력의 정당성   105

정치문화 전통   228

정치발전   35, 136-141

정치발전의 개념   139

정치발전의 상대성   140

정치사회화   35, 38, 83, 111, 125-
     128, 194, 197, 198

정치이데올로기   44, 50, 52

정치조직   16, 30, 32, 34, 109, 125

정치질서   16, 21, 22, 25, 29, 30,
     45, 67, 74-76, 79, 97, 98, 102,
     104, 139, 150, 179, 180, 201

정치참여권   178

정치체제 평가   148

정치체제의 구성   82

정치체제의 구조   110

정치체제의 변화   19, 129, 131

정치학의 분류   36

제1위원장   225

제6공화국   191

제네바협정   282

제도화   24, 79, 139, 173

제주 4.3 폭동   156

제한적 자율질서   245

제한핵실험금지조약(LTBT)   278

조선공산당   210

조선민주당(朝民黨)   212

조선민주주의인민공화국   196

조선신민당   188, 212

조약   256

조정   272

종교 국가   150, 219

좌익   181

주권 국가   41, 81, 85, 88, 89, 134,
     146, 153, 156, 194

주권재민   30, 51, 56, 59, 60, 78,
     79, 105, 124, 140, 146, 176,
     180, 186, 220

주권재민의 사상   56, 61, 63, 77,
     176, 220

주체사상   149, 207, 209, 214, 219,
     221

주체헌법   213, 214

준선택 공동체   22

중개   271

중국식 사회주의   54, 70, 95

중국의 신민주주의   60, 213

중앙인민위원회   217

중재 재판   272

지방인민위원회   226

지방인민회의   226

지방형 정치문화   123, 202, 203

지역 공동체   253

지역 기구에 의한 해결   272

지역연합체   236

진보   180

집단 억지 288
집단안보체제 235, 240
집단자위 240

| ㅊ |

참여형 정치문화 114, 124, 127,
    202, 205, 206
천부인권사상 56
철인정치 44
체첸 전쟁 265
초기 자유주의 사상 57
최고인민회의 217, 225

| ㅋ |

카이로회담(Cairo Summit) 154, 155
코소보 전쟁 265
쿠데타 135, 147, 158, 159, 162,
    164, 165, 205
쿠르드(Kurd) 민족 265, 307

| ㅌ |

탈스탈린주의 개혁 149

통신질서 297
통일민주당 192
통일주체국민회의 158, 161, 189,
    191
통치권 41, 54, 61, 87, 88, 104,
    105, 112, 115, 124, 127, 135,
    149, 150, 152
통화질서 299

| ㅍ |

파벌주의 204
파시즘 16, 35, 45, 47-50, 54, 63
8월 종파사건 211, 213
페레스트로이카(Perestroika) 69, 70,
    134
페이스북(facebook) 200
평가적 정향 121, 123
평등권 176
평등의 원칙 79, 115
평화 235
평화민주당 192
평화유지활동(PKO) 290
포괄적 핵실험금지조약(CTBT) 278
포츠담회담(Potsdam Summit) 154,
    155
폭력의 공공화 40, 41, 235, 267,

289
프랑스 헌법, 1797년의 77
프랑스대혁명 51, 56, 152
프롤레타리아 계급 독재 168
프롤레타리아 혁명 52, 53

| ㅎ |

하위문화 121
한국 정치문화 203
한국국민당 191
한국정치체제의 특성 147
한일국교정상화 164
합리주의 전통 242, 243
합의 276
합의 공동체 22, 23
합의 이행 276
항해질서 296
핵 군축 277
핵무기 통제 노력 278
핵비확산조약(NPT) 278

행정권 184
행정부 184
허정(許政)과도정부 157
헌법 16, 40, 56, 61, 62, 75-78, 80,
    84, 88, 112, 116, 125, 134,
    135, 146, 149, 153-163, 165,
    170, 171, 178
헌법, 10번째 175
헌법 정신 176, 179
헌법재판소 80, 179, 185
헌장 257
혁명 19, 35, 52, 53, 63, 65, 69, 76,
    102, 106, 107, 130, 131, 133-
    136
현대 정치학 30, 32
현실주의 전통 242, 243
협약 256
협정 256
홍위병 95
확장억지 288
환경보호질서 303
힘의 균형체제 268

인명(人名) 색인

| ㄱ |

고르바초프(Mikhail Gorbachev) 69,
　70, 133
공자(孔子) 32, 67
괴링(Hermann Göring) 49
그로티우스(Hugo Grotius) 242
김 책 211
김대중(金大中) 159, 162
김영삼(金泳三) 159, 162
김용호 186
김운태(金雲泰) 228
김일성 207
김정은 208
김정일 208, 215

| ㄴ |

노무현(盧武鉉) 159, 162
노태우(盧泰愚) 159, 162, 191

| ㄷ |

달, 로버트(Robert Dahl) 99, 110
덩샤오핑 54, 70
도이치(Karl Deutsch) 110, 136

| ㄹ |

라스웰(Harold Lasswell) 100, 110
라이트(Quincy Wright) 110, 261

러셀, 버트란트(Bertrand Russell) 99
러셋(Bruce Russett) 267
럼멜(R. J. Rummel) 21, 98, 99, 101, 102, 265-267
로렌츠(Konrad Z. Lorenz) 265
로젠바움(Walter A. Rosenbaum) 122

버바(Sidney Verba) 110, 123, 201
버크(Edmond Burke) 116, 180
버탈란피(Ludwig von Bertalanffy) 110
불(Hedley Bull) 24, 242
비스마르크(Otto von Bismarck) 49

| ㅁ |
마오쩌둥(毛澤東) 65
맥두갈(Myres S. McDougal) 304
맥클리런드(Charles A. McClelland) 110
맹자(孟子) 30, 32
메이, 롤로(Rollo May) 100
모르겐소, 한스(Hans J. Morgenthau) 98, 100, 110
무솔리니(Benito Mussolini) 48

| ㅂ |
박근혜(朴槿惠) 159, 162
박정희(朴正熙) 대통령 158, 161, 189, 190
박정희 장군 189
박헌영 211

| ㅅ |
스파이크맨, 니콜라스(Nicholas J. Spykman) 100

| ㅇ |
알몬드(Gabriel Almond) 18, 83, 110, 112, 120, 122, 123, 136, 201
앱터(David Apter) 136
오르간스키(A. F. K. Organski) 100
오웰(George Owell) 198
와이트(Martin Wight) 242
윌슨(Woodrow Wilson) 238
윤보선(尹潽善) 160
율곡 이이(栗谷 李珥) 133
이명박(李明博) 159, 162
이스턴(David Easton) 28, 29, 110,

112

이승만(李承晚) 155-157, 160, 167
이한빈(李漢彬) 165
이홍구(李洪九) 55, 56

| ㅈ |

장 면(張勉) 160
전두환(全斗煥) 158, 159, 162, 165,
　　190, 191
조만식(曺晩植) 선생 210, 212
존슨(Chalmers Johnson) 136

| ㅊ |

최규하(崔圭夏) 대통령 158, 162
최 명(崔明) 110, 116, 120, 186

| ㅋ |

카플란(Abraham Kaplan) 100
카플란(Morton A. Kaplan) 110,
　　269
칸트(Immanuel Kant) 242

| ㅍ |

파이(Lucian W. Pye) 122

| ㅎ |

헉슬리(Aldous L. Huxley) 198
헌팅턴(Samuel P. Huntington) 136
홉스(Thomas Hobbes) 242
홍명희 211
히믈러(Heinrich Himmler) 49
히틀러(Adolf Hitler) 49

지은이 소개

▌이상우(李相禹, Rhee Sang-Woo)

이상우 교수는 1961년 서울대학교 법과대학 행정학과를 졸업하고, 같은 대학교의 대학원에서 국제법을 전공하여 이한기(李漢基) 교수의 지도로 "少數民族保護와 국제연합의 〈인권규약안〉에 관한 연구"라는 논문으로 1965년 법학 석사학위를 받았다.

그 후 미국 국무성의 East-West Center 장학생으로 선발되어 University of Hawaii에 유학하여 1971년에 R. J. Rummel 교수의 지도로 "Communist China's Foreign Behavior: An Application of Social Field Theory Model II"라는 논문으로 정치학 박사학위를 취득하였다. 이어 하와이 대학부설 연구소인 The Dimensionality of Nations Project의 Associate Director로 2년간 일했다. 1973년 귀국 후 경희대에서 3년 반, 서강대에서 27년간 정치학 교수로 봉직하였고 2003년부터 4년간 한림대학교(翰林大學校)에서 총장으로 일했다.

이상우 교수는 교직에 있는 동안 미국 George Washington대학교, Princeton대학교, Hawaii의 East-West Center, 그리고 대만의 國立政治大學과 일본의 慶應대학의 방문교수를 역임하였고, 현재 西江大學校 명예교수직과 (社)新亞細亞研究所 소장직을 맡고 있다.

주요 저서로는 『한국의 안보환경』 제1권, 제2권, *Security and Unifications of Korea*, 『함께 사는 통일』, 『럼멜의 자유주의 평화이론』, 『국제관계이론』, 『국제정치학강의』, 『북한정치』, 『21세기 동아시아와 한국』 제1집, 제2집, 『새로 쓴 우리들의 대한민국』, 『북한정치 변천』 등이 있다.